一六四四，帝星升沉

明朝最後的那些事兒（下）

果遲 著

歷史本身很精彩，
歷史可以寫得很好看！

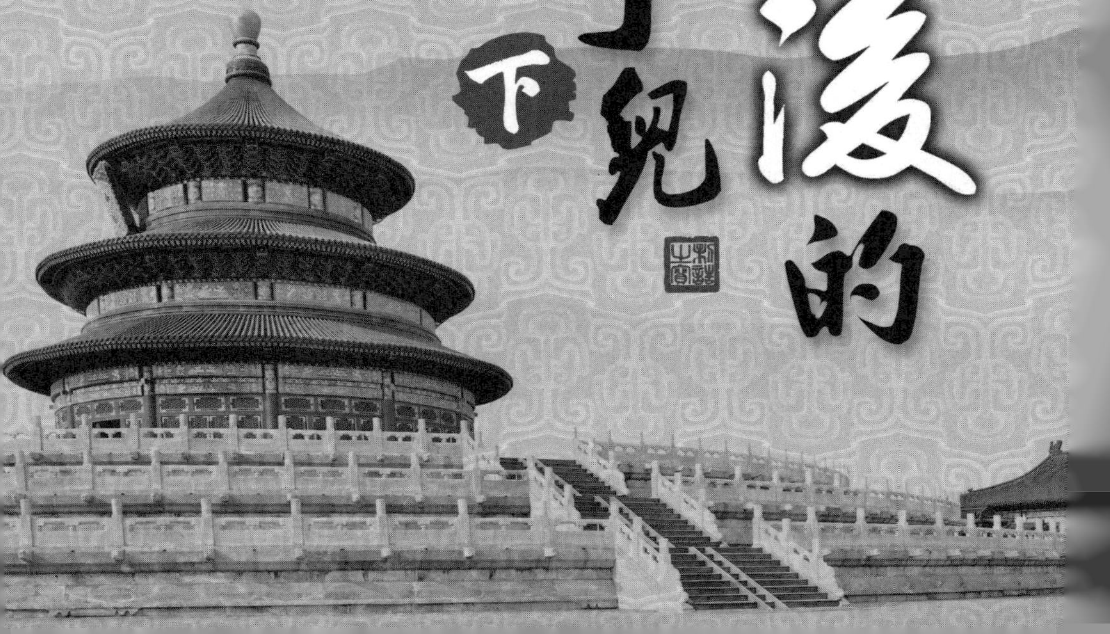

目錄

第十一章 攝政王爺……197

代序 從順字說起

果遲

大明崇禎十七年（西元一六四四年），中國歷史舞台上真是群星璀燦——凡是想玩政治的玩家，從天潢貴冑到山野匹夫，紛紛粉墨登場，竟先後出現五個皇帝，這就是：大明崇禎帝朱由檢、大清順治帝福臨、大順永昌帝李自成、大西大順帝張獻忠以及南明弘光帝朱由崧。他們中，若不以成敗論英雄，除了那個朱由崧，其餘個個稱得上是強者，中原問鼎，殺來殺去，最後剩了一個順治——其實是多爾袞。個中原因，先不要去管它，巧的是同一時期，竟出現了三個「順」字。

按「順」字從川從頁，與「逆」相反，應是順暢、順應之意。能人們看中這個字，用它來做自己的年號或國名，無非是想表示自己「順乎天而應乎人」，這皇帝當得名正言順，今後順順遂遂，可傳之萬代。不過，縱觀史籍，「順」字似不是一個吉祥的字眼兒，古往今來，用此字作年號或帝號、國號的大有人在，他們想「順」卻似乎都不太「順」。

據史載：較早取「順」字為年號的，有唐朝的史思明，他殺安慶緒自立後，一度改國號為「大燕」，建元「順天」，但不久即被自己的兒子史朝義殺了；這以後，金末的楊安兒在山東建元「天順」；五代的馬希範在長沙建元「應順」；大理國的段思聰在雲南建元「順德」等等等等，最後都是「鴉鴉烏」收場；直至元朝最後的一個皇帝妥懽貼睦爾——後來也被諡為「順帝」，因群雄並起，天下大亂，逃到大沙漠中也還是被人殺死；最有趣的是在宋朝，那個叫李順的四川農民起義軍首領，據說有人從他名字——「順」字中，竟看出他能做一百零八天皇帝，於是他真的造反了，也真的才一百多天便兵敗被擒；至大明，英宗朱祁鎮在復辟後改年號為「天順」，這以前他重用宦官王振，招至土木堡之變，自己被瓦剌捉走，七年後才重登大寶。他不思教訓，又重用石亨及宦官曹吉祥等人，殺忠臣于謙。未幾，石亨跋扈，曹吉祥謀反，鬧得政局反覆，人心惶惶，終英宗之世，國事似乎大不順；這以後，大野心家朱宸濠乘正德皇帝不理朝政，便在南昌造反，也建元「順德」，但這「順德」才叫了四十三天便叫王陽明給收拾了，自然說不上「順」。細心人還發現，大明的太祖朱元璋得國於元順帝，傳了二百七十六年，但大明的江山最終也失於帶「順」字的人：李自成建國大順，張獻忠建元大順，終於將崇禎皇帝逼得在煤山上了吊。可李自成、張獻忠也不是出天子的氣候，最後落得讓清朝的多爾袞「順」手牽羊。

要說六六大順，多爾袞倒真稱得上，故清世祖建元「順治」——這真是玩弄文字的人，最終也被文字嘲笑。

其實，順天是容易的，幾千年來，「天」已是一條坐在金鑾殿上的皇帝們都得穿的花短褲，好遮住那見不得人的地方。一旦改朝換代，失國者謂之「天意難回」；得國者則謂「受命於天」，堂哉皇哉，坐在寶座上自鳴得意，不會臉紅。

孔子曰，天何言哉，四時行焉，五穀生焉，天何言哉？

要說順天，真是只有天曉得。能人們見天不會說話，便一個個宣揚自己「順天」，下邊一句「應乎人」就不去管了。這麼多「順天」或「天順」的皇帝年號，幾曾見叫「順民」的？倒是個個都要民去順他，不然，赫然震怒，砍得你人頭滾滾，血流漂杵。

據說，李自成進北京時，曾下旨將乾清宮那「敬天法祖」的匾額改為「敬天愛民」，而且，早在進入河南時，便喊出「闖王來了不納糧」的口號，此話不知是他那個急功近利的副軍師李岩，出於宣傳的需要，還是闖王本人的「脫口秀」，反正一下就號召了不少的人，但這以後就沒有下文了，老百姓乾巴巴地等著，還來不及沐浴皇恩，他便被多爾袞追得四處逃命了。假設他能成功，從他進入北京前後的行為舉止看，一定比以往的皇帝好不到哪裡去。

要知道，李自成心裡也是念念不忘皇帝寶座的，就是在山海關被殺得大敗，臨撤出北京也不忘在武英殿舉行登基大典，要是他真的當了皇帝，你不納糧他和文武百官及三宮六院的后妃們吃什麼？何況他要比你吃得好。

倒是那個以異族入主中原的愛新覺羅氏還實在一點，他們雖不說「不納糧」，卻宣布「永不加賦」，據說，這一條規矩定得死，直到溥儀下台前，也沒有違背這祖訓，愛新覺羅氏也就因此在歷史舞台上，咿咿呀呀地唱了二百六十七年。

其實，老百姓心中是有桿秤的——不聽你怎麼說，但看你怎麼做，「順天」是空心湯圓，「順民」才名歸實至，其結果也就是民順他，因而天下太平。可是，古往今來，有幾個皇帝明白天意即民心？試翻廿五史，朝代更迭，花樣翻新，紅臉殺進，白臉殺出，到頭仍不過惡性循環。

千古興亡多少事，「興，百姓苦；亡，百姓苦。」

七

雄關內外

1 山海關成了世人注目的焦點

多爾袞帶著忠於他的滿蒙漢八旗大軍，大舉向關內進發了。此一去，終於成就了大清國二百六十七年江山。

相傳多爾袞進關時，曾遇一老叟迎於馬頭，揚言道：「成也攝政王，敗也攝政王。」

多爾袞聽出此話有些來歷，便親自下馬盤問道：「老人家，這麼說，江山由孤得之，亦由孤失之？」

老頭笑而不答，自顧自說：「自孤兒寡母得之，自孤兒寡母失之。」

說完便不見了。

按滿清於一六四四年入關，成功於攝政王多爾袞之手，時順治才六歲，由寡母孝莊太后扶持，走向御座；至一九一一年溥儀遜位，當時當政者賢醇親王載灃，也已封為攝政王，時溥儀也不過六歲，由寡母隆裕太后牽著，走下太和殿的御階。

究竟是巧合，是偶然，還是那報應不爽的歷史輪迴？

多爾袞出師四天，前鋒正穿遼河套指向錦州，為了與流寇搶時間，爭速度，多爾袞一邊派出降將、前明總兵祖大壽，去寧遠城勸降吳三桂，一邊打算在勸降不成後，便讓大軍繞過寧遠、山海關，直接從薊州或居庸關長城進入內地，先一步拿下北京。

不想前鋒抵達遼河西岸時，又接到有關明朝的情報，先是吳三桂、唐通接到崇禎的手詔，令他倆火速帶領本部人馬，或增援北京，或協守居庸關，眼下唐、吳二人，都遵旨率部棄關西進。

多爾袞得知這個消息，那高興勁難以形容，滿洲八旗善野戰不善攻堅。這以前，他們可深入內地，在河北、山東一帶馳騁，明軍數十萬莫敢攖其鋒，但數次攻寧遠和山海關，卻都是無功而返。不想眼下這兩座名城竟主動放棄了，這就是說，他們進入關內已暢通無阻了，根本就用不著繞道走居庸或薊州了，也用不著祖大壽的勸降了。

這真是天賜良機啊！

這時，范文程和洪承疇還在後面，多爾袞馬上令人將此喜訊送到後方，催范、洪二人火速趕到前頭來。二人得知消息，幾經商議，幾乎是在趕路途中，由洪承疇執筆將一個說帖寫好，送呈多爾袞之前。在這個說帖裡，洪承疇請睿王下旨，讓輜重行李居後，全軍輕裝急進，計道里、限時日，務必以最快的速度，搶在流寇之前進入京畿一帶。

這個建議立即被多爾袞採納，不想尚未實施，第二個消息接踵而至——李自成於三月十九日攻陷北京，崇禎皇帝於煤山自縊，已奉旨率兵前去勤王的吳三桂，本已到達豐潤，得知崇禎殉國的消息後，又回到了山海關。

李自成的軍隊居然不費吹灰之力，一舉破山西全境，連下宣、大等名城，直薄北京城下，前後只用了不到三個月的時間。居庸關山勢陡峭，有天險之稱；北京城牆的堅厚，多爾袞早就領教；不想這些，絲毫沒有阻遏流寇的進軍，種種情況，令身處關外的攝政王有些始料不及——清兵四次入犯內地，兩度包圍北京，第一次包圍北京的時間達一月餘，巍然的北京城居然都未易手，而流寇才用了三天時間，便拿下一代名城，速度之快，如摧枯拉朽，洪承疇不是說，流寇是一群烏合之眾，不堪一擊嗎？是洪承疇的說法有誤，還是崇禎皇帝太虛弱了呢？

風雲莫測的軍機變化，使得多才善斷的多爾袞有些猶豫起來。於是，他收回了倍道而進的命令，改為仍按正常速度前進，至四月中旬，他們終於到達大凌河東岸的翁后。

這時，大清國安插在北京的密探，把關內每天發生的事，包括道聽塗說，都源源不斷地傳了過來，多爾袞與范文程、洪承疇在一起，根據這些情報，綜合分析，對當前的形勢做出判斷。

據說，流寇進城後紀律很差，官員佔住前明官員的府第，士兵則佔住民房，他們仍不脫土匪氣息，住進民家後，先是借鍋灶，後又借床鋪，到最後便連女人也要「借」；才幾天時間，便將北京城鬧得雞飛狗跳；又有消息說，眼下流寇的帶兵官都只顧斂財，每日專事拷掠百官，交出銀子便放人，有時一個官才被這裡釋放，又被那裡抓去，抓去後不交銀子便用酷刑。士兵們不事戰守，到處挖山打洞尋窖藏，甚至彼此之間為爭窖藏而發生火拼，而弄到銀子，便打包往長安運。眼下不但北京城裡的百姓對他們十分失望，就是自己內部也軍心渙散，紀律鬆弛。聽他們的頭目說，李自成已改西安為長安，卻要改北京為幽州，據此看來，他們沒有在北京待下去的意思。

得知這些消息，君臣都十分亢奮，洪承疇不由撫案歎息，向多爾袞說：「天賜良機與李自成，他卻不知利用，且轉身就把這機會讓與大清，王爺可不能再把機會錯過。」

多爾袞信心十足地說：「李自成器小易盈，缺乏遠識，左右輔弼又不能時時予以匡正，這哪像是出天子的氣象？既然天授與予，孤豈能不取。只是吳三桂去而復來，卡在山海關這咽喉要道上，我軍若強攻，勢必遷延時日，不然則只能繞道而往，這眼中釘、肉中刺得先去之。」

洪承疇說：「不難，吳三桂眼下已是沒媽的孩子，不但無家無國，且是無糧無餉，處此腹背受敵之境，山海關安能久守，再說，他又為誰而守？」

多爾袞不由歎息說：「三桂父子為明朝守邊關，與孤打了多年的交道，艱苦卓絕，孤深愛其人，此番派祖大壽去，是想招降他，但個中窒礙甚多，恐難成事。」

范文程說：「王爺是說他還記恨過去戰場上的事嗎？據微臣看來，這不能成為吳三桂眼下心中的窒礙，因為那是國與國之間的事，要說仇也是公仇，吳三桂未必不清楚，崇禎已死，明國已亡，糾纏過去，有必要嗎？就說他要當忠臣，要為崇禎報仇，這仇也只能向流寇報去啊。」

洪承疇淡淡地一笑說：「正是此說，這以前吳三桂未嘗就是崇禎的忠臣，不然，何以他與唐通同時奉詔勤王，唐通早已趕到居庸關，他卻遲遲其行，甚至在崇禎危急時，屯兵豐潤，見死不救？眼下帝后殉國，按說，他應該為崇禎舉哀發喪，並號令遠近州縣，起義師討賊，為什麼卻待在山海關，毫無動靜？」

多爾袞點點頭，說：「二位所說都有道理，不過，我們要招降吳三桂，估計流寇也未嘗不想，兩下競爭起來，只怕我們要拜下風。」

范文程說：「王爺是說眼下北京陷落，吳三桂的父母落在流寇手中，奇貨可居，必被利用？」

多爾袞說：「難道不是？」

洪承疇點點頭說：「是倒也是，所謂事不可前規，物不可預測。吳三桂何去何從，王爺只能走一步看一步。」

聽洪承疇如此一說，范文程不作聲了，只不置可否地笑，多爾袞看在眼中，也不問他。

晚飯後，多爾袞又把范文程單獨召來，問道：「范先生，據孤看，白天你尚有未盡之言，這裡沒有外人，何不說說？」

范文程驀然一驚，摸著額頭說：「王爺此話從何說起？」

多爾袞笑著說：「別打啞謎了，說吧，何以洪先生說『事不可前規』時，你在一邊笑而不答？」

范文程不由深感佩服地望了多爾袞一眼，說：「王爺真是洞察毫末。其實，洪先生所說，也不盡然，吳三桂既不肯做忠臣，又何嘗肯做孝子？自古歷來，有大作為的人，心中除了自己想達到的目的，爹親娘親，都會不顧，當年項王要烹劉邦之父，劉邦還要分一杯羹呢，不過，這話不好當著洪先生說。」

多爾袞點點頭，表示理解，又說：「這麼說，范先生認定我們能把吳三桂拉過來？」

范文程說：「據臣揣測，以吳三桂的身世和志向，一定不會降志辱身去投流寇，加上他那關寧軍將士的家眷、土地多在遼錦一帶，若降賊，這一切就都沒了，他能不考慮？再說，他若真想降流寇，在豐潤時便降了，他的父母在北京，唐通等人降賊後，都官復原職，他也應該回去，可他沒有立刻回去，而是退回山海關，這分明是想待價而沽。」

多爾袞聽他如此一說，不由連連點頭……

山海關終於成了世人注目的焦點。

大順軍兵臨北京城下之際，吳三桂帶著他的近六萬寧遠鐵騎，已到達豐潤一線，豐潤已屬順天府，距北京城不過三百餘里，騎兵不消一天就可跑到，但他卻下令紮營，單等北京消息。

崇禎皇爺封他為平西伯，且令他放棄寧遠，率寧遠鐵騎火速回援京師。平西伯好當，但真正要

「平西」豈容易，他已從諜報中得知，李自成挾五十萬之眾，一路斬關奪隘，所向披靡，太原、陽和、宣府、大同直至居庸關，數十萬明軍統統望風歸降，朝廷在北方就只剩下他這支孤軍了，如果居庸關不降，他或許會遵崇禎之旨，迅赴戎機，寧遠鐵騎雖然精銳，但以五六萬孤立之師，面對五十萬氣焰方張之敵，結果如何，不難想像，他可不敢拿雞蛋往石頭上碰。

誠如范文程所說，他的寧遠鐵騎多是遼錦一帶人，他們的家眷及財產、土地多在遼錦，只有他家在北京，那裡不但有他供職的朝廷及父母妻兒，還有他每一念及，便心馳神往、激動不已的愛妾，所以，他身在豐潤，心在北京，每日向京師方向引頸觀望，心中十分矛盾。

不想大順軍包圍北京才三天，他便得到京師失守的消息，此時吳三桂的心，就如斷線風箏，碧空殞落，那一種漂泊無依、望斷天涯無歸路的感覺，很是難熬。

開始，他還懷著一絲僥倖心理，打聽崇禎皇帝的下落，兩天後，帝后盡節、太子及永王、定王被俘的消息便傳來了，吳三桂不由絕望了。

何去何從，孰凶孰吉，成了擺在吳三桂面前的一道最大的難題，按說，他在得知帝后盡節的消息後，應該三軍縞素，為帝后發喪，但他沒有這麼做，只下令全軍退向山海關。

在山海關駐紮下來後，兩眼仍巴望著京師，不斷派人打探北京的信息，並和部下商量，究竟是走唐通的路，還是另謀出路？

就在這時，唐通帶著大順皇上的詔書和勞軍的金銀，帶著本部一萬餘人馬，風塵僕僕趕到山海關來了。

唐通也是出身武舉，一直為朝廷戍邊。當年洪承疇領八總兵增援錦州，唐通是八總兵之一。那一場大戰，明軍大敗虧輸，八個總兵中，王樸因首先出逃被正法，曹變蛟被清兵俘殺，白文選、馬科後來降了李自成，他和唐通算是碩果僅存。這以後，唐通守山海關，他守寧遠，唇齒相依，守望相助，二人關係十分密切。眼下唐通來了，能不坦誠相見？於是，他讓唐通將人馬紮在關外，只和副使張若麒進關。

「達齋，你真是李自成派來的？」吳三桂似乎有些不相信，他將唐通迎進轅門，上下打量著唐通和副使張若麒，又喚著唐通的表字發問。

唐通笑了笑說：「這能有假嗎，皇上還有詔書給你吶。」

說著，果真從懷中取出詔書，雙手遞與他。吳三桂開始一聽「皇上」還以為是說崇禎，但立刻明白過來，並沒有去接什麼「詔書」，只疑疑惑惑地說：「你是說，那個大順皇帝有詔書給我？都說些什麼？」

這時，同來的副使張若麒於一邊說：「請爵爺接詔書。」

吳三桂無奈，只得雙手接了，展開來，一邊看，一邊不住地打量唐通和張若麒，看完後隨手將詔書放在案上，卻不置一語。

唐通見狀，不由喚著三桂的表字道：「長伯，你我也不是外人，說話也就不用拐彎子，眼下的局勢很清楚，朱家氣數已盡，李家當興，許多能人都死的死，降的降，咱們也只能做到這一步，眼下京師已破，帝后殉國，你退居山海關一隅之地，還能有多大的作為？何況你父母妻小還在京師呢，信小弟一句話，隨了大溜兒，姓李的不會有虧給你吃，姓朱的封你為伯，姓李的不是也封你為伯嗎，既然都一個樣，又何必非此不可呢？」

吳三桂在唐通下說詞時，手捧茶杯，把頭抬得高高的，眼睛望著屋頂，待唐通說完，他笑了笑說：「達齋，先不忙著說這些。你們在北京，帝后殉國，可也去靈前一哭？」

唐通一怔，頭一偏說：「沒有，崇禎當國時用人不專，雖說封了個伯爵，誰不知道他這是病急亂投醫哇？」

吳三桂說：「棄守寧遠的諭旨是二月底才接到的，為料理隨行的百姓，沒辦法只好耽擱了一些時日，我沒有料到居庸關這麼快就放棄了，居庸關不也是號稱天險麼，怎麼就失守得這麼快呢？我敢說，只要能守上十天，不，只要能守上五天，局面便是另一個樣子了。」

唐通不意吳三桂仍纏著往事指斥不休。心想，我與你同時接到勤王的詔書，我先到半個月也不見你的影子，怎麼就淨爭這五天呢？真是討盡便宜賣盡乖。但處此情形之下，他也不好將胸中的話說出，只說：「這有什麼辦法呢，所謂大廈將傾，獨木難支，太原、陽和、大同、宣府都望風歸附了，豈是區區一居庸關能阻擋得了的。就像眼下這局面，你守著山海關一隅之地，要糧草沒糧草，要援兵沒援兵，前有滿韃子，後有大順軍，除了歸降，還能有什麼作為？」

張若麒也說：「往事都不必再說了，反正眼下大局已定，爵爺還是多想想父母，多想想將來吧。」

吳三桂不由輕鬆地一笑，說：「這事先擱著吧，二位遠來，想必勞乏，先去驛館休息，明日略備水酒，一盡地主之誼。」

唐通見他這樣說，分明是還要深思熟慮之意，也不能勉強。他望了張若麒一眼，說：「好吧，這裡我們還帶來了大順皇上犒賞的三千兩金子、四萬兩銀子，你清點一下。」

吳三桂仍不提「皇上」二字，只含糊地說：「多謝多謝。」

其實，唐通身上還有一道詔書，這就是大順皇帝已任命他為山海關總兵。若吳三桂奉詔，同意歸順，那麼，他便將此詔書拿出來宣讀，在新君的登極大典前，吳三桂得去北京朝覲新君，而自己就可接任——這於他來說，可算是仍歸舊巢。但吳三桂態度不明朗，他也就沒法宣詔履任。

第二天，吳三桂集合全營官員，大宴唐通、張若麒於營中。席上殷勤勸酒，談笑自若，可就是隻字不提歸降之事。

這一來，可讓唐通頗費猜疑。席上當著眾將，他不便提出此事，待宴席散後，乃單獨見吳於密室中，這一回，吳三桂稍稍將心事透露出了一點。

「達齋，你說，他李自成真有出天子的氣概？」

唐通酒酣耳熱，哪管吳的本意何在，乃興致勃勃地說：「當然，要不，他能一步步走到今天？」

說著，就把李自成起家驛卒，後投高迎祥被封為闖將，迎祥死後繼為闖王、敗不餒，勝不驕，漸漸變弱為強，又吞併各路義軍，終成大器的過程，用很誇張的語言向吳陳述了一遍。吳三桂對這些聽得並不認真，有時甚至是嗤之以鼻，待唐通說完，他輕輕地一笑說：「達齋，這些並不能說明什麼，我敢說，但凡亂世草頭王，莫不如此。」

唐通一怔，又說：「不同，不同，大順皇上絕非一般。」

接下來，他便說起李自成上應圖讖之事，又說，據李自成的部將說，李自成每遇危難，必能逢凶化吉，遇難呈祥。還說有一次單人獨騎，被官軍逼到了大河邊，無路可逃，他那烏龍駒硬是在水中飛過，終於脫險。好多跡象都說明他是應運之主，吉人天相。吳三桂不由哈哈大笑道：「達齋，這是照搬泥馬渡康王的故事，要不是他已成氣候了，弄這些鬼花樣連三歲小孩也哄不住，你居然也信？」

唐通於是又說起大順軍行仁義的事，說張獻忠生性嗜殺，喜怒無常，人都怕接近他，而闖王每到一地，必招賢納士，賑濟百姓，救孤恤寡，眼下中原到處都唱「開了大門迎闖王」的歌，由此可見，李自成能成功，是因為得到百姓的擁戴。

不想他的話未說完，吳三桂卻連連擺手說：「這也不奇，但凡有野心的人，必假行仁義，先用小恩小惠哄住你，大局一定，便翻臉不認人，真要有所作為，必從根子上治起，不是三年納不納糧的事。」

唐通見吳三桂左說左有擋，右說右有推，不由問道：「長伯，這麼說，你是不想歸順了。」不想吳三桂卻不置可否地笑了笑說：「達齋，我不急你急什麼？」

唐通見狀，也不好再說什麼。

吳三桂口說不急，其實，他心中比誰都急。

就在昨天，唐通一行才到山海關，他的舅舅祖大壽也幾乎同時進山海關，只是一個從關前，一個從關後，祖大壽是奉大清攝政王多爾袞之令前來說降的，事實擺在面前：明朝亡了，山海關孤立，前有滿清，後有流寇，防前防後，都不能久恃，他必須就在近日，擇一而從。

三桂父子相繼戍邊，自萬曆四十六年楊鎬經略遼東，發動薩爾滸戰役，這以後征戰連年，父子二人，幾乎無役不從，哪一次不是屍橫遍野，血流成渠？滿洲人是他們的死對頭，個中死結數不清也道不完，再說，這以前的滿韃子，是茹毛飲血的夷人，要他降清，不說難忘國仇家恨，就是感情上也接受不了。

但回過頭來，就必須面對流寇。吳三桂出身將門，受過良好的傳統教育，君君臣臣父父子子，這是在發蒙時便耳熟能詳的話，亂臣賊子，人人得而誅之更是讀書人的口頭禪，在他們看來，李自成犯上作亂，逼死帝后，是「人人得而誅之」的亂臣賊子；而崇禎卻是他的君父，吳家世受國恩，父子高官厚祿，朱家從未虧待你，怎麼能與流寇為伍呢？

吳三桂陷入兩難的境地中，無所適從。

祖大壽已被他祕密安置在行轅後院，他在宴請過唐通後便來看舅舅。祖大壽已知唐通到來的事，在遼東諸將中，祖大壽資格最老，唐通算是他的晚輩，但此時此刻，他不便與唐通見面，只一見自己的外甥便急不可耐地說：「長伯，老舅我可不是來做說客的，而是來為你出主意的。神州陸沉，崇禎死於非命，眼看就要讓流寇一統天下了，我大清能允許中原亡於流寇嗎？所以，得知流寇北犯的消息後，攝政王爺便做了緊急安排，眼下已集傾國之師於寧遠，兵精糧足，士飽馬騰，準備大舉進攻關內，山海關彈丸小城，背腹受敵，這是不能長久的，賢甥可要看清形勢，明白進退啊。」

吳三桂一聽這話，不由笑了。這以前，祖大壽與吳襄、與三桂是郎舅、甥舅關係，但祖大壽被迫降清後，為了表示心跡，卻帶著清兵將吳家在關外的親眷都抓去了，關外的田產也被侵佔，所以，今天望著這個舅舅，他心中仍念著前事，說話也沒有顧忌。「舅，我明白，流寇固然可鄙，但滿人畢竟是我們的世仇，此番多爾袞是想乘亂進軍，趁火打劫。」

祖大壽一怔，又說：「長伯，可不能這樣說。攝政王對你可是仰慕已久，他要我對你說，切不要把過去的事放在心上，你們吳家人在盛京都生活得好好的，你的財產也原封不動在那裡，只要你歸順大清，一定會加倍還你。攝政王還說，這以前你是各為其主，不能怪你，就像舅舅我，這以前不是也與大清結下血海深仇嗎？可愈是這種人，攝政王愈敬重，他可是能識人、並能推心置腹待人的大英雄。」

接下來，他便向三桂說起洪承疇和自己在清朝所受的禮遇，並說，孔有德、尚可喜、耿仲明三個降將不是都封了王嗎？多爾袞已說了，只要三桂降清，明朝封三桂是平西伯，我願封他為平西王。

吳三桂面帶微笑，只靜靜地聽，卻不表態。

祖大壽於是又和他說起流寇的鄙賤，說這原是一班無父無君之人，憑殺戮成名。以賢甥之英雄，若屈膝於流寇，必遭千古罵名；若歸降大清，將來必能建大功、立大業。

說了大半晚，祖大壽幾乎口水也講乾了，吳三桂仍只默默地聽，有時反駁他幾句，有時又點頭，但並無明確表示。

看看夜已深了，祖大壽知他一時還拿不定主意，只好帶著一肚皮的遺憾，提出回驛館。

吳三桂殷勤地親自送祖大壽去休息——就像對待唐通一樣，他雖極盡禮數，卻沒有一句掏心窩子的話。

2 吳三桂翻臉

看看快到四月中旬了，大順皇帝的登基大典也正緊鑼密鼓地籌備中，大明門已遵旨改成了大順門，皇極殿改稱天佑殿，在午門演習的大順朝文武官員，在前明鴻臚寺官員的調教下，漸已熟稔了大禮的程序，熟悉了大禮的每一個樂章；並能合著音樂的節奏，整齊劃一地完成一整套起伏、跪拜、山呼的動作；李自成登基時的袞冕也已做好，眼看萬事俱備，時辰一到，就要袍笏登場，偏偏就在這時，唐通送來勸降無果的消息。

一聽吳三桂態度游移，根本沒有前來參加慶典的打算，李自成不由怒火攻心，他把唐通的奏章一扔，怒聲向著奉詔前來參加會議的大臣們說：「吳三桂降而復叛，目無朝廷，看來，非朕御駕親征不可。」

眾臣一聽，一時都呆住了。

按說，吳三桂並非降而復叛，他幾時說過要降呢？雖受了你勞軍的金銀，那只不過是不要白不要罷了，他可並沒跪而受詔。眾人清楚，皇上這麼說，僅僅是顧全自己的面子——心雄萬夫的大順皇上，眼下已容不得自己的尊嚴受到挑戰。但御駕親征真能像他說的那麼輕鬆、那麼一蹴而就嗎？

李自成見眾人都沒有應聲，便把那隻獨眼來瞅劉宗敏。這些日子，劉宗敏可謂收穫頗豐，十多天的拷掠，北京城雖然變成了鬼哭狼嚎的人間地獄，但前明百官勳戚、皇商富紳，卻也吐出金銀一千多萬兩，加上崇禎內庫所得，計有金銀七千多萬兩，鐵匠出身的劉宗敏督促工匠，將這些金銀錠連同宮中的金銀器皿統統熔解，鑄成重百餘斤一個的金餅、銀餅，打整裝箱，編號註冊，用騾馬運往長安。鐵匠當金匠，鍛工改鑄工，劉宗敏做得十分在行，漸漸地，為豐收而喜悅，肚子憋屈的那一股怨氣，也消弭於無形。今天，皇上要御駕親征，御駕親征就御駕親征唄，望我們做什麼？乃把頭一偏，裝作沒有看見。

李自成見狀，便又把那炯炯目光掃向了正副軍師，不想卻一眼瞄見李岩與宋獻策坐得遠遠的，且在竊竊私語。

前幾天，李岩和宋獻策聯銜上了一道奏章，條陳四事：一為皇上宜速正大位，遲則恐生變故；二為招降吳三桂事，亟宜慎重，無論戰與和，都須備戰以往；三為大兵宜撤往城外，以免滋擾；四為追贓宜分等級，清廉者只能勸其捐輸，另外，對前明官員的懲辦宜放在後一步，眼下刑誅太濫，無益於京師的安定。

李自成看完這道奏章，覺得老調重彈，沒有新意，於是在上面批個「知道了」，就擱置一邊。接著，牛金星就更定六部尚書事請示於他，李岩本已被牛金星定為兵政府尚書人選，但李自成覺得前明戶部尚書侯恂更勝此任，乃把李岩的名字劃掉了。他想，李岩一定為此心生怨恨，招降吳三桂的事終於出現了窒礙，想起這以前李岩說過的話，一切都不幸被他言中，那麼，他是否成心看熱鬧或有意顯示自己呢？

想到此，便把那隻獨眼，目不轉睛地望著正副軍師，並透過眾人嘈雜的議論聲，想聽出他們在說什麼。宋獻策終於發現了皇上的眼神，不由一驚，忙把頭轉過來，向著這邊，李自成於是又補了一句說：「朕決定御駕親征，軍師以為然否？」

御駕親征，這怎麼可以呢——宋獻策和李岩，低聲商討的正是這事。在他二人看來，處治吳三桂的最佳時機，是他還在豐潤徘徊時，那時崇禎剛死，北京剛下，大順軍軍威大振，寧遠軍上下正處在彷徨無計之時，只要誘以爵祿，脅以兵威，吳三桂能不乖乖就範？但大順皇上卻把這個最佳時機喪失了，眼下的吳三桂，龍已入淵，虎已歸山，以逸待勞之勢已成，比較勢力，雖仍處劣勢，但御駕親征，卻是一步十分凶險的棋，因為懸軍遠征，個中變數太多，萬一遇上意外，後果真不堪設想。

不想他們私下商討未完，卻已引起皇上注意，並點名問起，宋獻策頗有措手不及之感，好半天才期期艾艾地說：「臣以為，皇上以萬乘之尊，不宜輕出，加之京師人心未定，震攝乏人，要防變生意外；至於吳三桂，從唐通所奏情形來看，雖沒有奉詔，但也沒有與我大順朝廷徹底決裂之意，所以，朝廷仍應不失時機，充分利用手中籌碼，再次遣使招撫，曉以利害，喻以大義，以他目前的處境，孤立之軍，退處一隅，無糧無餉，如斷線風箏，漂泊無定，故仍有可能就我規範。」

李自成尚在沉吟，一邊的劉宗敏卻有些不耐煩了，冷笑一聲說：「幾次會議，丞相主張招撫，兩位軍師也主張招撫，於是依了你們的，派人去招撫了，結果呢，送去了許多金銀，卻肉包子打狗，有去無回，又還要怎麼的？你們說他沒有決裂之意，憑什麼下這樣的結論呢？」

劉宗敏開了頭，李錦、高一功、袁宗第、劉芳亮、郝搖旗等戰將紛紛發言，說吳三桂這小八蠟子不率教，我們打他娘。其中有主張御駕親征的，也有自告奮勇願領兵征討的，面對劉宗敏的指責，李岩不由分辯說：「據臣揣測，吳三桂確沒有徹底與我朝決裂之意，這是明眼人都可看出來的，這是為什麼呢，第一，他的父母在我們手中，吳三桂不無顧忌；第二，他若真正想與我朝決裂，那麼，得知崇禎的凶信後，應該立即三軍縞素，為崇禎舉哀，並號召遠近，誓師討伐我們，這些他都是能做的，卻沒有做，第三，他也缺乏勢力，須知山海關畢竟偏處一隅，他手中僅一支孤軍，無糧餉供應，怎麼能與朝廷對抗？憑此三點，臣斷定此人仍可爭取。不過，古人說得好，受降如待敵，能戰始能和，所以，臣以為就是再派使者，也必起大軍於後，守株待兔、坐等其降最不可取。」

李自成聽後，不由沉吟，且回頭來望丞相。

這些日子，牛金星全副精神都放在籌備登基大典和組閣的事上，看看吉日良辰已近，他真有些心癢難熬，不想偏偏在這個時候，吳三桂來打岔。眼下主戰主撫，意見難期統一，剛才劉宗敏的話語中，對自己頗有責難之意了，自己身為首輔，處在這種情形下，如何平衡兩派意見，且又投合皇上之心呢？細細揣摩皇上之意，幾十年馬上辛勞，腥風血雨，他已倦於征戰，加之登基在即，美夢正酣，哪想分心？之所以說御駕親征，只不過要顧及自己的面子，且要絕劉宗敏之望罷了，理清了思緒，牛金星於是說：「據臣看來，兩位軍師的分析是有道理的，只不過此人味口較唐通要大，不肯輕易就範，反正北方也只剩下他吳三桂了，皇上為速定大局，無妨著意羈縻。眼下吳襄不是在我們手中嗎，他那巨萬家私不是全在北京嗎？不妨令吳襄寫信，勸他來降，只要他肯就範，凡屬他的財產、府第、奴僕，統統發還，官照當，爵照封，兵照帶，就是要仍守山海關，也無不可。」

接著，六政府中，那一班文官全附和牛金星之議，他們說的居然也頭頭是道。李自成一邊聽一邊點頭，但又若有所思地望著牛金星，說：「那麼，朕這登基大典，只能往後推一推了，只要吳三桂能降，五月後的好日子還有的是，朕決定等他來朝。」

這可是一件大事，本已定好的，怎麼能輕易改動呢？但吳三桂不降，眾人心中終有疙瘩，就是這皇帝也當得不會安穩，想到此，牛金星又奏道：「兵法上說，善戰者，不戰而屈人之兵，眼看四海歸一，能不惡戰自然是最好不過了，且我皇上胸懷博大，包容四海，吳三桂能不感激涕零，毅然來歸？皇上不如耐心等他一等。」

聽丞相一說，李自成連連點頭，眾將口中雖說「打他娘」，其實已捨不下眼前一切了，於是望一眼劉大將軍，都勉強點頭，就這樣，第二次招撫的意見又在御前會議通過了。

吳襄致吳三桂的信，終於送達山海關。送信的人是吳家一名親信家奴，名如孝。他曾經多次往來遼東與京師，對關內外道路都熟悉，與吳如孝同去的，還有劉宗敏帳下一個名叫張順子的小校，信是吳襄的筆跡，略云：

……汝以皇恩，得專閫任，非真累戰功、歷年歲也，不過為強敵在前，非有異恩激勸不足誘致英士，此管子所以行素賞之計，而漢高一見韓、彭即予重用，蓋此類也。今爾徒飭軍容，選蠕觀望，使李兵長軀直入，既無批亢擣虛之謀，復乏形格勢禁之力，事機已去，天命難回，吾君已逝，爾父須臾。嗚呼，識時務者亦可知變計矣。昔徐元直棄漢歸魏，不為不忠，子胥違楚適吳，不為不孝。然以二者揆之，為子胥難，為元直易。我為爾計，不若反手銜璧，負碪輿棺，及今早降，不失通侯之賞，而猶全孝子之名，萬一徒恃憤驕，全無節制，主客之勢既殊，眾寡之形不敵，頓甲堅城，一朝殲盡，使爾父無辜並受戮辱，身名俱喪，臣子均失，不亦大可痛哉！語云：『知子莫若父』。吾不能為趙奢，而爾殆有疑於括也，故為爾計，至囑至囑。

終於看到家書了，吳三桂一眼就認出了父親的筆跡，於是，一遍又一遍，他不由喜出望外。先是不動聲色地款待張順子，待他酒醉飯飽之後，便送到行館，然後將吳如孝喚在一邊，盤問家中情況。「拿來吧。」一眼看不相關的人都退出去了，吳三桂急不可待地向吳孝如伸出了手。因是自己的家奴，他開門見山，毫不隱晦。

吳孝如一怔，說：「老爺，拿什麼來？」

吳三桂說：「未必太老爺就只有這封書子，再未另寫密信？」

吳孝如忙說：「哎呀，老爺，怎敢呀，你不知，小人這是在那班人再三盤問反覆交代之後，才讓來的。不錯，太老爺本是想另寫一封家書，但權衡再三，還是不敢。」

吳三桂將情斷理地一想，覺得這也是事實，於是點點頭說：「那是那是，孝如，城破之後，流寇可是殺人放火地亂來？太老爺又有什麼舉動？」

吳孝如見身邊沒有旁人，膽子也大了，便直言相告道：「老爺，別說了，這可是一場浩劫呀，家中人都嚇死了，周圍那些做官做府的，一個個嚇得半死，上吊的上吊，服毒的服毒，太老爺雖說沒有到那一步，可也整天在書房中踱步，太夫人則整日跪在菩薩面前，燒香許願，流寇進城後，家家大門黏了順字，他們先是去搶佔皇宮，還無暇顧及別的。」

這情形是吳三桂能料想到的，所以聽後臉上毫無表情，又問道：「後來呢？」

吳孝如搖搖頭說：「後來，後來可慘了，幾乎所有的高門大第全被佔住，連歸順了的官員也被抓起來。咱們家被那個劉大將軍佔了，全家人被趕到了西院。那個姓劉的可惡極了，下令全府上下人等，除了身上穿的，其餘一律不准帶走，所有金銀細軟、字畫古玩、田產房契，都被這個姓劉的一體全收了。」

接著，便一一數說說大順軍進城後的詳情，又說起百官都被拷掠，吳襄也在所難免，要他交出十萬銀子，交不出便被夾起來。可府第被佔，所有財產都被沒收了，又去哪裡籌銀子呢，於是，一直被夾打不放，直到這回讓他寫信勸降了，才從夾棍下放出來。

吳三桂一聽，臉色不由變了。先是牙齒咬得緊緊的，在房中走了幾個來回，好半晌，才強忍下來，似是自言自語地說：「不要急的，這也算不得什麼，只要我回去了，太老爺便沒事了，財產也會退回來。」

說著，他想起什麼，忽然說：「除父親外，其他人都安好吧？」

吳如孝說：「好，其他人倒都安好，只是——」

說著，他便雙眼望著家主爺，欲言又止。吳三桂一見，不由生疑，忙道：「只是什麼？」

吳孝如臉色一變，說：「這個，是小、小夫人不太好。」

吳三桂一聽「小夫人」三字，明白他說的是陳圓圓，不由全身一緊，趕緊追問道：「快說，小夫人怎麼了，不要瞞我。」

吳如孝知道瞞不住，只好說：「小夫人已被那個劉大將軍強行叫走了。那已是深夜，他帶著大隊護衛，手執刀劍，就逼在門口，眼看就要進入室內，太老爺、太夫人能不依嗎？」

吳如孝正低著頭，字斟句酌地想把話說得委婉一些，不想就在這時，忽聽「乒！」地一聲，抬頭一看，吳三桂一張臉扭曲得十分難看，手中一隻青花瓷茶杯被砸在地下，變成粉碎。吳如孝嚇得不敢作聲，只呆呆地看著吳三桂。吳三桂此時急火攻心，連連頓腳大罵道：「流寇，殺不絕的流寇，老子與你勢不兩立！」

說著，便提一口劍，逕直來尋那個大順朝廷使者張順子。這時，參將馮有威、遊擊楊坤、郭雲龍等數人正等在堂上，一見吳三桂這樣子，不由大吃一驚，忙上前攔住道：「爵爺，這是幹什麼？」

吳三桂氣急，一時語無倫次，只說：「我吳三桂是堂堂大丈夫，怎能降流寇，那不是讓我做一個不忠不孝的人嗎？」

其實，馮有威等人都十分關注此事。家在遼東，田地、財產都在寧遠一帶，朝廷放棄寧遠，這於他們已十分不願了，若一旦歸降李自成，不但要另找新主，且留在寧遠的房屋、莊園，便隨著江山易主而永遠不屬於他們了，那可是他們半生拼命所得啊，所以，吳三桂往回走，正好稱了他們的心願，加之大順軍在京城拷掠百官的消息，像長了翅膀，沒多久就傳到了他們耳中，所以，當唐通和祖大壽同時到達山海關時，他們是明顯地傾向於祖大壽，但主將態度不明，他們不便過早地表示自己的態度，眼下一聽吳三桂之言，不由喜出望外，馮有威馬上說：「爵爺，您終於拿定主意了，這可是我們全體將士的心裡話呀，我們可是堂堂正正的大丈夫，怎麼能與流寇為伍？」

楊坤更是義正詞嚴地說：「流寇竊據神器、拷掠百官、姦淫婦女，短短幾天，便在京師做出種種駭人聽聞的事，這哪像個有作為的開國之君？如果投流寇，那可是要遺臭萬年的。」

吳三桂咬牙切齒地說：「諸君同心，我這裡就去殺了那個狗使，以絕流寇之望。」

馮有威見吳三桂態度堅定，不由放心，便說：「這倒不必急在一時，待我們把該做的事都做了，準備就緒，再殺偽使祭旗。」

吳三桂說：「你說的該做的事是指什麼？」

馮有威說：「爵爺如果拒偽使，李自成必然來攻，他們兵多，我們兵少，山海關偏居一隅，怎麼能兩面受敵呢？」

吳三桂不由連連點頭，又說：「當然，處此情形之下，只能對付一面，與滿洲至少要達到和諧，若能像唐肅宗一樣，借兵平亂，那就是再好不過的事了。」

楊坤說：「這當然是好，不過，眼下滿洲是攝政王多爾袞主政，據說此人十分厲害，能否就範，不得而知。」

吳三桂想了想，說：「我舅舅不是還在驛館等回信嗎？」

3 借兵

得知祖大壽終於從山海關回來了，多爾袞立刻召見，至於隨他來的吳三桂的部將楊坤、郭雲龍，則安排在驛館休息。

吳三桂給攝政王的信，裝在一個大牛皮紙封套內，上用紫泥火漆封固，且蓋有吳三桂的總兵官大印。多爾袞接信後，轉身交與洪承疇，卻回頭向祖大壽詢問關於吳三桂轉變的經過，及眼下山海關的情況。

這時，英王阿濟格、豫王多鐸都聞訊趕來，他們圍坐帳下，一邊聽祖大壽談見聞，一邊看洪承疇用小刀將封皮剔開。待祖大壽介紹完，多爾袞吩咐道：「洪先生，請念念。」

洪承疇於是將信展開，大聲念了出來：「大明平西伯、欽差鎮守寧遠中左中右等處地方團練總兵官、右軍都督府同知吳，致書大清國攝政王殿下。」

多爾袞一聽開頭，便不由皺了皺眉，這時，洪承疇已抬頭看他，他乃揮一揮手，吩咐說：「繼續念。」

洪承疇於是又念道：「先帝不幸，九廟灰燼，今賊首僭稱尊號，擄掠婦女，罪惡已極。」開頭的稱呼，頗使多爾袞不快，正文一開始，卻又理不直，氣不壯，范文程馬上尋出了破綻，乃微笑著說：「既知先帝不幸，又為何不速提勁旅赴援？」

多爾袞不由笑道：「這不過是他的場面話，范先生不要當真。」

洪承疇繼續念道：「三桂受國厚恩，憫斯民之罹難，拒守邊門，欲興師問罪，以慰人心；奈京東地小，兵力未集，特泣血求助。」

多爾袞聽到這裡，不由微笑點頭。

洪承疇又念道：「流寇所聚金帛子女不可勝數，義兵一至，皆為王有，此誠難再得之時也。請王速選精兵，直入中協、西協，三桂自率所部，合兵以抵都門，滅流寇於宮庭，示大義於中國，則我朝之報北朝者，豈唯財帛，將裂地以酬，不敢食言。」

洪承疇念完，多爾袞不由笑瞇瞇地問道：「念完了？」

洪承疇仔細看了一遍，一面微笑，一面說：「念完了。王爺，他的本意無非就是這句話：『欲興師問罪，奈京東地小，兵力未集，特泣血求助』，此人終究是武人，這樣的話，說得太直露。」

多爾袞連連點頭說：「是的，眼看大禍臨頭了，還要說大話，且想以女子金帛為釣餌，真是笑話。」

說著，環顧左右：「大家都說說，是何感想？」

英王阿濟格一直尖著耳朵在聽，他滿以為吳三桂是請降，不想聽來聽去，沒有半個降字，卻是借兵，不由有氣。他在多爾袞這個弟弟面前，說話一直大大咧咧，此時眼一瞪說：「據本爵看來，眼下崇禎已死，明國已亡，北京城鬧得烏煙瘴氣，此誠我軍出師之有利時機，正好乘亂打他們一個措手不及，管他吳三桂也好，李自成也好，只要不降，便都是大清的敵人，都要來個掃地以盡，什麼裂地以酬，金帛子女，諒他也不會把座北京城割讓與我們，這都是順水人情，我們可不能中了他的緩兵之計，只要進了關，還在乎他給什麼，不給什麼嗎？」

豫親王多鐸卻胸有成竹地說：「此事也不必急在一時，吳三桂異想天開，死到臨頭還想借兵，想借我們的力量為他報仇，這也太低估我大清朝廷了，眼下他與李自成翻臉了，山海關行將被兵，他手中不有五六萬寧遠兵嗎？臣看就讓他們打去吧，他想讓我們火中取栗，我們卻要看他們鷸蚌相爭。」

多爾袞點一點頭，卻又把目光掃向孔有德、耿仲明、尚可喜三王，問道：「列位還有何高見？」

孔有德性格粗疏，說話直截了當，他說：「據臣看來，吳三桂此時已是褲襠裡起火了，望我軍更是踮起了腳、頸根子伸得老長，所謂借兵之說，不過是裝裝面子罷了，我軍逼他投降已是易於反掌的事，又管他借不借的呢，先佔了山海關再商量。」

孔有德說完，耿仲明、尚可喜都跟著闡述，他們也認定，吳三桂不降李自成，李自成必興兵討伐，所以，眼下正盼我軍速去，一旦兵臨城下，吳三桂不降也得降，所以，我們不必注重手段和名份。

眾人之議，見仁見智，態度都是積極的，也都充滿了必勝的信心，但對這借兵一說，似乎都不太放在心上，誰都明白，只要進了門，請神容易送神難，管你吳三桂願不願意呢！

那麼這「借兵」二字，就全無寸用嗎？多爾袞想著，心中大不以為然，突然，他回頭望著洪承疇，問道：「洪先生，你說說，古往今來，可有過借兵的先例？」

洪承疇豈是庸人？他已從多爾袞欲言又止的神色上，看出了藏在笑臉後面的隱憂，也明白為什麼會有此問，忙爽朗地說：「借兵之說，古已有之。就說唐朝吧，安史之亂和後來的黃巢之亂，朝廷就曾兩次借兵，一次是向回紇，一次是向沙陀，每次都約以土地人民，為唐所有，子女玉帛，盡歸客兵，臣看吳三桂的借兵之說，是循古例。」

多爾袞一聽，連連點頭說：「既然古已有之，當然可以搬用。他與我朝為敵多年，一時拉不下面子，找個藉口，可以理解，再說，大清建國之初，與明朝本不乏交往，只因明帝以強凌弱，處事不公，才有以後的戰事，總而言之，守望相助，乃春秋大義，就如鄰家失火，能因這個鄰居有過對不起我們的地方，就見危不救嗎？孤看這事完全可以答應他，一旦進入關內，我們就打出為崇禎報仇的旗號。不過，代人平亂，乃是仁義之師，仁義之師就要有仁義之師的樣子，燒殺搶掠，切不可有，更不能殺害無辜。」

多爾袞說著，便再一次強調紀律，一條條，一款款，甚至連馬踏青苗，都視為非法，違犯者，殺無赦。

直說得麾下將士無不凜然……

眾人告辭後，只有阿濟格和多鐸還不肯離開。多爾袞知他們有話要說，於是揮手讓侍衛退下，然後扯他們一同坐在行軍床上，說：「看來，你們還有未盡之言？」

阿濟格望著多爾袞，口氣很衝地說：「十四弟，當初我父皇努爾哈赤以七大恨伐明，為的是什麼？可惜寧遠城下，一戰失利，父皇抱恨而終；這以後，我皇兄皇太極又四次伐明，皆因這山海關未能克服，致使我軍不能暢行其志，眼下所幸明國內亂，我們得以入關，這正是實現父兄遺願、出一口惡氣的時候了，寧遠、山海關軍民，歷年與我們為敵，就是崇禎令他們西撤，還要跟著吳三桂一道往關內走，我們還憐惜他們幹什麼？吳三桂已經沒有轍了，我們拿下山海關已是順手牽羊，容易得很了，你為什麼還要上這個吳三桂的當，同意什麼借兵呢？」

面對氣勢洶洶發問的阿濟格，多爾袞不由想起他出發前那「撈一把」之說，不由微微一笑——自去年皇太極病逝，到眼下自己出任攝政王，大權獨攬，眼前兩個兄弟是出了死力的，若入關爭天下，他們可是自己的左右臂膀，多鐸能事事聽從自己的主張，小心謹慎，阿濟格卻仗著輩份大，凡事有些大大咧咧，自作主張，眼下若不乘機說服這個十二哥，不但臂助無人，有時還會礙手礙腳。想到此，不由把心窩子裡的話也掏出來了，說：「十二哥，你說得好，吳三桂確實沒轍了才來投我，就如喪家之犬，是在搖尾乞憐。我們可以從心底看不起這喪家之犬，但卻不能不用他。且不說山海關為咽喉之地，位置重要，就說這借兵二字，也不是毫無可取之處，他就是投降了，我們對外也仍不妨說是應借而來，因為沒有這一借，我們成了不速之客；有了這一借，我們便成了能急人大難的仁義之師，『名正言順』四字，便為我穩佔，眼下這四字於入關奪天下的大清，真是太重要了。因為在中原讀書人心中，我們是夷狄，孔夫子的教導是嚴夷夏之大防，所以，在他們看來，明朝亡於流寇，只是改朝換代；而由夷人來入主中華，便是亡國滅種，到那時，他們拼了一死與我們糾纏，血流漂杵也在所不惜，滿人才多少，漢人有多少，我們何時能臣服他們？所以出兵前，能打出名正言順的旗幟，是再好不過的了。這些日子，我一直為此耿耿於懷，不耽心打不過流寇，就耽心這名份不正，孔夫子說得好，名不正則言不順，言不順則事難成，所以，這『借兵』二字，可抵十萬大兵。」

多鐸一聽，不由佩服地點頭，並回頭對阿濟格說：「十二哥，十四哥這一安排，真是站得高，看得遠，你說父皇以七大恨伐明是為什麼，你說皇兄四次伐明是為什麼？真是只為了撈一把嗎，我們為什麼不想遠些呢？」

阿濟格卻不以為然地癟嘴一笑，他不理睬多鐸，卻對多爾袞說：「十四弟，你怎麼開口就離不開孔夫子呢，這個孔夫子有什麼能耐，他帶過多少兵，打過哪些硬仗，就值得你開口閉口都離不開他？」

一聽這麼沒有常識的問題從阿濟格口中出來，多爾袞不由喟歎不已，說也難怪，可憐的阿濟格，雖拗不過父命，勉強拿起過漢文書，但他至今不但《四書》讀不斷句，且連字也認不全，能知道什麼孔夫子、孟夫子？想到此，多爾袞只好用責備的口吻說：「十二哥，你是大清的王爺，時文制藝是無須留意了，但起碼常識應該知道一些，什麼孔夫子帶過多少兵呢，告訴你，孔夫子從來就沒有帶過兵，也沒有打過一次仗，但幾千年來，孔孟之道如日月經天，江河行地，讓人頂禮膜拜不已，憑什麼？憑他的學說，單君君臣臣父父子子八個字，就是百萬八旗鐵騎也無法推翻它，因為這八個字，上至朝廷君臣，下至家庭父子兄弟，都遵其繩墨，入其範圍，可以說，古往今來，迷佛的、通道的皇帝都有，但不管他迷什麼信什麼，安邦治國時都離不開孔孟，也不論是蒙古人、契丹人、女真人，在進入中原後，只要你想天下安寧，便都要尊敬孔夫子，別小看了四書五經的力量，所謂半部論語，可治天下！」

接下來，多爾袞打開了話匣子，便跟這個哥哥講歷史，講他們的女真祖先完顏氏在中原地區建立大金國的故事，多爾袞是最佩服金世宗的，所以，他於世宗完顏雍的事蹟說得最多，講他在入主中原時，如何尊孔讀經，治漢學用漢人。

一聽十四弟說起孔孟，便露出誠惶誠恐的樣子，比提到父皇努爾哈赤還尊敬，阿濟格不由有氣，乃憤憤地說：「你既然如此推崇孔孟，那麼，我問你，究竟是我們大清去降服漢人，還是去請孔孟來統治我們滿人呢？」

這真是愚夫有可擇之言，智者有千慮之失——阿濟格此言一出，多爾袞還真不好反駁，因為這裡牽涉到一個層次很深、很棘手的問題，多爾袞在入關前還從未想過，眼下軍務倥傯，俱事畢集，他也無暇去思考，所以阿濟格這一問，竟把他問住了，一時張口結舌，無言可答。幸虧多鐸於一邊看出他的猶豫，下死勁將阿濟格拉開，不然，他還只能惱羞成怒了。

就這樣，兄弟二人誰也沒有說服誰，多爾袞憋著一口氣，只好暫時忍著。告辭時，夜已深了，兵營黑糊糊一片，除了在很遠的地方，傳來大凌河解凍時那冰塊開裂的軋軋聲，四周一片寂然……

4 決計討吳

唐通做夢也沒有想到，昨天還和自己稱兄道弟的吳三桂，說變臉就變臉，竟趁他不備，幾萬人馬突然開關殺出，眾寡懸殊，一下殺他個措手不及，待他明白後跨上戰馬時，局勢已無可挽回了，於是，他一面收拾敗兵，離山海關遠遠地重新安下營寨，一面修表，向大順皇上告急。

這裡告急的使者才到北京，吳三桂那回答父親勸降的《絕情書》，也由跟張順子同去的一個小校帶回，據這個小校說，張順子已被吳三桂殺了祭旗，他自己則被割去了耳鼻。

接了唐通的告急文書，李自成正在生氣，聽了這個狼狽逃回的小校的報告，李自成和他的文武大臣更是火冒三丈，吳三桂的信是這樣寫的：

不肖男三桂泣血百拜，上父親大人膝下，兒以父蔭，熟聞義訓，得待罪戎行，日夜勵志，冀得一當，以酬聖眷。屬邊警方急，寧遠巨鎮，為國門戶，淪陷幾盡，兒方力圖恢復，以為李賊猖獗，不久即當撲滅，恐往復道路，兩失事機，故爾暫稽時日。不意我國無人，望風披靡。吾父督理御營，勢非小弱，巍巍萬雉，何致一二日內便已失墮？使兒捲甲赴關，事已後期，可悲、可恨！側聞聖主晏駕，臣民戮毒，不勝眥裂，猶意吾父素負忠義，大勢雖去，猶當奮錐一擊，勢不俱生，不則刎頸闕下，以殉國難，使兒縞素號慟，寢戈復仇，不濟則以死繼之，豈非忠孝媲美乎！何乃隱忍偷生，訓以非義，既無孝寬禦寇之才，復愧平原罵賊之勇。夫元直荏苒，為母罪人；王陵、趙苞二公，並著英烈。我父嚄唶宿將，矯矯王臣，反愧巾幗女子！父既不能為忠臣，兒亦安能為孝子乎？兒與父訣，請自今日，父不早圖，賊雖置父鼎俎之旁以誘三桂，不顧也。男三桂再百拜。

當牛金星一口氣讀完這封信後，眾臣不由譁然。李自成尚未開言，劉宗敏馬上瞥了牛金星一眼，冷笑著說：「招降招降，這不是自取其辱麼？不但成堆的金銀拋到了水裡，還丟了張順子一條命，若依我的，吳三桂之頭早已扔在茅坑裡了。」

幾天前的御前會議，主撫的不但有牛金星，且最初的動議是兩個軍師提出來的，但眼下劉宗敏只指責牛金星，從居庸關第一次會議時，他主張帶兵往剿埋怨起，說丞相不能審時度勢，終致陪了夫人又折兵。

面對劉宗敏咄咄逼人的指責，牛金星終於無言可答了，就是宋獻策、李岩也覺得面上澀澀的。李錦、高一功雖不埋怨牛金星，卻一齊破口大罵吳三桂，恨不得立刻出師，掃平山海關。

最不願看到的事，終於出現了，這中間究竟是主撫派的錯用心機，還是另有原因？李自成仰望大殿，獨眼迅速在李岩、劉宗敏的臉上掃了過去，心想，此時尚不是追究責任的時候，先考慮眼前事是正經。於是，撇開垂頭喪氣的牛金星，也不看幸災樂禍的劉宗敏，自顧自說道：「各位不要急，招降不成，自然難免一戰，朕決計御駕親征，克日興師。不就是五六萬人馬嗎，這算什麼？就不信陰溝裡的泥鰍，能掀起大浪。」

事已至此，眾人也只能順著皇上的思路，商議起御駕親征的事。

直到前兩天，李岩才弄明白，劉宗敏不但佔據了吳襄府第，且霸佔了吳三桂的愛妾，眼下陝西籍將士們，都在恭賀劉鐵匠獨佔花魁。既然派出的使者中，有吳府家人，吳三桂肯定知情，處此情形之下，他若還來投降除非是個白癡。赳赳武夫，只為一己之私利，圖一時的快活，是導致招降失敗的主因，眼下卻把責任推到他人頭上，李岩豈能不為自己辯冤？但眼下還有更急的，這就是皇上要御駕親征，御駕親征還罷了，可這口氣太輕鬆，大有滅此朝食之意。吳三桂偏居一處，將少兵微，敢捋虎鬚，何恃而無恐？李岩將情斷理，一下就想到了關外的滿韃子——這始終是自己心中的隱憂，也就是宋獻策一直在念叨的「變數」，若果真那樣，吳三桂可不是小泥鰍，而是一條倒海巨鯨了。想到此，他不由抬起頭，說：「皇上，臣——」

話才出口，欲言又止，因為他一眼瞥見，皇上望他時，獨眼中露出了極不耐煩、極不以為然的神色，那麼，說還是不說呢？正在猶豫，皇上開口了，語氣還算平和，那種懷疑的眼神，也只一瞬即失，並說：「任之，有何見教？」

李岩說：「不敢，臣長話短說罷——吳三桂既然敢這樣做，未必就沒有考慮後果？何況他盤據邊關，位置重要，因而個中變數很多，螳螂、黃雀之防，皇上應慎之又慎。」

李自成似乎也已意識到了這點，李岩話才落音，馬上接言說：「你是說要防關外嗎？朕也想到了，為此，我們要刻不容緩，趁他們尚未來得及勾結，或辮子兵一時趕不過來，先一舉拿下山海關。」

牛金星也在考慮這事了。剛才劉宗敏的話，明顯地對他不滿，他不願此時此刻，得罪這班手攥刀把子的將軍，雖然他明白，吳三桂的抗拒，與劉宗敏佔據他的府第、拷掠吳襄及霸佔陳圓圓有著莫大的關係，但事已至此，再說何益？不如避開這些，就事論事。於是說：「臣也是這麼想的，吳三桂既然置皇上的一片苦心於不顧，一條黑道走到底，那麼，他只有可能投靠滿人，除此之外，別無出路。不過，據臣所知，滿洲憨王去年才死，眼下國內群雄爭立，一時還安撫不下來，就是接受了吳三桂的投降，一時也派不出兵，不然，何以吳三桂敢撤寧遠之防呢？所以，我皇上若能御駕親征，一定能穩操勝券，至少可奪回山海關，將吳三桂趕到關外去。」

牛金星此言是順著李自成的思路來的，所以，李自成連連點頭。皇上點了頭，高一功、劉芳亮、袁宗第等戰將也跟著來，都說要與吳三桂在山海關下一決雌雄，李錦更是頭頭是道地說：「據臣看，吳三桂手中只有五六萬兵馬，無糧無餉，他守邊關多年，與滿洲人結下了很深的樑子，就是一時迫於利害，勉強言和，但相互之間，一定隔閡殊深，不可能一下就能連成一氣來對付我們，所以，哪怕滿人就是派出了兵，我們也可乘隙將其各個擊破。」

高一功接著說：「還有，我們不但人馬比他多，手中還有幾大法寶，這就是吳襄和崇禎的三個兒子，上陣見仗之前，先將這幾個活寶推上前去，吳三桂不是為崇禎發喪嗎，我們讓太子出面令他投降，他不降就是忤旨，就算吳三桂眼中沒有太子，也不能沒有吳襄這老鼈呀？」

這番話看似都有理，開始還憂心忡忡的李自成，不由受到了鼓舞，於是，他又來瞅劉宗敏，那眼光充滿了誠信和期待。劉宗敏對主撫的一派人本就有氣，加之自己想領兵自成又不允許，這些日子，於大政心灰意冷，乃一個跟頭栽在陳圓圓懷中，如膠似膝；不想撫局不成，只能繼之以戰，自成來瞅他，分明又有借重之意，十幾年風雨同舟，怎能一朝決裂？就是這老臉面也一時抹不下呀，於是說：「十幾年來，我們打過的仗大小總不下百餘戰吧，有十足把握的仗幾時見過？就是穩佔上風、穩操勝券的時候，個人也難免不被流矢所傷，不被小人暗算，俗話說，瓦罐井上破，將軍陣上亡，打仗本是賭命的買賣，怕這怕那是辦不成大事的。剛才滋侯說，吳三桂與滿人結的樑子很深，一時難以結成團來對付我們，我也是這麼看的，他不就是五六萬人馬嗎，咱們率十餘萬大軍親去，就是一個換一個也有賺。」

劉宗敏發言時，李自成一直在注意他的神態，眼中的感情很複雜，見眾人再無話說，當即傳旨，乃以李錦、劉芳亮率領六萬人馬為先鋒，劉宗敏仍總中軍，高一功、袁宗第、劉體純等護衛御營，正、副軍師隨御營在後，共計十六萬人馬，於兩天後前往山海關。

參加御前會議的人，都陸續離開了，空蕩蕩的大殿上，只有李錦和高一功尚未離去，他們是臨走時被皇上示意留下的。望著燈影下的兩個晚輩，李自成口氣嚴厲地問道：「聽人說，吳三桂不肯降，與劉宗敏霸佔了他的府第和愛妾有關，你們可聽說了？」

二人不由吃了一驚——何嘗不是呢，但此時此刻，這話說不得，因為若說起來，誰也不是乾淨人，李錦就佔住崇禎的岳父周奎家，高一功則佔住襄城伯李國楨的府第，李國楨的兒媳也被他霸佔了，只不過劉宗敏沒有碰上好對頭罷了，皇上眼下若追查起來，他們誰又能脫干係呢？於是，你望望我，我望望你，最終還是李錦先開口，說：「這是誰在嚼舌根子呢，劉鐵匠住在吳府是沒錯，可他是為了追贓呀。」

李自成不由瞪了侄子一眼。李錦雖晚他一輩，卻與他同年，當年在家，少年叔侄如兄弟，造反後，同艱共苦，平日最受寵信。此時一聽他在說假話，乃狠狠地數落說：「哼，你們老鴰子不說豬墨黑，相互之間打埋伏，只瞞著我一個人，人家養狗能看家，我家的狗卻咬雞，真是白費我一番心思了。」

這一下，二人無話可說了，都低著頭不作聲。李自成望著他們，又問：「宋獻策和李岩呢？」

眼下大順軍中，就只有這兩個人說話硬氣了——他們至今仍住在中州會館，宋獻策孤身一人，李岩則與紅娘子形影不離，李錦和高一功不願說他二人的好，搜索枯腸想了半天，李錦才說：「他們還是老樣子，不過——」

「不過什麼？」李自成緊問。

李錦望了高一功一眼，說：「李岩不是最愛當老好人嗎，此番可大做人情了，崇禎的皇嫂，就是那個張皇后，我們進城時，她還未來得及自殺，李岩得知消息後，生怕落到了我們手上，乃派人用車子將她護送到娘家，讓她從容盡節。」

高一功也說：「還有，那個河南狀元劉理順，也是被李岩救下的，我們去抓時，他不讓抓。總之，凡是好人全讓他做了，而惡人就讓我們當了。」

二人見李自成仍不作聲，李錦又說：「在吳三桂這事上，他和宋矮子三番五次阻撓大局，要不是這招降耽誤了時間，局勢還不會是這樣，叔，為什麼我們一提起前明的官員，就恨得牙癢癢的，他們卻那麼喜歡呢？」

高一功又說：「反正大家都不待見這李岩，他那張烏鴉嘴，說什麼靈什麼，依臣看，這回東征，最好不讓他去。」

二人你一句他一句，說盡李岩的壞話，李自成不由煩了起來，手一揮，說：「算了算了，李任之潔身自好，你們是在嫉妒他，打天下，治天下，是要用心思的，不得人心，怎能得天下，你們的眼睛卻只望見錢和女人。」

接著，李自成就數落他們的糊塗，一進北京城，只知吃喝玩樂，沒有在眾人面前做出好榜樣，就是大事，也不見來向他報告，二人見皇上動怒，嚇得不敢作聲。

此時的李自成，真是恨鐵不成鋼——手下這班將領的胡作非為，已到了令人髮指的程度，越是親近的人越不聽招呼，像面前這兩個血親就是，天子腳下，肆無忌憚，像餓狗進了廚房，見什麼嚼什麼，豪飲海喝，胡地胡天，更不堪的是對百姓的騷擾，比明朝的敗兵還不如。他想，如此放縱下去，不消多久，這一班能征慣戰的將士，不一個個醉倒在北京城的酒館裡，也會栽倒在妓院裡，眼下不得已，終於再次親征了，朕想禦敵於國門之外，也想藉此轉移將士們的視線，激勵他們的奮發之氣，但他們能重新奮發嗎？

夜已深了，李自成在斥退兩個侄子後，一人仍在大殿上徘徊……

此時，宋獻策和李岩仍在長談——剛才在會議上，李岩長話短說，心中尚有未盡之言，宋獻策知此情形，心中也有話未說，散會後，二人一邊往回走，一邊閒談，宋獻策說：「任之，你說此番出征，我們能有幾分勝算？」

李岩不由長長地歎了一口氣，用宋獻策常掛在嘴邊的話說：「你不是常說變數麼？面對眼下這一連串的變數，所謂勝算，已是很難說了，依我看，能有五分就謝天謝地了。」

宋獻策說：「孫子兵法上說：善戰者，立於不敗之地。若只有五分勝算，怎麼能出征呢？」

李岩不由苦笑說：「我們的劉大將軍不是說，打仗就是賭命嗎，既然是賭命，當然有贏有輸，五分勝算，也不錯了。不過，這一賭，可是乾坤一擲，關係非淺，若輸了，皇上回陝西只怕也會站不住腳。」

接下來，李岩便向好友說起自己的未盡之言：

據他所知，滿洲的八旗兵，大部分原本就處散在遼河套一線，他們下馬為民，上馬為兵，要集結起來是很容易的事，若吳三桂撤寧遠之防時，他們跟蹤而進，眼下就不會離山海關很遠了，吳三桂一旦與他們勾結，這中間就沒有多少間隙讓大順軍可鑽。到時大順軍要對付的便不是吳三桂那五六萬人馬，而是滿清的傾國之師，這樣一來，你不能不重新估計一下自己的力量，大順軍從長安出發時，共約五十餘萬人馬，由長安到北京，雖一路順風，但每佔一地，就得分兵守戍，到達北京時，便二十萬也不足了，而除去老弱和負責運輸的兵，其中的戰兵不過十萬，以十萬對付吳三桂的五六萬雖說有餘，若加上一個清國，便明顯地不足。所以，在李岩看來，眼下將後路人馬迅速催赴北京，以逸待勞，與吳三桂在北京城郊決戰，或有取勝的可能，御駕親征則實在不可取，須知這等於起傾國之師，孤注一擲，個中勝算微乎其微，若有個萬一，後果可不堪設想。

若在以往，李岩會一口氣將這些話說出來，但眼下他也有顧慮了，且不說會議一開始，劉宗敏咄咄逼人，要追究主撫派的責任，就是皇上，對他也露出不耐煩的模樣，他何苦自討沒趣呢？

宋獻策聽李岩說完，不由微笑說：「任之，想不到你也學乖了，逢人只說三分話，但這怪不得你呀，招降失敗，劉宗敏不自責，反怪別人；皇上明知此事的前因後果，卻因投鼠忌器，不肯認真追究，這一切說明什麼，只能說明這些人，都不是能勇於承擔責任的人，與他們共事，不能不多留個心眼。」

李岩歎了一口氣說：「這事你也不知勸了我多少回了，可說到頭我還是不忍心，因為這不單關係眼前事物的成敗，且也關乎歷史的千秋功罪，大順軍能有這樣的局面多不容易，就這麼斷送了，你縱不可惜這個朝廷，難道也不可憐追隨其後的數十萬弟兄？」

宋獻策擺了擺頭，說：「朝前看，固然可惜，朝後看，卻也沒什麼，他不是跟你說過四不擇嗎，他原本就是荒不擇路，饑不擇食，不想瞎母雞婆撞到了米籮裡，能飽吃一頓也就心滿意足了，槐國衣冠，黃粱一夢，旁人嘆氣有什麼用？自我得之，自我失之，又何憾也！」

話雖這樣說，可二人畢竟也跟在這「瞎母雞」身後，又怎能完全超脫？哪怕宋獻策的話中，明顯帶有警告的意味，李岩也並未放在心中。

不想第二天，皇上本已做好的安排，卻又有了小小的異動——京城關係重大牛丞相一人留守恐難支撐，乃將李岩留下，協助牛金星。

聽了這道旨意，宋獻策和李岩多少有些意外。

5 關鍵的一天

眼下的山海關，已是戰雲密布了。

山海關又稱榆關，背山臨海，距北京約七百餘里，距盛京也才八百餘里，為遼東咽喉，元代屬平灤路，明置永平府臨榆縣，山海關為其屬地，當時稱遷民鎮，關城建於明洪武十四年，時魏國公徐達曾於此大敗蒙古的平章完者不花，並將其活捉，為保邊防，徐達乃發屯兵一萬五千餘人依山阻海修永平、界嶺等三十二關，山海關終成為一軍事重鎮。

這些年連年用兵，山海關也不斷加固，眼下城高約五丈，厚兩丈，分設為鎮東、迎恩、望洋、威遠等四門，關城大半在長城以內，後又在長城西北端，修有小小的衛城名東羅城，至去年為防清兵從內攻擊，又在西邊加修了西羅城。但幾乎與所有的關塞一樣，它只具備防前的功能，若從關內來攻，雖有東西羅城拱衛，防禦仍十分薄弱，好在關前有一條名石河的小河，水雖不深，但可產生遲滯大軍行動的作用。

吳三桂自斬使祭旗後，一面向清國催請援兵，一面便加強防備，激勵將士，準備到時與流寇決一死戰。

西邊的大道上，終於出現了大順軍的遊騎。

最先到達的是左右先鋒李錦和劉芳亮，他們率領的四萬人馬在西邊的紅瓦店一帶紮下營盤。這裡地處石河西岸，與山海關隔河相望，村落極其稀少，加之百姓早已逃亡，而吳三桂又派出人馬，將這裡的水井填塞，房屋拆毀，就連土灶也挖了，所以，李錦的大軍到達後，一時找不到水源，且無從了解有關山海關的任何情況，只能在露天宿營，去很遠的地方尋水，在荒野埋鍋造飯。

剛將營寨紮下，大軍尚未安定下來，關上便響起了紅衣大炮隆隆的炮聲，李錦爬到高阜觀望，只見關上火光一閃一閃的，逶迤而東的燕山不斷有回聲傳來，一時山鳴谷應，很是熱鬧。他知道，敵人的目的只是騷擾，在不明虛實的情況下，吳三桂絕不敢輕易出兵。

於是，他吩咐士兵放心休息、吃飯，但等明日再行定奪。

但吳三桂卻好像成心不讓他們休息，那斷斷續續的炮聲，竟是徹夜不停，弄得大順軍士兵，個個徹夜未眠。

但等了整整一天，後路人馬卻還沒有消息，直到前鋒到達後的第三天，中軍主力及御營才趕到。

按照前一天李自成的安排，後隊各營兵馬於四月十二日清晨出朝陽門，直發通州，然後由通州而豐潤，越過遷安便可直薄永平府，李自成已決定將大營紮在永平府，那裡原就有明朝的薊遼總督衙門，眼下總督王永吉已逃到了山海關，小小的永平城，空蕩蕩的，沒有一個人，但衙署尚稱完善，於是，總督衙門就成了大順皇帝的行宮。

動身前為振軍威，李自成下旨將前明勳戚李國楨、大學士魏藻德等八人一齊斬首，然後下旨出發，不想主力才到通州，前軍的袁宗第忽然送來六個衣冠楚楚的人，說他們自稱山海關的仕紳，是來請降的。李自成聞言不由疑惑，乃下令讓部隊暫停前進，將其帶到了他的馬前。

這一夥人由前明舉人劉應東率領，到了李自成的馬前，立刻跪下，山呼萬歲。李自成心想，就說吳三桂不知道御駕親征的消息，但他已殺我使者，並為崇禎發喪，眼下又來請什麼降？想到此，乃於馬上問道：「你們好大膽，竟敢在這個時候來行緩兵之計，可知朕的寶刀鋒利無比？」

劉應東等人一聽，立刻跪頭如搗蒜，連說不敢，且由劉應東從容奏道：「稟皇上，小民等世居山海關，這以前，深恨滿韃子不仁，每興兵犯我，必燒殺淫掠，無惡不作，眼下崇禎已死，吳三桂放著堂堂的大順朝不降，卻密謀獻關降滿韃子，想滿韃子乃我大漢世仇，若降滿，必遵滿俗，剃髮變服，那不是犯下欺祖滅宗的大罪嗎？我等不願受此奇恥大辱，更不願做夷狄之民，故與大家商議，暗中聯絡了好些人，欲乘吳三桂不備，將他殺死，歸順我皇上。」

李自成此時急於想知道的，是吳三桂降沒降滿韃子，聽此人口氣，他還只是有這打算，並未付諸實施，但劉應東不過區區舉人，並無職務，軍機大事，他又怎麼能清楚呢？

正猶豫之際，一邊的宋獻策說：「皇上，臣看他們巧嘴利舌，不似等閒之輩，而且不早不遲，偏偏在這個時候出現，只怕是吳三桂派來遲滯我軍行動的，不如殺了穩妥。」

李自成沉吟半晌，說：「不才六個儒生嗎，怕他做什麼，待問出破綻後再殺不遲。」

於是，傳下諭旨，隊伍暫停前進，然後將這六人帶到路邊一民房中，詳加審問。

據劉應東說，他家世代書香，本人且是舉人，因而在本地很有威望，吳三桂身邊好幾個幕僚都是他的學生，這班人遇事，都來向他請教，此番吳三桂欲降清，最先便是與他的一個學生商量的，這個學生勸吳三桂不要降清，吳三桂不答應，於是，這個學生便聯絡了吳三桂手下的參將郭雲龍、遊擊楊坤，三人歃血為盟，欲殺吳反正，但吳三桂防範嚴密，一時尚不能得手，所以，便派小民前來，向大順皇上奏明，只要大軍暫緩進軍，吳三桂必然鬆懈，到時，他們便可動手。

宋獻策一聽，不由冷笑道：「吳三桂要降滿韃子，必然要小心防範內部，誠恐走漏消息，小小的山海關，能不做到滴水不漏？你們是怎樣溜出來的呢？」

劉應東說：「這些日子，吳三桂確實防範嚴密，沒有他的令箭，不准放一人出關，不過，因為他倒行逆施，不得人心，加之郭雲龍與楊坤是他信得過的人，關門便由他二人掌控，所以，小民等得乘間出城。」

宋獻策又厲聲說：「既然內部生變，大兵壓境，正好結為聲援，為何反要我軍緩進？」

劉應東仍從容不迫地說：「軍師不知，吳三桂雖不得人心，但仍不乏追隨者，加之他平日豢養了好些死士，他人一時很難近身，大軍越逼近，他防範越嚴，且有可能逃到關外，去投靠滿韃子，只有待以時日，恃其鬆懈，才好下手。」

宋獻策又一連盤問了好幾個問題，無奈這劉應東乃有備而來，左說左有理，右說右有理。李自成見此情形，乃揮手讓其退下。

望著劉應東的背影，李自成似是自言自語地說：「不能招降吳三桂，能爭取他們內訌，招降一部分將士也是好的，只是這夥人確實可疑，朕這裡才出師，他們就應聲而出，就像是從地下鑽出來的，太巧了。」

宋獻策說：「最不可信的是他們口中的吳三桂，只是想要與滿人勾結，還未行動，這怎麼可能呢？殺使者，寫絕情書，這是明顯要招致討伐的，如果沒有與滿人掛上鉤，並得到他們的承諾，他敢嗎？」

這一說，不由使大順皇上再度擔心起來，但劉宗敏不同意這一判斷，他說：「背離自己的祖宗去投降夷人，這確實是不得人心之舉，就說吳三桂恨我們，他的左右及部將未見得會一致，他能在很短的時間內，說服所有人嗎？」

高一功也說：「這劉應東說的也有一定的道理，因為一旦投降夷人，就要變服剃髮，大漢子民，誰願意人不人，鬼不鬼呢？我看這話也可信。」

袁宗第說：「滋侯不是已率隊先行了嗎，眼下算來，他們應該已過三河了，如果要暫緩進軍，也應知會他們。」

李自成想了想，說：「先不忙告知前頭，功夫應下在這六人身上，朕不信他們能個個做到守口如瓶，絲毫沒破綻，這樣吧，你們將六人分開盤問，看他們口徑是否一致，到時再行定奪。」

眾人一聽，這是個好主意，於是，由宋獻策、劉宗敏等人，將六人分開盤問，大隊自然停了下來。不想他們幾人問來問去，也沒問出什麼明堂——六個人個個說的一樣，一天時間，就這麼過去，李自成只好下旨在此紮營。

這一夜，李自成翻來覆去，睡不安枕。到今天為止，進入北京已快一個月了，這些日子，大家都只忙著弄錢，玩女人，隊伍疏於整頓，士氣低落。他原想藉御駕親征來重新振作士氣，但據今天一路所見，這希望渺茫得很——已好久沒有和大隊士兵在一起行軍了，今天在馬上，他看到前後左右的大順軍，誠如李岩所說，部伍散亂，精神不振，每人除了應帶的行李，騎兵幾乎都有幾個馬褡子；步兵也是，卻背在背上，挑在肩上。他明白，那裡面除他發下的恩賞——每人至少是十兩銀子，十丈細布，一定還有搶掠而得，這些人沒有固定的家，銀子和值錢的物品只能跟人走，就連他的御林軍也是如此。這還罷了，更不能容忍的，是軍中出現了婦女，此番大順軍進城，翻天覆地，很多官員之家，算是滿門遭劫，其中不少命婦婢女，都落入大順軍手中；還有從妓院結識的相好，因一時不忍分離，也跟著前進，眼下，這些女人便都成了隨軍眷屬，她們或與男人共乘一匹馬，或是由男人拉著，混在步兵中，踉踉蹌蹌、哭哭啼啼地向前。

他本想下旨，將所有婦女一律驅逐，但一來人數不少，法不責眾；二來也是怕如此一來，軍心更加不穩——這些很少沾女人的士兵，已有不少人在嚷著要回老家了，打了這麼多年的仗，想家也在所難免，自己能在崇禎留下的三千粉黛、八百胭脂中任意挑選，又怎能去苛責他們呢？

看到這種情況，他不由想起被他屢次打敗的明朝軍隊。這種現象，是大順軍中從未有過的，而在明軍中則不少見，正因為此，上百萬明軍，都敗在了他的手中，不想才短短的一個月，這種現象就像幽靈一般，附體大順軍戰士了，為此，他有個不祥的預感，就憑這些年的經驗，也明白，這樣的軍隊是打不好仗的。

一晚上神思恍惚，坐臥不寧，快到天明時，才朦朧入睡，可偏偏在這個時候，帳外忽然有人大叫起來：「跑了跑了，抓住他們呀，快來抓呀！」

他不由翻身起來，慢慢地走出帳去，大聲問道：「抓誰呀？」一個士兵跑來向他報告說：「啟稟皇上，是抓山海關來的人。」

他一聽，馬上記起山海關來的那幾個仕紳——其實，這夥人正是吳三桂派來行緩兵之計的。這邊大順皇上御駕親征，那邊吳三桂也同時已得到多爾袞率大軍西進的消息，為了爭取在大順軍進抵山海關時，讓清兵也同時趕到，他特派出劉應東一夥人迎來，只等李自成的軍到，便出來獻計，哪怕能遲滯他一天的師期，也可為自己爭取一天的主動，不想李自成心中仍存了幾分招降的希望，竟然中計。

但劉應東也知把戲不可久玩，他們待大順軍駐紮下來後，便思量脫身之計，夜裡，他們睡在中軍大帳裡，劉應東留意四周，除了遠處有流動哨外，似乎沒有派專人監視。劉應東於是將其他五人叫起，一個個溜出帳來，只見營火四起，鼓角連聲，軍營裡十分平靜。

他們於是繞過李自成的大帳，想尋小路逃出軍營。不想宋獻策多了一份心，暗中派了人在監視他們。劉應東等才走了幾丈遠，忽聽吆喝聲四起，黑暗中，不知有多少伏兵，劉應東喊聲快跑，可伏兵卻攔住了他們的去路，同去的六人中，除了劉應東走在前面，被他乘亂跑出，其餘五人，全被殺死。

轟轟烈烈的御駕親征，頭天便中了他人的緩兵之計，李自成不由怒髮衝冠，第二天只得拔營繼續前進，待御營趕到山海關城下時，已是四月二十日了——因為婦女的拖累，路上竟走了八天，更不該的是被那六個奸細遲滯了一天，須知耽擱的這一天，在後世史家眼中，可是決定大順朝命運最關鍵的一天。

6 榆關初戰

傍晚，李自成在山海關外一無人居住的小村裡，召開高級將領會議，作具體布署。大戰在即，各人的事很多，場面話就不說了，他開口直奔主題：「各位，就在明天要打大仗了，這一仗是決定大順朝生死存亡的一仗，打勝了，不但江南可傳檄而定，就是滿韃子也不敢小看我們。可不怕一萬，就怕萬一，這個萬一若出現了，大順朝向何處去，大家可比朕清楚。」

皇上的語調是那麼蒼涼，這是原來沒有的，大家都不由感到詫異，一齊用那種懷疑的目光看他，心想，皇上這是怎麼啦，不就是一個吳三桂嗎？可皇上接下來，便向眾人分析當前的形勢——吳三桂的人馬雖不多，但所處位置重要，他的背後，還有滿韃子，我軍遠離後方，糧草儲備不多，只宜速戰，不能持久。所以，大家回去後，一定要好好地激勵將士，要把不利條件向將士們交底，告知他們這等於是背水一戰，只能進不能退。

李自成說完，李錦便先站起來介紹情況。先頭部隊到達並安營後，他和劉芳亮曾在唐通的陪同下，騎馬視察各處，並沿小石河走了半個圈，對山海關的地形已有一定的了解，心中也對部隊的展開和攻擊的重點有了初步打算，所以，說起來有根有據，頭頭是道，他說：「皇上可大放寬心。據臣看，山海關雖稱天下第一雄關，地勢險要，城池堅固，但幾乎與所有的城池一樣，只設一面之防，即密於防前而疏於防後，若是夷人從關外來攻，確不易拿下。但我們是從關內來的，等於是從它背後殺來，想招架可就有些呼應不靈了。」

說著，他便將唐通事先繪好的一張草圖展開來，讓皇上及眾臣過目。這草圖上有一個凸字形的大方塊，那就是關城，另有兩個小方塊，即東西羅城，前面一條橫線，標明石河的位置，先向眾人介紹了這些，然後指著東西羅城說：「這東西羅城，為山海關的衛城，東西呼應。據唐通說，這些年，因滿韃子幾度繞山海關而攻入內地，為防他們在內地擄掠後，從背後來攻，故在去年才建這東西羅城，因時間倉促，很不堅固，眼下吳三桂在西北方向紮有營盤，背城設守，我們明日攻城前，要先將這些營盤全數拿下，再從南北兩面攻關，應不難將它拿下來，到時請皇上登高觀戰。」

李錦說完，劉芳亮也跟著補充。他認為，山海關的石河西邊，有大片開闊地，便於大兵團作戰，明日交鋒時，宜先用誘敵之計，將吳三桂的寧遠鐵騎誘過石河，再用大炮和弓箭給他的騎兵以極大的殺傷，待他們的騎兵受挫後，再用強大的步兵發起集團衝鋒，一定可將他分割包圍，然後加以痛殲。

兩位先鋒說過，眾人的情緒受到了鼓舞，就是原本有些憂心忡忡的李自成，臉上也有了喜色。這時，劉宗敏站了起來，談他的看法——皇上的憂慮，他已看在眼裡，畢竟是久經戰陣的人，劉鐵匠心中其實也有不祥的預感，所以，他發言之初，先問李錦，可看出山海關與外界有什麼聯繫，就是說，是否能從守軍的旗幟或其他地方，看出一些異兆？

李錦自然也在留意，聽他這麼一問，不由搖頭，並說，山海關外，視野開闊，天氣晴好，好遠的地方也能看清，關下吳軍營盤撒得並不寬，關的背面，那蜿蜒彎曲的山嶺上，樹木蔥蘢，寂然無聲，沒有半點過隊伍的跡象。劉鐵匠點了點頭，乃就著這張草圖，做了布置，他的總體安排是，除了後備軍，其餘全拉上去，就按劉芳亮的辦法，設法將吳三桂的騎兵誘過石河，然後以絕對壓倒的優勢，將吳軍包圍，他說：「只要滿韃子不來插一槓子，單吳三桂那小八蠟子我們怕他個鳥，寧遠鐵騎雖然精銳，但人數太少，兩三個對付一個還怕打不贏？就說我們糧草儲備不充實，他們孤城一座，久未接濟，未見得很充實；何況他不一定有援兵，就是有也緩不濟急，所以，我們要爭取在一二天內將他殺敗，將山海關拿下，遲則有些不好說。」

眾將領命，都興奮起來，一個個躍躍欲試。李自成對劉宗敏的安排也滿意，但卻回過頭，問一直沉默不語的宋獻策道：「軍師可有什麼說的？」

軍師有什麼可說的呢，劉宗敏身為百戰老將，這一番具體布置，實無可非議，但這只是針對吳三桂那五六萬寧遠軍而言，為實現皇上速戰速決的方針，全部投入，沒有留半點餘地，孤注一擲而來，孤注一擲而戰，叫化子遭人命，盡家當來。但是，一旦出現新的變數，可就是一場大的災難了，宋獻策想指出來，但眼下所有的將軍們，判斷都是樂觀的，這與其說來自戰場的實際，不如說是他們那厭戰的心理在起作用，因為上自皇上，下至每個戰士，都不希望壞的情況出現，既然如此，何必掃人之興？

宋獻策於是站起來，先對劉宗敏、李錦等人豎著拇指誇道：「各位對敵情可謂洞若觀火，大將軍這布置也面面俱到，臣相信，我們一定能打敗吳三桂。不過，我們還有兩把殺手鐧，既然已帶來了，不妨也可用用，或許能不戰而屈人之兵，豈不美哉。」

李自成一聽，忙說：「軍師是指崇禎的太子朱慈烺和吳襄？」

宋獻策連連點頭說：「皇上聖明。正是這二人，明日開戰前，不妨先將此二人推出，就不說能立刻招降，至少也可動搖他的軍心。」

宋獻策三言兩語，僅只是一般的提醒，算不得什麼意見，李自成心中雖覺詫異，但也連連點頭。

散會後，他立刻傳旨將太子朱慈烺召來。

誰說落難鳳凰不如雞呢，這個才十六歲的青年，玄幘綠衣，低頭碎步，舉手投足，仍不掩天潢貴冑的痕跡。自從城破，父皇殉國，他和兩個弟弟先是逃到了成國公朱純臣家，不想朱純臣卻閉門不納，於是他又逃到國丈周奎家，周奎是他的親外公，他想在那裡尋求保護，不想周奎卻怕得要命，就在第二天大順軍進城後，大索崇禎和太子時，這個被封為嘉定侯、因朱家而享盡榮華富貴的老皇親，竟將自己的三個親外孫獻給了李自成。

這些天，他和兩個弟弟被大順軍嚴密地看守著，雖仍是過著衣來伸手，飯來張口的日子，但待遇卻迥然不同了，他不敢有絲毫的不滿，因為他明白，自己兄弟仨隨時有被殺害的危險，在行軍時，有時也能遇上對他行禮的官員，他極怕事，每遇這種情況，他必問對方道，你是新官，還是舊官？若答說是新官，他便閉口不言；若說是舊官，他必涕泗漣漣，說，我會被他們殺死的，那個人厲害得很。

眼下，他被送到了李自成面前，侍衛事先告訴他，是皇上召見，見了皇上要下跪，不然，難免一死。他想，既然難免一死，又何必委屈自己？於是，「哼」了一聲，沒有理睬，到了李自成面前，他仍昂然立著，也不管一邊的人在吆喝，不理不睬，不言不語。

李自成倒還寬仁，他向左右揮了揮手，示意不必勉強，又問太子說：「你是朱慈烺嗎？」

太子微睨雙目，高傲地說：「不錯，我是東宮太子，你要殺就殺吧。」

李自成用溫和的口氣說：「朕不會殺你的，就是你父親在，朕也不會殺他，還要封他為王，可他卻自殺了，這可怨不得朕，眼下吳三桂抗拒王師，只要你能勸吳三桂投降，朕便封你為宋王，你答應嗎？」

太子一聽，心想：看來，吳三桂是個大忠臣，我怎麼能去勸他降賊呢，不如假裝答應，明天到了關前，定讓吳三桂好好地教訓這幫傢伙，為我父皇報仇。想到這裡，他點點頭說：「好吧，我答應你。」

一言未了，傳來幾聲劇烈的響聲，驚天動地，這是吳軍又在施放紅衣大炮了，炮彈絲絲地飛過頭頂，在不遠處爆炸，立時火花閃爍、硝煙瀰漫。李自成想，吳軍有大炮，我軍的大炮卻還在途中，看來是不能參加明天的攻城戰了，這班不知死活的將軍，為什麼把女人看得比大炮還重要呢？

看到李自成皺起了眉頭，太子居然笑了……

然而，此時此刻，李自成心急，吳三桂也是心急火燎。

李自成果然御駕親征，他即日得知消息，按以前寫給多爾袞的信，是請他率軍從中協、西協出兵，他們在北京城下會齊，眼下李自成既然親征山海關，便不得不修改那個計畫了，乃一邊派人向多爾袞告知消息，一邊積極做防守準備。

據祖大壽說，多爾袞是六天前，在翁后接到他的第一封信的，接信後立刻催馬速進，按說騎兵一天行數百里，不消兩天便能趕到山海關，為什麼時至今日，卻仍見不到清兵的影子呢？他們莫非臨時變卦了？

這些日子，從山海關北去瀋陽的大路上，他不但派人清除了以前設置的路障，填平了陷阱，且派出了好幾批哨探打聽消息，隨時報告，他好親自出關迎接。他想，我可是誠心誠意在等待他們，這個攝政王怎麼失約呢？

「李自成的大軍不是還才來嗎，你急什麼？」被請來的祖大壽，對在帳中急得團團轉的外甥說，「山海關為天下第一雄關，你手中不也有五六萬寧遠鐵騎嗎，就不能守個三五天？」

吳三桂一見舅舅仍是這麼個口吻，不由急了，說：「哎呀呀，我的舅老爺，外面已快打破二十四面戰鼓了，你別以為是雞啄籮盤啊，告訴你，黃昏時，我已在關上望見黃羅傘蓋了，這說明李自成率領的主力也到了，明天肯定會有一場惡戰，山海關密於防前，疏於防後，再說他們有多少人馬，我們才多少人馬，一人能拼三個嗎？關一破，你我都是死！」

外甥一急，口不擇言。祖大壽見此情形，不由暗暗冷笑，心想，你不是還想拿架子擺譜嗎，李自成的大軍才到，怎麼就沉不住氣了呢？於是說：「長伯，你急什麼，因為你信中是借兵，說的是兩家子話，且指定大清兵只能從中協、西協入關，既然如此，攝政王爺當然要有所考慮，不能你說如何他就如何。」

吳三桂一聽舅舅是這個口氣，不由怒髮衝冠，幾乎是跳著說：「可我接著便向他寫第二封信了，且派了人去寧遠迎接，他怎麼仍遲遲其行呢？告訴你，多爾袞若想黃鶴樓上看翻船，那就想錯了，弄不好，我便投降，讓他半點好處也得不到，更別想進入山海關了！」

一聽吳三桂這麼說，祖大壽只好軟下來，他也怕外甥會破罐破摔，更怕外甥認定上當後，一怒而真的將他交與大順軍，只好耐心解釋說，多爾袞對他的行為十分讚許，行前一再向他保證，一定要捐棄前嫌，誠意相助，絕不讓流寇得天下。既然如此，怎麼會看著流寇搶佔山海關呢？至於大軍遲遲未到，皆因第一封信的緣故，因為走中協、西協與直奔山海關不是一條路。

可任他好說歹說，吳三桂看不到援兵就是不信。

白天這一天眼看就這麼過去了，隨著夜晚的來臨，關外的營火越來越多起來，火光熊熊，映紅了半邊天空，軍馬的嘶鳴，人聲喧嚷，幾里外也能聽見，經驗告訴他，關外的流寇至少也有十五六萬。

在西關看過，他又跑到北關來。可東北方一片靜寂，那通往寧遠、瀋陽的大道上，漆黑一片，沒有火光，也沒有人聲，歡喜嶺在林木的掩蔭下，就像一個大大的黑洞，他不由想，要麼，是多爾袞懼怕流寇勢眾，不敢與流寇交鋒；要麼，多爾袞真的想黃鶴樓上看翻船，好坐收漁人之利。他想，自己斬使絕父，為崇禎舉哀，與李自成算是完全撕破了臉皮，若清兵不來，自己就被祖大壽這親舅舅賣了，這可真慘啊。

就這麼從西邊跑到東邊，又從東邊跑到西邊，看看東方發白，關外卻看不到大軍的蹤影，一氣之下，他竟下令將祖大壽押在行轅一間小房子內。

一夜就這麼過去了。

早飯後，城外響起了「咚咚」的戰鼓聲，他登上城樓，向紅瓦店方向望去，只見廣闊的平原上，出現了一線灰色的邊，這灰邊越來越大，越來越明顯，似大海潮湧，如天際雲生，隨即，耳邊便隱約響起了滾滾雷聲，一陣高過一陣，經久不息。

見此情形，吳三桂明白，流寇發起衝鋒了。他趕緊下令集合隊伍，讓山海關仕紳臨時組織的兩萬多民團守城，自己頂盔貫甲，帶五千精騎居中，參將馮有威帶五千騎兵在左，遊擊郭雲龍帶五千騎兵在右，另讓副總兵高第帶主力及步兵待在東羅城內接應。

太陽越升越高了，他們剛布陣完畢，大順軍便衝到了石河岸邊，吳三桂立在高阜觀望，只見敵人人數雖多，卻顯得步伍不整，且騎兵不多。吳三桂見此情形，心中不由疑雲大起，心想，流寇從陝西到此，未必就這點本錢？這時，關上的高第派人來報告說：「流寇陣後，仍有大片煙塵，我軍可要小心，要防止上當。」

吳三桂笑了笑，對傳令兵說：「請高將軍放心，咱二人所見略同。」

接著，吳三桂傳令，三軍不可輕進。這時，大順軍陣前，忽然跑出來一隊騎兵，他們怕關上打炮，四散開來，一步步走近關來，並有人向這邊大聲喊話道：「崇禎太子在此，請吳三桂聽旨。」

吳三桂一聽，不由一驚，心想，他們果然將太子裹脅來此，看來，是要陣前勸降了，那麼，該如何應對呢？

他正在考慮，這時，又有一夥人擁到關前了，吳三桂一看，果見中間馬上坐了一個青年，身著玄色長袍，束著髮，沒有戴帽子，模樣很像太子。他想，如果真是太子，一開口喊話，可就左右為難了。想到此，他心一橫，大聲向一邊的炮手說：「開炮，趕快開炮，千萬不要讓逆賊靠近關前。」

一邊的站著的炮營遊擊張四維提醒道：「爵爺，可不能開炮，有太子呢。」

吳三桂眼一瞪，說：「胡說，有什麼太子？據本爵所知，城破之際，皇上已舉宮自焚，太子及定王、永王全死了，面前之人，肯定是假的，是流寇弄出來亂我軍心的，我們可不能中計，還等什麼，快與我開炮！」

張四維一聽，只好親自把手中的火繩伸向炮口，擺在陣前的數門小炮也一齊開火，只聽一片轟鳴，炮彈忽嘯著飛向大順軍陣地，一顆炮彈落在距朱慈烺約三丈遠的地方，雖未傷著太子，但他的馬受驚，一下立起，竟把朱慈烺掀翻在地，左右的大順軍戰士一見，趕緊下馬將他架起往回跑。

李自成的御營，就設在紅瓦店西邊的一大片榆樹林裡，這裡在紅衣大炮的射程之外，此刻他騎著烏駁馬立在高處觀戰，這以前有消息說，吳三桂為崇禎發喪，三軍縞素，痛哭失聲，眼下太子來了，他竟趁太子尚未開口便開炮，看來這一切全是假的，吳三桂心中哪有朱明呢？想到此，李自成不由失望極了，乃恨恨地大罵吳三桂。

身處前線的劉宗敏卻不管這些，他原本對招降就反感，於是手一揮，大順軍陣中又一次響起了震天的鼓聲，隨著鼓聲，中軍忽然出現了一面大紅旗，大紅旗狠狠地擺動幾下，前面的兵士便開始胡亂向這邊射箭，他們攜來的小炮也開始轟鳴了，吳三桂這邊見狀，便也開始還擊，雙方對射，一時飛矢如雨，炮聲如雷，但因距離尚遠，雙方傷亡都不大。

按劉宗敏的安排，是先將老弱步兵派上前，而將精兵埋伏在後，只要吳軍中計衝過來，他們便可在頃刻之間，展開左右兩翼，將吳軍包圍殲滅，不想吳三桂不上當，雙方相持了許久，都無進展。

劉宗敏終於不耐煩了，手一揮，鼓聲更急，吶喊聲一陣接一陣，但吳軍卻仍無動於衷，只穩穩守著自己的陣腳。劉宗敏見此情形，下令強攻，左邊郝搖旗一軍行動最快，轉眼就冒著箭矢衝到了河這邊，與吳軍前鋒交上了手，雙方殺聲震天，但吳軍中路及右路卻仍堅守不動。只隔河用強弓硬弩，逼住對方，使涉水的大順軍紛紛中箭。

李自成見才交手自己人便吃了大虧，知道劉宗敏的誘敵之計已被對方識破，不由生氣，他見吳軍擺在關前的人馬不多，乃派人向劉宗敏傳旨，率性全軍出擊，殺過河去，爭取一舉將這些吳軍統統消滅。

劉宗敏也急了，接旨後立刻下令全軍出擊。只見陣中一桿紅旗搖了搖，大順軍的前鋒忽然往兩邊散開，讓出一條大路，後面的騎兵一下便衝到了前面。

這時，箭矢更密了，炮擊也更猛烈了，數萬人馬的吶喊聲一陣蓋過一陣，吳軍的後隊終於動搖了。吳三桂見狀，冷笑一聲，乃指揮人馬分別向左右兩邊移動，但他們不是撤向關內，而是繞關而走，大順軍乘機追過來，不想才到關前約三五里的地方，只見關上火光一閃，安放在關上的數門紅衣大炮開火了，一顆顆炮彈飛過自己人的頭頂，在大順軍的後軍中開花，這些紅衣大炮，可不是大順軍中隨軍行止的小炮，它炮筒長，射程遠，威力大，一尊炮若萬餘斤，一顆炮彈飛來，可在大地上炸出一口水塘，可在人群中製造一片血海。

這裡郝搖旗等正得意，想追過來，跟在吳軍後面乘機搶關，不想紅衣大炮響過，後面的步兵已淹沒在一片火海中，死傷慘重，郝搖旗不由一下怔住了。

這裡吳三桂見狀，又領兵回頭殺來。這班寧遠兵本久經戰陣，馬上功夫了得，他們在馬上用硬弓強弩向大順軍猛射，大順軍立刻人仰馬翻，郝搖旗營副將祖光先臂上中了一箭，竟一下跌下馬來，立刻被追上來的吳軍砍死。

劉宗敏見狀，知道自己的誘敵之計沒用上，反吃了吳三桂誘敵之計的虧，不由大怒，乃親率中軍主力衝過來，這裡吳軍的箭矢已射完，不由丟下手中的弓，拔出了腰間的劍或刀矛，迎了上來，至此，短兵相接，一場真正的白刃格鬥開始了。

雙方各拿出手段，拼死上前，李自成在高阜親自擂鼓助威，鼓聲一響，大順軍頓時歡聲雷動，因雙方人馬已成膠著狀態，紅衣大炮也不能施放了，陣地上，只聽見刀劍戈矛的撞擊聲，和大聲的喊殺聲，霎時之間，白刃交錯，飛塵蔽日，刀光閃處，血花飛濺。

相持達一個時辰之久。

論勢力，大順軍人數近吳軍三倍，且是久經戰陣之兵，經驗豐富，這以前他們是窮光蛋一個，有的甚至是孤身一人，無家無產，無任何可供留戀的東西，自投了李自成，更抱定一個信念：若是死了，十八年後又是一條好漢，若是不死，便可改變命運。所以，他們一上戰場便不要命，這「不要命」便是他們以往無堅不摧的戰鬥力。

但今非昔比了。眼下的大順軍，已見過大世面了，有了活的欲望，生的依戀，腰間有了銀子，身後還有女人，這些都在無形中對他們的行動產生束縛。故此，他們的皇上雖是孤注一擲，志在必得，但士兵卻不能像以前那樣用命，就是指揮官也已隱隱看出，手下遠遠不像以前那樣敢打敢衝、不要命了。

而吳軍卻非等閒之輩。這以前，他們素有鐵軍之稱，體質強健，訓練有素，久戍邊關，身經百戰；眼下更是被形勢逼到了絕境，背城借一，故能敵愾同仇，面對如此強大的敵人，能沉著穩定，從容不迫。

這一場大戰，以質量對抗數量，直殺得天昏地暗，日月無光。一個時辰之後，強弱還是見分曉了——吳軍雖然精銳，畢竟人數大大地少於對方，所以，他們雖拼死抵擋，但殺到後來，未免寡不敵眾，紛紛退了下來，大順軍則歡呼著衝向前。

吳三桂見狀，乃下令收縮兵力，把人馬集結在西北邊，依山背城，成一個方陣，頑強地抵抗著大順軍。劉宗敏見狀，手一揮，紅旗一展，李錦率領左路軍，高一功帶著右路軍，從左右兩個方向包抄過來，憑藉兩軍距離太近，城上大炮不能發揮作用這一優勢，終於又一次直薄北城。

這時，守候在東羅城的副總兵高第終於耐不住了。就在大順軍向西北運動時，突然，東羅城城門大開，由高第率領的一萬餘步兵，乘機衝向大順軍的側翼，一時箭矢如飛蝗。大順軍不提防有援兵從右邊殺過來，從側翼攻擊他們，一時中箭落馬的不少，死傷慘重，右翼終於退了下來。

李自成在高阜見此情形，這才明白，這吳三桂果然不可小看，這寧遠兵也確實有頑強的戰鬥力，看來，儘管人數上佔了優勢，但一戰還是不能輕易取勝，他生怕影響士氣，乃下旨鳴金收兵。

7 走投無路

吳三桂回到城內，心急如焚。

一天的戰鬥，雖然雙方傷亡大致相等，但因為人數懸殊，吳軍的比例就大於大順軍了。他想，眼下全軍上下都十分疲憊，受傷的不能得到及時的救治，陣亡的也不能掩埋，若再等不到援兵，後果真不堪設想。

黃昏已近，他仍茶飯無心，只一個勁地在營中踱方步，就是高第、馮有威、郭雲龍等戰將，也一個個尋思無計，陪在一邊長吁短歎。

掌燈時分，守關的將士報上來一個更令人不安的消息——大順軍已穿過長城，繞道從東北面向山海關實施包圍，但到明日，山海關便會四面受敵，前後都須設防了。

得此消息，吳三桂更是著急，乃親自跑到西關，向西北方張望，果見大隊火把如一條火龍，從北山蜿蜒盤旋而過，在向西北一帶集結。但因天黑，無法估計準確的人數。

吳三桂想，明天這場惡戰，肯定比今天更慘烈，該死的多爾袞，怎麼還不見蹤影呢？就在這時，只聽關前響起了一陣急驟的馬蹄聲，吳三桂不由一喜，說：「莫不是楊坤趕回來了？」

果然，關下傳來楊坤的叫關聲，他趕緊下令打開關門，放楊坤進來。

風塵僕僕的楊坤，一聽主將等在關上，水也沒喝一口，便趕來見他，開口便說：「爵爺，大清兵終於到達寧遠城了，距此也就是一天路程。」

吳三桂一聽，不由詫異，於是連連追問道：「說詳細些，到達寧遠共有多少人馬到達，你見到多爾袞嗎？」

楊坤望了主將一眼，說：「標下是昨天傍晚隨清兵的攝政王爺趕到寧遠的，十餘萬精兵只要諸事順利，大軍明天便可直薄關下，不過，攝政王讓標下傳話，借兵之說，請勿提起，他們也不願從中協、西協入關，而是非走山海關不可。標下還聽他們的豫王說，只怕爵爺心不誠，是哄他們上當的，為此，標下可是說乾了嘴唇，攝政王爺才勉強相信，並同意拔營西行。」

吳三桂聽楊坤如此一說，不由沉吟不語。這時，隨後趕來的高第與郭雲龍聽了楊坤的敘述，都把眼來望主將。吳三桂見此情形，只好下令先將祖大壽放出來。祖大壽於途中已聽說楊坤回來的消息，一見外甥忙說：「長伯，眼下將士們都在等你一句話，崇禎已死，明朝已亡，還有誰會為了那已不存在的明朝出力呢？這是誰也不願幹的傻事，你可要想清楚，處此情形之下，是矜於個人名節，還是保關保命？」

事實確如祖大壽所說，除非降清，借兵是斷不可能的。明朝雖然亡了，崇禎雖然死了，可清國是夷狄，自己是漢人，自讀書之日起，天天都聽先生講嚴夷夏之大防，再說，自己這些年統兵邊關，與清兵浴血苦戰，與他們已結下不共戴天的仇恨，若降清，人家會怎麼看我？他們會怎麼對我？

他只覺頭緒紛繁，一時難以條理。

這時，高第、馮有威、郭雲龍、楊坤等人圍在身邊，都不說話。他們體諒主帥的心情，這麼些年，他們朝夕相處，患難與共，彼此之間，都明白對方的志向與追求，都明白漢奸這頂帽子的份量，就是面前這個祖大壽，不被逼到糧盡援絕，能走到這一步嗎？他們何嘗不想借來清兵，幫他們剿滅流寇，可多爾袞是何等精明之人，能幹替他人火中取栗的蠢事嗎？眼下，他們處在兩難的境地中，若拒多爾袞，必亡於流寇；若從多爾袞，必背上千古罵名。名節相關，性命相關。也難怪主帥一時難以決斷……

天空漸漸明朗了，這是一個黃沙天，北山頂上，烏雲翻滾，海面上則霧罩雲遮，突然，關前響起一片喧嘩聲，才朦朧入睡的吳三桂一躍而起，幾步便跑上西關城頭，這時高第、馮有威、楊坤、郭雲龍等將士都在關上，他們一見吳三桂，個個顯出驚惶失措的樣子，說話也結結巴巴的，一齊把手指向關外。

吳三桂順著他們的手指向關外遙遙一望，只見大順軍不待日出，已搶先沿石河西岸布陣，那裡距關有七八里之遙，北邊層巒疊嶂，南面為一片大海，都是大兵團難以展開且不易依託的狹窄地帶，而東方則為石河，枯水季節，守軍難為屏障，客軍則可肆意舒展，大有迴旋餘地。劉宗敏記起昨天的教訓，將兵力重新做了調整，眼下大軍自北山至海岸數十里地帶一字排開，左翼由李錦負責，自己親掌右翼，從左右向吳軍的營盤包圍。

吳三桂見此情形，知今天這一戰將比昨天更險惡，他將高第、楊坤、郭雲龍等人喚在一邊，千叮嚀萬囑咐，小心謹慎。說完就要下令，牽馬操刀，帶隊出關。

不想就在這時，忽見大順軍這邊，突然走出一隊金甲騎兵，擁著一頂黃羅傘，傘下一人騎在烏駁馬上，向這邊指手畫腳說什麼，幾個小卒跑到關前散開，手作喇叭狀，高聲叫道：「叫吳三桂出來說話。」

吳三桂明白，那個黃羅傘下、騎烏駁馬的必是李自成，但不知他單挑自己說什麼？於是，他站了起來，把半截身子明顯地露出在城碟上。這邊的大順軍中，有人認識露出身子的是吳三桂，便高叫道：「皇上有旨，限吳三桂馬上獻關投降，如若不然，立即將吳襄斬首。」

說完，又有一夥人跑過來了，他們挾持一人，推推搡搡，終於來到關前，吳三桂遠遠地便認出是父親吳襄，他被五花大綁，上身裸露，頭插亡命旗，像是即將被處決的犯人。

望著白髮皤然的父親，吳三桂霎時方寸全亂，心急如焚；城下吳襄也仰面望著城樓上的兒子，嘴唇翕動著，卻發不出聲音，露出一副可憐而又無告的哭相。

吳三桂心一緊，淚珠立刻在眼眶滾動起來，就連關上的人也都屏住了呼吸。一邊的馮有威見狀，說：「爵爺，千萬要沉住氣啊，流寇這是在用激將法，我們可不能中計上當。」

可此時的吳三桂卻像個木頭人，呆呆地立在那裡，一動也不動。

大順軍連喊三遍，關上仍是寂然無聲。李自成火了，一聲令下，吳襄身邊兩個大順軍戰士立刻甩動手中鞭子，朝著吳襄劈頭蓋臉地狠抽起來，亡命旗被打掉了，吳襄身上立時顯現了幾道血印，最後終於倒地，連連滾動，那哀叫聲，聲聲傳到關上。

吳三桂見狀，大叫一聲，甩脫馮有威與郭雲龍的扶持，搶了一桿大刀，就要出關拼命。一邊的馮有威和郭去龍趕緊將他強行按住，郭雲龍苦苦勸諫道：「爵爺，千萬不要忍耐啊！」

吳三桂被他二人挾住，掙扎了片刻，一聲慟哭，竟昏暈過去。

待吳三桂醒來，抬眼去看父親時，父親的身影不見了，關內關外，已是炮聲震天，喊殺聲一陣蓋過一陣了。他立即翻身站起，探身關外向前方眺望，只見大順軍的進攻已開始了，他們依仗著優勢兵力，成一字長蛇陣擺開，正展開兩翼，向這邊包抄，而楊坤、郭雲龍率領的兩支人馬，在關前結為一個小小的方陣，左右衝突，試圖將這長蛇攔腰斬斷。

馮、郭二軍人數雖不多，但個個身經百戰，有著頑強的戰鬥力，尤其是看到主帥的父親受辱，個個都懷抱敵愾同仇之心，面對數倍於己的敵人，他們氣不餒，志不墮，相互配合，彼此照應，大順軍雖發動了幾次衝鋒，就是不能奈何他們。

劉宗敏看到這個情況，一面調動大軍，繼續將這個方陣包圍，卻另派袁宗第帶本部人馬轉到西北邊來。

西邊有西羅城，城池很是單薄，而北關外有地方名一片石，巨石嶙峋，形勢險峻，劉宗敏讓袁宗第在石林中廣張旗幟，作為疑兵，拖住了吳軍一部兵力，然後集中兵力攻西羅城。他們的紅衣大炮雖未能運到，但仍帶了不少小炮，袁宗第將所有小炮集中起來，轟擊城牆，很快便打出一個缺口，然後組織大批兵力採取車輪戰法，一批倒下一批又上，踩著死屍不斷地往上爬。守軍雖拼死將敵人殺退，但劉宗敏卻不管上面的弟兄還沒有退下來，便令大炮和弓弩一齊往缺口兩邊打，使得吳軍和部分大順軍都被打死在缺口上。

雙方的注意力幾乎都集中到西羅城的缺口上來了。

吳三桂見這邊緊急，不由引頸向這邊張望。這時，那標誌著李自成所在的黃羅傘蓋，已移到了紅瓦店方向的大榆樹林裡，這已是紅衣大炮射程之外了。但就在石河邊上，仍有一團人圍在那裡指手畫腳，他想，這肯定是劉宗敏在指揮攻城。於是，下令將一尊紅衣大炮悄悄移過來，裝上炮彈，向劉宗敏所在的地方測距瞄準，然後親自手執火炬，點燃了炮引，只見火光一閃，「轟隆」一聲，一發炮彈飛過去，在那一團人正中開花，黑煙過後，倒下了大片人馬。

可攻城的戰鬥仍在繼續進行，吳三桂此時心中只有恨，他見缺口傷亡太多，知敵人攻北關的只是偏師，乃下令只留少數民團去對付北邊，卻把主力都調到西邊來，又集中關上的紅衣大炮，拼命向敵人後方轟擊，這一辦法果然靈驗，雙方相持了整整兩個時辰，雖然劉宗敏在缺口投入了大量兵力，死傷了無數人馬，但還是被吳軍打得丟盔卸甲，敗下陣來。

大順軍終於又一次退下去了，丟下了成堆的死屍和傷患；但城上也是傷亡慘重，吳三桂不知父親死活，只呆呆地坐在城頭上，遙望著前方出神，這時祖大壽來到他身邊，低聲勸道：「長伯，看情形，堅持不到明天了，你再不拿出決斷，就來不及了，流寇與我們結下海樣深的冤仇，你若有失，這血海深仇，誰與你報啊！」

吳三桂回頭望見祖大壽，像一個孤兒乍見親人，一把抱住他，失聲痛哭道：「舅舅，你說該怎麼辦？」

還能怎麼辦呢？祖大壽低頭無語，但一支碩大的辮子，卻慢慢地從腦後滑到前面，在吳三桂面前晃來晃去……

8 歡喜嶺

攝政王多爾袞此時已站立在歡喜嶺上了，陪在一邊的是阿濟格和多鐸及洪承疇等人。他們的身後，是起伏的層山峻嶺，隨他們而來的十餘萬八旗鐵軍，就駐紮在這群山之間，白色的帳篷，像雨後的蘑菇，掩蔭在林木間和大道兩側。黃昏將近，各營的燈火開始閃爍起來，嗚咽的海螺，在山谷間此起彼伏，雄關古道，平添幾分淒涼和悲愴。

山海關方向的炮戰始終沒有停止過。在他們來時，還在很遠的地方，便看到遠處煙塵四起，便聽到大炮在轟鳴，一聲接著一聲，連大地也在抖動，炮聲還夾雜著一陣陣的吼聲，像松濤，又像哭泣。

這一切都無言地表示，山海關前，戰事正無比激烈。

雄關在望，揚鞭可及。攝政王兄弟聽著炮聲，看到這一切，顯得心曠神怡，十分愜意，阿濟格對多爾袞的不滿，也因這勝利在望而暫時丟開了。

明天，他們就可進入朝思暮想的山海關了，然後由此滔滔一線，直下北京，實現父兄兩代人的願望，這可真是上天的厚愛啊！眼前哪是炮聲和喊殺聲呢，分明是人間再美不過的音樂，是催促他們迅速進軍的號角，他們能不歡欣鼓舞、笑顏逐開？

一行人馬立在嶺上，足足聽了半個時辰才勒轉馬頭。回來的路上，洪承疇說：「據臣看來，吳三桂已支持不多久了，此時必引頸而望援兵，急於星火。」

多鐸說：「只怕未必。吳三桂不是也有五六萬人馬麼，山海關城池那麼堅固，他應該是攻不足而守有餘。」

洪承疇搖搖頭說：「不然。此番李自成是傾巢而出，志在必得。山海關城池雖然堅固，那是指它面向東北的一面，若從關外進攻，確不易攻破。但眼下流寇是從關內來，攻的是西南面，那正是關的薄弱所在——」

「洪先生說的是，看來，我們終於水到渠成了。」多爾袞信心十足地點頭，說，「孤料定，吳三桂一定會親自前來請兵。」

阿濟格尚有些不信，說：「他不投降，不親自來見我們，明天我們便殺進關去，先滅吳三桂，再戰李自成。」

多爾袞連連搖手說：「不必了，你那是多此一舉。」

話未說完，前營統領鼇拜遣一個巴牙喇兵匆匆跑來，於馬前跪奏道：「啟稟攝政王爺，祖大壽派人來送信了，說吳三桂將由祖大壽陪同，親自來御營求見。」

多爾袞不由望了兩個兄弟一眼，說：「如何？涸轍之魚，猶望西江之水，何況他一個大活人呢？洪先生，看來，明天一仗可有幾分慘烈。」

洪承疇尚未答言，一邊的多鐸卻早已熱血賁張，渾身是勁。說：「料敵決策，十四哥真是沒得說的，至於上陣，明天就看我們的好了。」

阿濟格口雖沒說，面上卻也露出了喜色。

當下，多爾袞傳旨：著吳三桂來行轅相見。又吩咐左右，務必盛張軍威，不能讓吳三桂小覷！威遠堡在歡喜嶺山後，距山海關不過十五里，原是山海關的前哨陣地，有一座小小的城池，可設兵守戍，眼下它成了多爾袞的行轅。

吳三桂真的親自來了，且「從頭做起」——於百忙中，將自己的頭髮按照滿人習俗剃髮結辮，就像一個虔誠的朝覲者，一步步走向威遠堡。

還在路上，祖大壽便向他交代了該注意的禮儀。說多爾袞眼下已不是議政王而是攝政王了，滿朝上下，除了年幼的皇帝，便唯他獨尊，見他與見皇帝無異。拜見時，切不要再提借兵之事，因為這勢必招致多爾袞的不滿，只說為報君父之仇，誠心歸順大清，願為前部，誓死消滅流寇。

吳三桂都一一記在心裡。

有祖大壽這個總兵官帶路，他們一行不但沒有遭遇任何阻攔，且受到了十分隆重的禮遇。吳三桂雖心緒不寧，但仍很留意——他們爬上歡喜嶺，才走了不到兩里地，便望見嶺下山谷裡，白色的帳篷像星星，密密麻麻，掩蔭在林木間，東一處，西一處，井然有序，連綴成一大片一大片，就像一條條的街市，鼓柝之聲，清晰可聞，獵獵旌旗，直達天際。

吳三桂約略估算一下，沒有十五六萬兵馬，撒不開這麼大的營盤，而最令他羨慕不已的，是他們的鐵騎，滿洲人以善騎射著稱，這以前，他們入關作戰，在平原上縱橫馳騁，明軍只能以極少的騎兵與之周旋，而以步兵對騎兵，簡直不成對手，追擊時，連風也摸不著，一旦對陣，又成了他們任意殺戮的對象。

眼下，擺在吳三桂眼前的，便是令人眼花撩亂的騎兵，一色的東北大漢，一色高大的蒙古大馬，配上明盔亮甲，很是齊整。

十多年來，吳三桂一直與清兵打交道，對清兵的營伍較了解，但從未像今天這麼近距離地看他們。眼下，八旗兵全列為一組一組的方陣，騎兵在前，步卒在後，面向前方，他們一行則從旁邊走過。

最先映入眼簾的，是北坡上的正黃旗的兵，他們身上是一色的金盔金甲，遠遠望去，黃橙橙一片像油菜花；緊挨正黃旗的便是鑲黃旗，他們雖也是金盔金甲，但他們的衣甲上鑲了一道紅邊；而在南邊，也有兩隊騎兵在站隊，左邊是正紅旗，他們的衣甲皆尚紅色，所以望去像著了火一般；而鑲紅旗的人馬則在衣甲上鑲了一道灰邊，看去也是紅紅的一片；右邊為兩藍旗，正藍旗通身純藍；鑲藍旗則在衣甲上鑲了一道紅邊；只有兩白旗最威武，因為他們衣甲尚白，人穿著顯得精神，他們挨著兩藍旗，在夕陽襯映下，遠遠一望，如一片藍天白雲。

吳三桂心裡清楚，努爾哈赤創建的八旗制度，最先原是在狩獵行圍的團夥基礎上形成的，每三百人為一牛錄，設牛錄厄真為主事，五牛錄為一甲喇，設甲喇厄真為主事，五甲喇為一固山，設一固山厄真為主事，固山厄真即為旗主，統領步騎約七千五百人。以旗統人，以旗統兵；出則備戰，入則務農。

吳三桂一面看，一面在心裡細數。擺在這裡的，不但有滿洲八旗，還有蒙古八旗和漢八旗。這麼一推算，他不由在心裡說：乖乖，此番多爾袞硬是起傾國之師前來，怪不得行程緩慢。

祖大壽一路陪著吳三桂，一邊走，一邊注意觀察他的神色，待見到八旗大軍全隊出迎，已是一臉的驚喜，又是一臉的疑懼。祖大壽看在眼中，心裡明白，吳三桂，這個頗有些桀驁不馴的外甥，眼下已是開弓沒有回頭箭了。

轉過幾個山坡，部伍更嚴整了，這時，威遠堡已隱約在望。他們來到堡下，只見沿山坡拾級而上，兩邊站兩排侍衛，一個個身材高大，袍褂整齊，執戟荷戈，肅然直立，而堡塞兩旁，一門門的紅衣大炮，正一齊將炮口對著山海關方向。

吳三桂驚疑不已，在祖大壽催促下，勉強上了台階，剛走完這段石階，來在一個平台上，只見從城堡裡已下來一群人，一個個翎頂輝煌，錦袍燦爛，擁著一個年約三十、儀表堂堂的大漢，身穿杏黃四爪團龍蟒袍，頭戴大紅金座鑲大東珠的暖帽，身材修長，面目清癯，舉手投足，氣勢不凡。

吳三桂明白，中間這人應是多爾袞，他可是這些年來，與我朝勢不兩立的夷人，不由想起，自懂事以來，讀聖賢之書，所為何事？這一步跨過去，可是跨進了鬼門關啊，但不進這鬼門關又哪有出路呢？山海關下，流寇麇集，憑他的經驗，快要形成包圍了，手下的寧遠兵一定守不過明天，那麼，不進這鬼門關，可是要下地獄……

他茫茫然，像是在夢遊，正趑趄不進、癡癡呆呆時，祖大壽於一邊將他的衣襟扯了一下，自己早直挺挺地跪了下來，吳三桂見狀，這才明白過來，好像身後有鬼推著似的，也跟著跪下，這時，只聽祖大壽朗聲道：「臣祖大壽，參見攝政王爺。」

吳三桂忍氣一連拜了三拜，聲音雖低，卻是吐詞清晰地稟道：「王爺親率大兵到此，請恕微臣接駕來遲。」

望著頹然跪倒塵埃的吳三桂，多爾袞心中感到無比的愜意——從外表看，他與自己帳下將校迥異，三十出頭的年紀，長身白皙，風度翩翩，言談舉止，有著北人無可比擬的文靜與瀟灑，可就是這個人，一度死守寧遠，扼大清南下咽喉，使得繞道殺入關內的八旗鐵騎，時時有後顧之憂。眼下終於來投降了，可就在幾天前，他不仍想以崇禎託命孤臣的名義，用平行之禮，向我大清借兵嗎？多爾袞真想好好地羞辱一下這個自命不凡的人，可一想到眼前的事業，想到用漢人降臣的種種好處，他又忍住了。

待吳三桂一連三拜拜完，多爾袞不再矜持了，兩眼飛快地掃了左右一眼，急步上前，作伸手欲扶狀說：「吳將軍，不要拜了，快起來，快起來！」

這時，眾文武齊擁上來了，他們扶起吳三桂，洪承疇更是上前，和吳三桂親熱地拱手，接著孔有德、耿仲明、尚可喜也都上前和吳三桂敘舊，多爾袞又向吳三桂介紹一邊立著的英親王和豫親王，吳三桂立刻上前一一躬身請安。

小小的威遠堡沸騰了。

多爾袞拉著吳三桂的手，一行人緩緩來到堡內的大廳裡，多爾袞讓吳三桂在他左手邊坐下，吳三桂不敢坐，多爾袞示意左右將他強捺在椅子上，然後用矜持的語調說：「流寇猖獗，凌逼至尊，人神共憤，可將軍卻云借兵，且欲孤從中協、西協入關，會獵北京城下，孤因不明就裡，故一直遷延未進。」

吳三桂一驚，忙說：「三桂守邊關多年，與大清對峙，部下多懷恐懼者，借兵之說，無非是安人心而已。」

多爾袞一聽，表示理解地點頭，卻又緊逼一句道：「眼下呢？」

吳三桂立刻翻身下跪，說：「家仇國恨，不共戴天，眼下三桂心裡只想如何速滅流寇，豈有其他？」

說著，便指天矢日，說不滅流寇，誓不為人。

多爾袞心中歡喜，卻不動聲色，只將他再次扶起來，說：「吳將軍真不愧是個忠臣孝子，孤哪有信不過你的。眼下流寇如此猖狂，令尊大人尚陷身賊中，你我應該和衷共濟，擊敗流寇，為令尊大人報仇。」

豫王多鐸也說：「吳將軍，明天我們拼死上前，一定爭取把令尊大人奪回來。」

眾人也紛紛請戰，祖大壽見狀，先代吳三桂謝過攝政王爺和豫親王爺，又說：「眼下流寇攻山海關甚急，且快形成包圍之勢，山海關密於防前而疏於防後，眼下已快不支，還望攝政王爺從速發兵，不然，只恐雄關有失。」

多爾袞於是又問了兩天來，山海關的攻防情況，吳三桂一一作答，並說流寇傾巢而來，總數在十五六萬之間，雖沒有紅衣大炮，小炮卻也不少，主帥是見過大陣仗的人，布署和指揮都很得體，士氣也很旺盛。

多爾袞聽後，連連點頭，又誇獎吳三桂，說面對三倍於己的兵力，居然以少擊眾，苦苦支撐了兩天，為大清出擊贏得了時間，足見將軍是有膽有識之人。

客套過後，調兵遣將……

威遠堡內，吳三桂與多爾袞盡釋前嫌，相約同心破敵；大順軍御營中，眾將領卻怨氣沖天，相互指責。

黃昏戰鬥結束後，李自成先去看望受傷的侄子李錦。李錦傷在腰部，為紅衣大炮所傷——一塊指頭大的彈片嵌在肉內約三分深，當場昏厥，雖經郎中搶救，眼下已脫離危險，但因失血過多而臉色蒼白。他是個十分頑強的漢子，目前已清醒過來，見皇上親自到來，顯得很是激動，雖不能起身，卻是一臉的歉意。

李自成對這個侄子特別關愛。他不明白，為什麼李錦受傷，恰巧在劉宗敏退下後，於是，向左右細細地盤問李錦受傷的經過，事實擺在這裡，這只是一種巧合——吳三桂已認定這裡為劉宗敏的指揮所在，那一炮可是直奔目標，不巧劉宗敏剛剛退下，李錦代為指揮，就這麼挨了一彈片。

李自成儘管胸中有氣，但怪誰呢？於是，安排李錦暫時回北京養傷。

回御營的路上，心裡仍在牽掛李錦，不想裡邊卻突然吵翻了天。

原來為調整部署，李自成已傳旨再次召開御前會議，各人獻計獻策，務必要在明日拿下山海關城。眾將奉詔前來，大家都已得知滋侯李錦受傷的消息，一連兩天的戰鬥，他們沒有佔到半點便宜，反傷了一員大將，心裡如何不氣，便一齊大罵吳三桂鬼蜮伎倆，冷炮傷人，抓住了要零刀碎剮，劉宗敏也跟著罵開了。

劉宗敏覺得從沒打過這樣的窩囊仗——當西羅城垂危之際，他自認已穩操勝券了，不想到頭來，不但沒能拿下關城，且傷了李錦，他明白李錦在自成心中份量，雖暗暗慶幸自己逃過一劫，卻有幾分不安，眼下眾人說起，他不由想到己方炮火之弱，這是吳軍能反敗為勝的關鍵，乃說：「兩三天了，紅衣大炮怎麼就運不上來呢？須知我們吃虧就吃在這上面，我們若有炮，西羅城早轟開了，滋侯也不會白吃這個虧。他娘的，我們負責輸送的人真是個大飯桶，滿以為沒有惡仗打了，凡事慢吞吞的，半點也不知緩急，依我看，應軍法從事。」

劉宗敏劈哩啪啦指責了一大通，雖未點名，但在場的都明白這是說誰，所以，才開了個頭，負責運輸的谷大成就有些坐立不安，不想劉宗敏說到最後，又還狠狠地掃了谷大成一眼，谷大成更是忍不住了。

紅衣大炮每尊重約萬斤，非四匹好馬拉不動，就是以往，拉炮的馬隊也跟不上大隊，遲三五天是常有的事，若是道路不好，十天半月也趕不上來。進入北京後，劉宗敏負責追贓，繳獲金銀數千萬兩，為了把重貲運往長安，劉宗敏幾乎把運輸用的上等騾馬全徵調了，谷大成手上只有剩下的駑馬、毛驢，又怎麼馱運得紅衣大炮呢？所以，為了把大炮運過來，他幾乎費了九牛二虎之力，不但把民間的騾馬全徵用了，且親自上陣，帶一班親兵，手推肩背，雙手雙肩全打出了血泡，好容易把大炮推過沙河，永安城已遙遙在望了，不料前面又橫下一條比沙河寬闊得多的灤河，今天，他是趕來向皇上求援的，若不加派人馬，架起浮橋，紅衣大炮便過不了灤河。不想才落座，尚未開口，便受到劉宗敏的指責，谷大成心中一下升起一股無名怒火。他也是追隨李自成最早的人，雖然開始只是個掌勺的，但論資歷也晚不了劉宗敏幾許，所以立刻站了起來，反唇相譏道：「哼，我看有人是看人挑擔不費力——炮隊的健馬壯騾全被徵去馱金銀了，毛驢駑馬能拉動大炮嗎？他娘的你要軍法從事我還早就不想幹了呢！」

說著，當眾把上衣一脫，露出血肉模糊的雙肩，說：「各位請看，為了拉大炮，我這雙肩都拉成什麼樣子了？」

劉宗敏不意谷大成還真敢當眾頂撞他，不由火氣更大了，立刻站了起來，拍著桌子大罵道：

「你逞什麼能，原本就是一個伙頭軍，讓你當腳夫哥還是高抬了你，既然誤了大事，當老子不敢殺你嗎？」

劉宗敏拍桌子，谷大成便也拍起了桌子，一時吵吵嚷嚷，鬧得不可開交，誰也壓不下來……

李自成在營外聽裡面在吵鬧，立時止住了腳步。聽了半天才明白究竟，心想，劉宗敏怪谷大成是沒有道理的，但劉宗敏這火氣也不是沒有來由，憑心而論，這兩天劉宗敏的部署沒有錯，錯在全軍上下對這場惡戰沒有心理上的準備，且不說沒有安排足夠的力量拖拉大炮，就是戰前的準備也不充分，滿以為仍像打太原、打大同或打北京一樣，傳檄而定，一路招降，所以一旦遇上頑強的抵抗，在寧武出現的毛病便在這裡重現了。但處此時刻，能怪誰呢，所有的補救措施都來不及了，除非當初就接受宋獻策、李岩的建議，取消這次遠征。

想到此，他示意讓跟在後面的張鼐上前，自己從容跟進。

眾人正吵吵嚷嚷，不可開交，一眼望見皇上的身邊人張鼐，不由一怔，隨著李自成的出現，大家終於安靜下來。

「怎麼就吵起來了呢？這兩天仗打得不錯嘛，山海關是天下第一雄關，可據朕看來，吳三桂已玩完了，今天他是險而又險，我軍是功虧一簣，但不管如何，他使盡解數，作困獸之鬥，也支撐不了兩天，到明日，我軍一定能將這第一雄關拿下來。」

李自成威嚴地掃視眾將一眼，用誇讚的語氣先開了個頭，接下來，他想談談自己的隱憂——滿韃子會不會突然出現？這麼多天了，關外消息何如？這是自從出征以來，天天都在想、卻又不敢想的問題，就如人過獨木橋，走到了中途，進也是險，退也是險；沒有滿韃子，一戰成功，從此百川潮落，四海波平；不然可就太慘了，他也實在想不下去。然而，自己想都不敢想的隱憂，能和眾將談嗎？有問題說出來，無非是求得改正，但若是一個無法改的死結，說了只能徒亂軍心也要說嗎？想到此，他乃故作輕鬆地一笑，拿眼前的形勢，打了個比方，說：「不過，話雖這樣說，依朕看，你們也不能洩氣，大家都聽過評書，知道武松景陽崗打虎，當老虎向武松撲來，被武松按住時，老虎不掙扎嗎，這時武松如果洩氣，手上只要稍一鬆勁，老虎頭一抬，武松豈不完了？眼下的形勢，我們就是武松，吳三桂就是老虎，我們已到了和他拼勇氣拼耐力的時候，誰能在最後關頭忍住氣，死死地按住虎頭，誰便可獲得成功。據朕所知，吳三桂才五六萬人馬，兩天惡戰，他已損失兩三萬，眼下不過一二萬殘兵，已不堪一擊了，明天一定能打敗他。等打完這仗，朕一定好好地犒勞各位，封侯封伯，人人有份，大家可回到北京城享清福，大家想不想這好事呢？」

聽皇上這麼一說，眾人勁頭又上來了，他們紛紛其說，都表示要在這最後關頭打出威風。

劉宗敏顯然也受到了鼓舞，受到了啟發，於是，接下來他便談他的部署，這些天的戰鬥，自家損失慘重，但他手上仍留有一支生力軍，明天把這支人馬派出去，用一部分兵力，在城外將吳軍營盤困住，然後集中優勢兵力攻打東西羅城，哪怕就像攻寧武城一樣，只有進，沒有退，殺得人頭滾滾，血流漂杵也在所不惜。

宋獻策雖也出席了會議，但他一直沒有作聲。今天，他在關前觀戰，兩眼卻時時穿過關城，向關後歡喜嶺方向瞭望。因這陰霾天氣，整個白天，那一帶隱沒在沉沉霧氣中，看不太真，不料黃昏時，歡喜嶺上的烏鴉竟噪營了，千真萬確，成群的尖嘴黑老鴰在往西南飛，這說明它們是受到了驚擾；到掌燈時，他又看到，歡喜嶺一帶隱隱約約，似有火光——種種跡象表示，東北方向分明有大兵駐紮。

完了完了，該來的終於來了——宋獻策一旦證實了自己的看法，不由一下驚出了一身冷汗。心想，為什麼吳三桂以邊陲之地，孤軍一支，敢與堂堂的大順軍對抗，為什麼在大軍並未出征討伐他時，他敢殺使者？為什麼看到父親被鞭打後，仍能無動於衷？眼下這一切全找到答案了，他原來有恃無恐啊。

天道無常，吉凶轉換，主客易位，大順危矣！

想到此，他不由仔細打量起面前這個皇上，並認真地聽起他的發言來——終於，他從李自成那長篇大論中，看到了閃爍其詞、看到了底氣不足、看到了虛張聲勢，他想，說什麼拼勇氣、拼耐力，怎麼就不說拼老本呢？羝羊觸藩，不得不焉，皇上不是沒想到，而是沒退路了——李岩多言受猜忌，此時多言亂軍心。想到此，宋獻策把已到嘴邊的話嚥了下去。

看到會議已取得了預期的效果，想到明天將有一場惡戰，李自成乃宣布散會。眾將領拖著疲憊不堪的腳步往回走，他們或許還在想著明日的一戰成功，

然而，令他們萬萬想不到的是，就在此時此刻，一場大戰，或者說，一場大的屠殺，正緊鑼密鼓地布置之中——多爾袞已向吳三桂及眾將面授機宜，指陳方略；吳三桂領旨後，星夜趕回山海關城，隨他一同到達的，是豫親王多鐸、英親王阿濟格，以及他們統帶的八旗精兵……

9 乾坤一擲

山海關下的決戰已是第三天了，這是決定中國歷史走向的關鍵的一天，像一場大賭博，雙方都投入了自己最後的本錢，作乾坤一擲，李自成勝了，大順朝就要翻歷史的新頁，吳三桂勝了，漢人的江山淪為滿人之手。

還是凌晨，大順軍便都用過早餐了，經過一晚的休息，這些人又都恢復了體力，一個個躍躍欲試。待大家餵飽了戰馬，整頓好兵器，剛站好隊，營中上百門小炮便開始轟鳴了。

這邊清吳聯軍一方，也早已磨刀霍霍了。

多爾袞站在西關城樓上，微笑著向前方掃視，西南方向，沿石河一線，綿亙十餘里，大順軍旗幡飛揚，鋪天蓋地，一隊隊的騎兵在前，步兵緊隨其後，步伍是那麼整齊，行動是那麼有序，陣陣吼聲，一浪蓋過一浪，就像是海潮；這邊的吳軍也不示弱，在吳三桂統率下，全隊出關，已在關前列成一個長形方陣，等待著大戰的到來，他們的人數雖少於敵軍，但旗幟一樣地鮮明，戰士和戰馬也一樣地精神抖擻，毫無畏懼。

多爾袞站得高，看得遠，兩下比較，大順軍確實在氣勢、數量上要遠遠地蓋過吳軍，然而，吳軍畢竟挺過來了，且苦苦支撐了兩天。他不由想，吳三桂確實不簡單，也虧他想得出要與我大清借兵，若真依了他，李自成不定要死在他手上呢。

想到這裡，他不由傳旨，將阿濟格、多鐸召來，再次面授機宜：沒有他的旨意，任何人不得輕舉妄動。

這裡吳三桂也在尋思，八旗軍主力已進關了，他們全是高大的東北漢子，是一個個站著你讓我砍、我讓你砍的死士，這以前他們相互為仇，今天化敵為友，山海關憑空加入這麼一支生力軍，自然勝券穩操，眼下多爾袞讓咱們打頭陣，他坐在城樓觀戰，這「觀戰」是不是「黃鶴樓上看翻船」呢？

但自己已成過河卒子了，寧為刀俎，毋為魚肉，除了拼死上前，還有別的出路嗎？

想到此，他只得把目光投向前方，大順軍的炮聲再不像昨天那麼可怕了，就是那一陣蓋過一陣的怒吼聲，眼下在他們聽來，也只像是豬羊被屠殺前的陣陣哀鳴。

三通鼓罷，布置在石河西岸的大順軍已不耐煩了，劉宗敏見此番吳軍全隊出關迎戰，更是無比的興奮，他與眾將打氣說：「各位，吳三桂這小子已沒有幾下撲騰了，勝負就在今天見分曉，大家衝過去，將他消滅在關外，山海關就是我們的了。」

這時，李自成也帶著一班幕僚站在高阜觀戰，在鼓聲的激勵下，眾將士齊聲怒吼，便各自領兵衝了過去。

在到達炮火的射程後，雙方的火器營開始相互對射，然後，大順軍便冒著稀疏的炮火衝鋒。這邊吳三桂也督率手下各軍迎了上來，兩軍終於交上手了。

在大順軍這邊，已是憋了一肚子氣了，他們以三倍於對方的優秀兵力，連日苦戰，不但未能將雄關拿下，且傷亡了不少弟兄，這是從未有過的恥辱，須知他們是孤軍遠征，不將對方殺敗，便連北京也守不住，只有退走長安一條路了，這結局，對所有人來說，都是可怕的，今天是關鍵的一天，他們能不奮勇上前嗎？

吳軍這邊，也已到了蓄勢待發，非一洩不可的程度了。大順軍在北京的行徑，他們已有所風聞了；眼下，李自成當著全軍將士，刑撲吳襄，這事做得有些過份，活生生的事實，使廣大吳軍，包括那些原本意志不堅，無心與大順軍戰鬥到底的人，也對大順軍失望起來，認為李自成過於殘暴，他們除了以死相拼，便再沒有活路了。而且，因為無路可走，使那些原本有些民族意識，心裡有個「嚴夷夏之防」的將軍們，也認為吳三桂的降清是可以理解了。正因如此，他們雖身處危城，居於劣勢，受大順軍壓制，圍著追殺，逼在城下往死裡打，卻能做到同仇敵愾，上下一心；眼下，他們明白，身後有十餘萬生力軍，到時會給敵人一個措手不及，他們能不倍感振奮，有恃無恐地抗爭嗎？

所以，戰爭一開始，雙方幾乎是紅著眼睛拼全力地對殺，誰也不退後，誰也不讓誰，整整一個多時辰，竟分不出勝負。

李自成立在高阜觀戰，他睜著獨眼死死地盯著陣上，吳軍經兩天大戰，已是元氣大傷，不意今天竟又全隊出關迎戰，這是李自成沒有想到的。要知道，消滅縮在關內、憑險死守的敵人要比在野戰中消滅難得多，所以，吳軍能像今天這樣傾巢而出，真是求之不得的好機會。

白刃戰相持了整整一個時辰，他那隻獨眼幾乎沒眨一下，死死地盯著對方。

面對強敵，吳軍的長方形陣變成了稜形，長槍手持著長矛，密集於第一線，後面是弓箭手和手持火槍的士兵，長短配合，形成一道難以踰越的障礙，全力對付從石河東岸衝過來的大順軍，哪裡出現危機，後面的人便補充上去，好幾次化險為夷，面對數倍於己的敵人，絲毫沒出現混亂。

李自成心裡不由也有幾分佩服對方，但畢竟是身經百戰的人，看著看著，他終於看出了苗頭，發現擊敗對手的機會終於來了，這就是他透過遠眺，發現吳軍在招架時，因為東邊吃緊，為救東邊而主力移動，西邊居然讓出了一大片空隙，那裡就遮罩著西羅城，這不正是偷襲的好機會嗎？於是，他得意地對身邊的宋獻策笑了笑，說：「宋軍師，看朕今日活捉吳三桂。」

說著，他派人傳旨，讓劉宗敏把他的殺手鐧拿出來。

劉宗敏的所謂殺手鐧，就是手中還有一支機動兵力，一直還未派上前線，這就是三品制將軍袁宗第率領的兩萬餘名精銳。這是一支偏師，前天曾受命迂迴至關西面的石林，尚未派上用場。袁宗第一再請戰，劉宗敏仍讓他等著，說好鋼要用在刀刃上。眼下李自成看出這一破綻，劉宗敏也看出了，明白若有奇兵撲向它的右翼了，便可乘機打亂它的布署，將這個方陣衝垮。

所以，不待李自成傳旨，劉宗敏已讓身邊的護衛搖動手中一面大紅旗，一連擺了三下，只聽西邊那層巒疊嶂的山林裡，突然響起一連串的吼聲，霎時之間，兩萬精兵齊出，騎兵都手持明晃晃的馬刀，步兵緊隨其後，手中是長長的紅纓槍和大刀，一齊向吳軍右翼撲來。

吳軍與面前的大順軍正殺得難分難解，不想對方在關鍵時，還有大量的生力軍投入，重拳直擊腰部，猝不及防，陣腳果然一下就被打亂了。防衛吳軍右翼的，是副將馮有威部，他們與大順軍的劉芳亮部相遇，相互糾纏，快要筋疲力盡了，後來，他發現中路有些混亂，大纛幾次被大順軍奪走，他怕吳三桂有失，便分出一部分兵力支援中路，不想就在這時，袁宗第衝過來了。這袁宗第年紀不大，卻是一員老將，打仗很是勇猛，這幾天別人在前面拚命，他卻守在石林觀戰，心裡正感到憋悶，一聽令下，便翻身躍上他的黃膘馬，抽出雙刀，在馬屁股上猛地一拍，那黃膘馬便載著他飛奔起來，他身後的兩萬名將士，也吶喊著跟上來，吳軍猝不及防，被殺得紛紛後退。

中路的劉宗敏見狀，豈能放過這一大好時機，立刻跳上戰馬，擎一桿大刀，親自率隊猛攻。立在高阜的李自成也興奮了，只見他把身上的袞龍黃袍一甩，袖子往上一捋，擂起了戰鼓，這鼓點是那麼急驟，那麼驚心，如萬馬奔騰，如暴風驟雨，正衝鋒的大順軍將士們，只一下便聽出這是皇上在親自擂鼓了，他們立刻倍感振奮，一個個更加拼死上前，一下便把吳軍堅如磐石的防線衝得七零八亂。本是嚴嚴正正的方陣，只要一處有失，便破綻叢生，只轉眼工夫，就像一片桑葉，被大順軍咬得盡是破洞，眼看就要不可收拾了。

李自成見此情形，心中明白，吳軍一旦被打亂陣腳，接下來便會被分割包圍，出現追雞趕鴨、砍瓜切菜的局面了，不由興奮異常。這時，他的雙臂雖有些發酸，但雙手卻一點也沒有放鬆，反使鼓點更急促。他已認定，這應是他平定天下的最後一仗，消滅了吳三桂，可傳檄而定江南，從此，他就可在長安城中當太平天子，越想越興奮，真有些不可自持。

不想就在勝利在望之際，忽然天色變得陰霾起來，兩天來，在海面上徘徊的濃霧，忽然急驟地向關前移來，整個戰場，雲遮霧罩，加之平地颳起一陣旋風，山海關前，揚起了漫天風沙，一時之間，人馬雙眼迷離，咫尺雙方，人影幢幢，面目恍惚，難分敵我——這無疑給被追殺的吳軍帶來了脫逃的機會，高阜上助戰的李自成，霎時什麼也看不見了。

城樓上的多爾袞也發現了這情況，不由雙手合十，感謝上蒼，這真是天如人意啊！他立刻傳旨，令集結在關內、蓄勢待發的八旗三軍，齊聲鼓譟。這可是十四萬人同一吼啊，那吼聲，如山呼海嘯，湧向關外，酣戰中的大順軍聞聲不由大驚，竟以為吳軍後面，有神兵天降；吳軍聞聲則倍覺鼓舞，愈戰愈強。

此時此刻，說天意也罷，說神話也罷，但其事確有，且載諸正史——清兵一連三吼，其「風遂止」。

眼見得風霾將息、濃霧漸開，城樓上的多爾袞笑了，一聲令下，城頭上立時響起了急驟的鼓點，且夾雜了陣陣海螺聲。

戰場上吹奏海螺，這是大順軍從未經歷過的，螺聲旺旺的，此起彼伏，低沉而悲愴，從朦朧的風沙中傳出來，嗚嗚咽咽，穿雲破霧，如道士招魂野鬼，似海妖礁石歡歌，動戰士之鄉愁，解征人之戰甲……

這令人毛骨悚然的螺聲呵！

李自成和他御營的幕僚們正詫異，就是殺性正濃的劉宗敏也有些莫名其妙。正紛紛猜測間，不想風沙過後，酣戰中步伍散亂的吳軍，突然如波開浪裂，讓出一條大道，緊接著，就在他們後面，似從地下冒出來的，一下湧出大隊身穿著白盔白甲的騎兵，頭載尖頂紅纓涼帽，腦後拖一條大辮子；左邊一隊全身皆白，右邊一隊雖也是白色衣甲，上面卻鑲了一道紅邊，手持白桿長槍或大刀，騎一色關外高大的蒙古大馬，個個身材高大、勇猛，騎術嫻熟，就像一陣旋風，直撲大順軍。正酣戰中的大順軍被他們這一衝，猝不及防，竟被殺得紛紛落馬。

高阜觀戰的李自成，雲開霧霽，獨眼燭照，立刻發現情況有異，不由大吃一驚，一句話脫口而出：「不好，果然來了辮子兵。」

這個結論，其實應是在意料之中，卻又在意料之外。他們應該想到，吳三桂已被逼到了懸崖邊，降清只是他的唯一出路，他們也應該想到，元氣大傷的吳三桂，今天竟主動迎戰，這也反常。可志驕意得的大順軍的首領們，這些年只跟明軍作戰，他們的細作只是派往明軍的控制區，卻缺少對滿洲的情報網，可以說，他們對滿洲情況一無所知，更重要的是，他們都只想往好處想，不願朝壞處想。尤其是李自成，他心中存一份僥倖，他雖已看出吳三桂肯定會降清，卻只想鑽一個時間的空子——趁著辮子兵尚未到來前，先把吳三桂消滅，然後再從容應對滿韃子，然而，智者千慮，必有一失。

這也算是天意呵！

此時，為大順軍助威的鼓點不知幾時停住了，一時之間，連空氣也像是凝固了，李自成手持鼓槌，呆立在那裡，就像一座雕像。

一邊的宋獻策不由搖頭歎息道：來了來了，終於來了，這真是天意啊！

張鼐也急了，忙大聲嚷道：「皇上，快退，快傳旨退兵！」

然而軍機間不容髮。就在李自成被提醒，正要揮手下旨的一瞬間，從關內湧出的辮子兵已像開了閘的洪水，滾滾滔滔，奔騰不息——正白旗過後，又是源源不斷的鑲白旗的兵，真是一隊比一隊強悍，一個比一個凶猛，像瘋子一般，如入無人之境，逢人便砍。

李自成一邊揮手，一邊大叫道：「退，張鼐，速去傳朕旨意，快退，快快退兵！」

在前方的劉宗敏還算能沉住氣，見狀後下死命令，讓前隊頂住。

可蒙頭轉向的大順軍，早已被多鐸指揮的、強大的八旗兵團衝得七零八亂了，轉瞬之間，主客之勢易位。於是，李自成期待的追雞趕鴨、砍瓜切菜的局面終於出現了，只不過是想砍別人的變成了被別人砍而已。

這時，城上的鼓點更急促了，那海螺的嗚咽聲一陣一陣，像一道道的催命符，叫得人心膽俱裂。劉宗敏下令將一面大紅旗立在身邊，並大聲宣布，有退過紅旗者斬，又揮動手中大刀，一連砍了好幾個向後退的人，可就是鎮不住局面，那些逃跑的人，竟繞開紅旗，紛紛從別處沒命地逃跑。

劉宗敏絕望了，一時火起，乃揮舞著大刀，拍馬上前。只見對面衝來一個頭戴紅纓帽的白袍小將，手中也是一桿大刀，劉宗敏忙接住廝殺，才戰了兩個回合，不想對方旁邊突然又衝出一將，手中一支白桿槍，如出洞蛟龍，直取劉宗敏的面門。劉宗敏急回刀相格，那個提刀的將軍卻不給他半點機會，立刻一刀劈來，正砍在劉宗敏的肩上，劉宗敏只覺渾身一麻，便坐不穩了，竟從馬上翻身摔下來。那持槍戰將手中那桿銀槍，便如白蛇吐信，毫不客氣地直取劉宗敏的咽喉，眼看劉宗敏就要死於槍下了，恰在這時他的親信劉義帶幾個人已跟上來了，劉義和一個護衛左右架住了這致命的一槍，又有兩個護衛下馬將他扶起，一個挾左膀，一個挾右膀，從人縫中拖了出來，劉義則和另一個護衛拼死抵擋。劉宗敏一走，局面更不可收拾了。

李自成在高阜看到這情形，知大勢已去，不由長歎一聲，勒轉馬頭便往回走。他的身後，是拼死往西逃跑的大順軍的騎兵，緊緊咬住他們的，是遮天蔽日的箭矢，和一片白雲似的追兵。可憐數萬步兵，已是大限到了，一個個哭爹喊媽，被追得四處逃跑，最終成了八旗兵的刀下鬼，或是馬蹄下的肉泥。

多鐸和阿濟格統率的八旗兵，充分發揮了滿洲鐵騎的優勢，他們一個個穩坐雕鞍，恣意馳騁，揮舞著手中的刀，盡情砍殺。一時之間，山海關前，山奔海立，虎嘯龍騰，成了一座巨大的屠場。

這一仗，大順軍的騎兵損失過半，步兵損失殆盡。大將劉宗敏挨了一刀，砍在肩膀上，幸虧身穿鎖子鐵甲，但也入肉達兩分深，鮮血把上衣染得通紅。高一功、袁宗第、劉芳亮、劉體純等數十員大將，或輕或重，個個帶傷，包括御營的杏黃旗及中軍大纛旗在內，所有旗幟、輜重、行李幾乎全部丟失。

10 吳三桂受封

李自成直退到永平才停下，多鐸的兩白旗及吳三桂的寧遠兵，也直追到永平城下不遠處才休兵。

李自成喘氣未定，吳三桂的人馬跟蹤而至。劉宗敏、李錦、高一功等都不同程度地受了傷，眼看著應戰無人，方寸已亂的他，只好把宋獻策找來問計。

宋獻策低頭想了半天，說：「當今之計，只能先緩一緩，吳三桂不是想做忠臣孝子嗎，太子和吳襄還在我們手上，讓張若麒去傳話，告訴他，不能太過份了，不然，哭還來不及呢！」

張若麒只去了半天，便原路返回，說，吳三桂不答應和，除非交出吳襄和太子，退出京師，不然明日再戰。

劉芳亮說：「他是勝兵，且已到城下，豈肯輕易允和，吳襄和太子去了也會唆使他打，皇上可不能中計。」

眾將都說：「正是此話，」

宋獻策囁嚅了半天才說：「允和固然是假，但也不妨許他。」

李自成說：「這是為什麼？」

宋獻策說：「太子對我們來說已無用處了，不如做個順水人情，把他交與吳三桂，讓他背上這個包袱，他若留下太子，必遭清韃子疑忌，殺掉必失去眾人的擁戴；至於吳襄，則不能放他，留做人質，可束縛吳三桂的手腳。」

李自成茅塞頓開，立刻傳旨，將太子帶來。

朱慈烺已經目睹了山海關前的戰況，雖然打心眼裡高興，但一是自己脫身無計，二是怕遭誤傷，也怕李自成遷怒於他，將他兄弟殺害。眼下一聽「皇上有請」，他的心一緊，以為自己死期到了，乃戰戰兢兢地走到李自成面前，卻仍是高昂著頭，並強自鎮靜地說：「我明白你叫我做什麼。」

李自成寬容地打量著這個綠衣少年，笑了笑說：「那你猜猜。」

朱慈烺大聲說：「惡賊，無非是要殺我，要殺就殺，何必多言。」

李自成不以為忤，反寬容地笑了，說：「小孩子家，哪來這麼大的火氣，你父親要有你這勁頭，也不會落在朕的手上了。告訴你吧，你猜錯了，朕不是要殺你，而是要赦免你，你去吳三桂那裡吧，告訴他，不要忘了自己是漢人，夷漢世仇，永遠也尿不到一起，就是死了，也無面見祖宗！」

朱慈烺打斷他說：「你是說真話嗎？」

李自成點點頭說：「朕是一國之君，豈有戲言，朕確實要放你走，且是兄弟仨馬上走，不過，你見了吳三桂還要代朕問問他，想不想父子團聚？」

這時，太子的兩個弟弟：定王和永王也被帶來了。李自成手一揮，兄弟仨謝也不謝，轉身便跑出了大順軍的營盤。

果然，吳三桂並不因太子的被釋放而休兵，第二天，天剛剛亮，永平城下便響起了急驟的鼓聲，還有那令人心驚膽戰的海螺聲。

李自成無法，只得下旨出城迎戰。這一仗，遠不及昨天激烈——大順軍勉強收拾起來的隊伍與吳三桂的人馬才交手便逃，更不等多鐸的白桿兵上陣。

於是，吳三桂下令死追，不想追過永平西二十里，來到一處叫范莊的地方，只見前面有一小土堆，上面用竹竿挑著一顆人頭，在迎著風晃盪。

前軍不敢怠慢，立刻上前辨識——血糊糊的人頭不是別人，正是主帥之父吳襄。此刻吳襄雙目圓睜，正呆呆地望著志驕意滿的兒子。

吳三桂一見父親之頭，大叫一聲，竟摔下馬來。

大順軍走遠，吳軍也終於暫停整頓了。回軍路上，只見石河兩岸，綿亙十數里，一片狼藉，遍地的輜重和糧草，到處是斷戟與殘戈，更多的則是死屍和傷患，竟不容戰馬插足；受傷者的慘叫和受傷馬的悲鳴，令人不忍聽聞，殷紅的鮮血匯成了小溪，如菰漿茜汁，汩汩地流向石河，一時之間，河水變赤。

這是一場慘絕人寰的大屠殺啊，孤人子、寡人妻，又豈止吳三桂一家？

他們邊走邊在死屍堆裡尋活人，以免漏網——哪是尋活人，是在找銀子。大順軍人中，幾乎人人背上都有包袱，裡面金銀珠寶，應有盡有，這是他們擄掠來的，還有大順皇帝李自成賞賜給他們的。他們一生中，從來沒有一次性得到過這麼多的黃白之物，可也就是這些東西害了他們，本是身手不凡的戰士，卻變得顢頇老邁，喪失了鬥志，思念起家鄉；就是上了戰場，也害得他們動作不靈，逃跑時又行動遲緩，終於被追殺。

吳軍雖是勝利者，他們卻別指望從死屍身上發財。因為就在他們身邊，有大隊虎視眈眈的八旗兵，他們才是真正的勝利者，沒有他們，能有你們？吳三桂對這點最清楚不過，早已下令，凡有搜獲，十兩銀子以內可歸自己，太多的則必須交出。

這樣，他們在路上待了許久才回來。當豫親王多鐸和吳三桂並轡出現時，山海關前又一次沸騰了。然而，令吳三桂意想不到的事也出現了，這就是攝政王多爾袞已把他的行轅移到了山海關前，並傳下諭旨，令吳三桂統帶的關寧軍不必進關，就將營盤紮在紅瓦店以西，原來大順軍紮營的地方，並傳旨令吳三桂偕部將高第等進謁。

吳三桂百事纏身，根本就來不及處理吳襄的喪事，更關心的還是自己的命運——他不明白攝政王何來此舉？無奈之下，向前來傳旨的承宣官打聽，承宣官也說不出個所以然，倒是一邊的豫親王多鐸知機，說：「這還不明白嗎，流寇雖敗，但北京城仍在他們手中，我們能讓流寇有喘息之機嗎，進城豈不是多此一舉？」

吳三桂口中點頭稱是，心中卻也暗暗叫苦——原想效申包胥秦庭一哭，興楚滅吳，到頭來卻落得驅狼迎虎，讓多爾袞反客為主。但事已至此，悔復何及？迫於形勢，只好下令：本軍就地紮營，不必再進城內。

這一來，那些還有個人私事的人，或家小在城內的人，怕清兵亂來，不由罵起娘來，可吳三桂只能裝聾作啞了。

他略作收拾，便偕高第、馮有威、郭雲龍、楊坤去見攝政王。

攝政王的黃色帳殿，就紮在石河岸邊，那是一座巨大的方形帳篷，前後左右各有四座較小的帳篷，將這座大帳包圍，周圍是荷戈持戟的侍衛，一個個翎頂輝煌，錦袍燦爛，顯得十分威武和肅穆。

吳三桂在豫王多鐸的引領下，終於來到了帳殿前，只見多爾袞偕阿濟格、三順王、范文程、洪承疇等王公大臣，一齊迎立在帳外。吳三桂趕緊上前，欲行大禮，但此番攝政王卻一下搶上前，雙手將他扶住，又抱住他的雙肩，臉幾乎挨著臉，平地轉了一圈。

吳三桂明白，攝政王爺這是與他行滿人的「抱見禮」，行過此禮，表示他們已是親如一家了。

這時，帳外大道兩邊，儀衛盛陳，紫電青霜，十分耀眼。多爾袞拉著吳三桂的手，並肩走進大帳，阿濟格、多鐸、范文程、洪承疇等一班王公大臣及高第、馮有威等一班降將緊隨其後。進帳後，多爾袞面南而立，一個承宣官手捧一卷黃絹上前，打開來，大聲喝道：「吳三桂聽封。」

吳三桂一怔，還未明白是何事體，身邊的多鐸、阿濟格、范文程、洪承疇等文武官員早齊刷刷地跪了下來，就像倒了一片土牆似的，吳三桂不由雙腿一軟，也跟著跪下了，於是，承宣官念旨。

這是以順治皇帝名義下的一道恩詔，詔旨中，正式封吳三桂為世襲罔替平西親王，賜他的東西，更是多得不能勝數，什麼玉帶、蟒袍，貂裘、駿馬——凡是一個滿清王爺該有的行頭，他都有了；高第、馮有威、郭雲龍、楊坤等，也各官升三級，並賞賜很多尚方珍物。

吳三桂此時早把光復明朝的事丟到腦後了，崇禎皇帝那吊頸鬼的幽靈，也已離他遠遠的。不過話也說回來——面前的局勢，如做成了的籠頭，緊緊地套住了他的嘴，也容不得他稍有猶豫。再說，自己這幾萬人馬，已被李自成殺得七零八落，若不是八旗兵及時出現，真不知要到何處去收屍，眼下終於勝利了，這以前，崇禎皇帝也不過封你一個伯，而順治皇帝一封就是個世襲罔替的鐵帽子王，你又還要怎樣？

覃恩普敷，皆大歡喜，眾人無不彈冠相慶。但無論如何，吳三桂卻笑不起來——他那父親吳襄，就殺在今天，此時此刻，關外死屍山積，還不知吳襄身子在何方？身為人臣，忠是不能盡了，難道就連孝也可不盡？

於是，別人早已換了頂子和袍褂，他卻是一身重孝，就在眾人相互祝賀之際，他退在一邊，喚過親信家人吳如孝，令他帶幾個可靠的人，帶著吳襄的頭，去尋找身子相配，到時隆重下葬。

其實，吳三桂尚不清楚，就在他們殺敗李自成之後，阿濟格與多爾袞之間，有過一場爭執。依阿濟格的，便是要回軍殺到關裡去，將關內的漢民，統統殺盡。原來阿濟格恨山海關屢次將他們阻擋，使他們大清鐵騎不得其門而入，此番終於得手了，所以，他要屠城。

多爾袞不由怒斥阿濟格，費了九牛二虎之力，才將這個不聽話的十二哥督住。為防他暗中仍動殺機，乃派他率師隨吳三桂追擊李自成；這裡卻出告示，令山海關的軍民，全體剃髮，改著滿人服裝，一切都得遵從滿人風俗。

此令一下，小小關城，並不知他們已是死裡逃生，卻為這「從頭做起」鬼哭神嚎起來。

八

大順皇帝

1 冷暖北京城

四月二十六日，距大順軍第一次進入北京城才短短的三十七天，李自成終於第二次進入北京。還是巍峨的德勝門，還是這些大順軍，前後不過月餘，情形卻是迥異。那時大順軍整隊入城，旗幟鮮明，步伍整齊，戰士們個個鮮衣亮甲，精神抖擻，所謂鞭敲金鐙響，人唱凱歌還；而今呢，隊伍散落，三五人一路，百十個一群，起起落落，散散淡淡，操手拖戈，低頭縮頸，受傷的血污滿身，生還的衣甲不整；糧草、輜重丟光了，好容易運到的紅衣大炮統統送給了敵人；連馱在馬後的、牽在手上的，穿紅著綠的窈窕女子也不見了，這就無怪乎他們的火氣大，望人都是惡狠狠地，讓路稍慢便挨鞭子。

於是，大順皇帝也領教了北京城的世態炎涼——三十七天前，全城百姓，焚香頂禮、簞食壺漿，家家門上黏一個大紅順字，老幼相攜，齊向馬前迎王師；今天這情景不見了，行人都躲得遠遠的，瞅也不瞅你一眼。

有什麼值得他們瞅的呢？這些日子，大順軍並未為他們帶來真正的福祉，缺衣少食的照舊缺衣少食，過去有人作威作福，令他們不敢仰視，而今仍有人作福作威，令他們不敢仰視，只不過換了新面孔而已，更有甚者，是增加了恐怖，昔日九陌紅塵的帝都，歌管繁華，笙簫聒耳，而今成了恐怖的地獄，處處招魂，夜夜鬼哭。

李自成把這一切默默地看在眼中，臉上漸漸地凝聚起一團烏雲，心中也湧起一股乖戾之氣——北京為崇禎盤據多年的巢穴，住的多是明朝的達官貴人，他們生就一雙見風使舵的勢力眼，只認崇禎是真龍天子，朕不過牛屎村人，還是快快回長安吧，長安城裡有我的父老鄉親，他們不會這麼冷落朕。

但就這麼回長安嗎？不，朕要讓這班人知道，冷落朕將得到什麼報應！

想到這裡，心中那一團戾氣就像是一塊濃墨，在漸漸地化開、瀰漫……

終於，他還是看到了歡迎的人群，那是丞相牛金星率領的、留守的百官隊伍，牛金星在前，隨其後的是顧君恩等六部尚書。李自成勉強和這班人打過招呼，那獨眼便在人群中掃視，他很想看見李岩，卻又害怕和他的目光對視，李岩終於出現在他眼簾，他跟在六部官員之後，見了皇上，俯伏塵埃。

可李自成急於要看他的臉——李岩終於抬頭了，半月不見，杞縣李公子仍不失倜儻英姿，身著文官二品官服，面如滿月，齒白唇紅，那一聲「皇上辛苦了」說得輕飄飄的，似有幾分幸災樂禍。

李自成心裡不由「咯噔」了一下，立刻想起了他那懸軍遠征之諫，想起他關於處置吳三桂的建議，種種種種，今天皆一一驗證了，想到此，大順皇帝胸中那戾氣竟化為股股酸水，直奔喉頭……

於是，尚未進城，征塵未洗的大順皇上迅疾頒下一道諭旨：將吳三桂全家斬首。這個十惡不赦的漢奸，這個該殺千刀的叛賊，九族駢誅，尚不能洩吾大恨。

人已殺，氣未消。回到宮中，可意人兒竇妃立刻迎了上來。

竇氏由一個普通的宮女，一夜之間，得為皇上新寵，這真是一步登天。眼下，她也不管李自成敗與不敗，也不管長安還有李自成的原配，還有李自成封的，比她早得多的皇貴妃、貴妃直至妃，卻整日做著執掌六宮、母儀天下的美夢。

當「聖上回宮」的吆喝聲尚未消失時，她已幾步趨前，在坤寧宮石階前接駕了。可此番皇上不像往日那樣笑嘻嘻地上來拉她，只說了一句「平身」便自顧自地直往裡面走，竇妃深感委屈，只好在宮女的攙扶下起身，來到皇上身邊，再次請安，這回皇上倒是躬身拉起了她，一把摟在懷中，快快地說：「我們要走了，你願意跟朕一道走嗎？」

竇妃也已聽到山海關的敗報了，可她是個婦人，也不知山海關的失守意味著什麼，只想，我已是與皇上一體的娘娘了，皇上走，我怎麼可以不走呢？於是，連連點點頭說：「當然，皇上到哪裡，臣妾也跟到哪裡。」

按說，這話是很得體的，可皇上卻突然變臉，把她狠狠地往前面一推，說：「朕怎麼能帶著你，都是你們這班女人把朕的弟兄害苦了，朕要殺了你們，一個個趕盡殺絕！」

竇妃一聽，嚇得直抖，她不明白，平日見她便笑笑嘻嘻的皇上，怎麼會突然變臉，且出口就是令人心驚膽戰的話。趕緊跪倒在地，連連磕頭請罪說：「皇上恕罪，皇上恕罪，臣妾再也不敢了。」

可皇上懶得與她理論，兀自在宮中踱起了方步。

牛金星被緊急召入宮中，在武英殿候旨。

大順軍榆關苦戰之際，遠在北京城，擔任留守的天佑閣大學士牛金星，卻真正過了半個月舒心日子。

被拷掠的那班前明大臣們，沒死的，全被他釋放了，不是因為牛金星心慈，而是他想當太平宰相。俗話說，宰相肚內好撐船，既然如此，就該從眼前做起，這班可憐的臣子，已是枯竹子榨不出油了，何不做個順水人情？要知道，這班人個個算得碩學通儒，若仍在明朝，他們都算是牛金星的老前輩，眼下只要放他們一馬，這些人便會拜在他牛丞相名下，向他遞門生帖子，稱「晚生」，在自己的著作中，對他這個老師歌功頌德。這在劉宗敏輩看來，門生帖子算個鳥，擦屁股也嫌太硬，就是那些馬屁文章也是讀不通的；但在牛金星眼中，立言勝於立功，學界泰斗，名山事業，比領袖百僚的宰相更能傳之永遠。

所以，這些日子，京師雖風聲鶴唳，謠言四起，牛金星卻置若罔聞，山中無老虎，猴子稱霸王——每天坐著八抬轎，手持撒金摺扇，前呼後擁地出門拜客、赴宴，廣收門生，遍認同鄉，並張榜宣布，將在近日考貢生選官，自任大總裁，喻上猷等任主考。

一班死裡逃生的官員，雖然已是遍體鱗傷，卻把個牛丞相看作再生父母，每日把那肉麻的話來恭維他，把個牛丞相樂得屁顛屁顛。

然而，太平宰相才當了不到半個月，從山海關飛速遞到的諭旨，一下將他的美夢敲碎了——大順皇帝先是命令，保定的駐軍速抽兩萬精兵，限在兩天內趕赴北京，在京東北一線布防，接應從山海關前線撤下來的我軍；接著，又令牛金星火速布置，他定於四月二十九日舉行登極大典。

牛金星這才覺得不妙，自己是大年三十翻黃曆，好日子已是過完了，眼下一見皇上宣召，不由跌跌撞撞地進宮，見皇上氣色不好，納頭便拜。

「唉，不納李任之之議，終於落到了這個結局。」李自成長長地歎了一口氣，開口便有追悔之意。

一聽皇上提到李岩，牛金星忙說：「皇上何必氣餒，且不說勝敗乃兵家常事，就是目前大局，也不是完全於我軍不利呀。」

李自成這回倒是清醒，搖了搖頭說：「不行，山海關一仗，我們敗得很慘，十成人馬傷亡了七八成，眼下劉宗敏手中已無一支完整的部隊，北京怎麼能守得住呢，今天召你來，是商量登極的事，此事刻不容緩。」

牛金星想了想說：「皇上仍打算訂在二十九？」

李自成想了想說：「朕不是已有諭旨嗎？還是在薊州傳來的。」

定在二十九日登極的上諭，牛金星當然看到了，那天他隨手翻了一下黃曆，卻發現是黑道凶日，他想，皇上怎麼訂在這個日子呢，難道宋獻策沒有參與？

李自成見他欲言又止，忙說：「你不要說，朕知道，這一連幾天都不是好日子，宋矮子當時也說了，可朕算了一下，軍機間不容髮，我們不能延宕了。俗話說，擇日不如撞日，就是這天吧。」

牛金星見皇上這麼說，便不好說什麼了，反正這事說難不難，班次排定了，百官的禮儀也熟練了，服飾冠帶備辦妥貼了，剩下的，不就是三跪九磕首嗎？能馬虎就馬虎吧，都怪這該死的吳三桂！

李自成接著問起了近日發生的大事。要說大事，可就多了，牛金星盡自己所知，一一道來。

大軍西征，兵力一經扯動，後方便明顯地空虛，江南明軍，蠢蠢欲動，左良玉一步步向襄陽逼近，受史可法指揮的高傑等四鎮進窺山東；這還罷了，更令人擔憂的是大順軍的後方，除了陝西，晉、豫、冀、魯四省原來已歸服的地方全不穩了，崇禎死了，可在籍的官員、舉子、豪紳卻紛紛組織起團練，把大順軍派在那裡的地方官驅趕殺害，大順軍運往長安的金銀車被掠奪，大順軍從長安運來的糧草被攔劫；至於北京城裡，天天出現用吳三桂名義發布的、號召百姓驅殺反賊，為崇禎報仇的告示，那些就不用說了。

李自成聽到這些，眉頭緊鎖，雙手背翦，在殿上踱起了方步……

2 決計南走

武英殿上，又一次御前會議。

李自成沒有落座，他背翦雙手，在殿上徘徊，獨眼炯炯，不時陰鷙地掃視群臣——劉宗敏帶傷在抵擋追兵；李錦的傷未痊癒，由護衛扶著來了；高一功、劉芳亮等大將，個個繃帶裹傷，快快地望著他，往日會議熱烈的氣氛全不見了，府第、金銀、女子，這些最吸引人的話題，過去一提，眾人無不唾沫橫飛、興高采烈，今天卻無人說起了，偶然聽到的，是一聲聲輕微的歎息。

李自成把這一切看在眼中。

會議沒有要交議的事，只是將這班人召集起來，宣布登極的時間，及撤出北京的具體布置，但沒料到，會議才開始，這班威風凜凜的將軍們，情緒竟是這麼低落。他想，打敗仗也是經常有的事，崇禎十一年，他們在潼關被孫傳庭殺得大敗，僅剩十八旗脫逃，潛伏商洛山中，連一般的山大王、小股的刀客也敢奈何他們，可他們卻輕鬆地闖過來了，不曾氣餒，也不曾失望，今天是為什麼呢？他忽然覺得，就這麼宣布撤出北京城不好，那樣勢必使眾人更氣餒，想到此，乃輕鬆地笑了笑，說：「怎麼啦，一個個都像瞌睡未醒似的，不就是山海關敗了一陣嗎？這算什麼，當年在潼關，敗得不比這更慘嗎？可我們不是又東山再起了，還把孫傳庭這小子給收拾了？山海關之敗算什麼，一座邊關小鎮，才巴掌大的地方，就是丟了北京，也還有百二秦關，還有長安，朕敢說，一百個北京，也不敵一個長安。」

眾人勉強點頭說：「皇上說的是。」

見眾人情緒仍很低靡，他又說：「此番山海關之敗，敗在我們事先沒有充分做好準備，沒提防吳三桂認賊作父，投降了滿韃子。不過，我們是百戰之師，且有關中為基礎，晉、冀、豫、魯為藩衛，根深柢固、兵強馬壯，偶然敗一仗算不得什麼。吳三桂降虜，連自己的祖宗也出賣了，這是不得人心之舉，勢必遭到天下人的討伐，又能折騰幾下？再說，滿洲才巴掌大的地方，怎能與中國抗衡呢？所以，朕認定，只要大家齊心，反敗為勝是指日間的事，但不能氣餒，要知道，氣可鼓，不可洩！」

皇上的話雖說得硬氣，眾人卻仍個個心有餘悸，他們不知皇上已打定主意撤軍，只害怕接下來的戰事——山海關前那一場大屠殺太可怕了，那些手持白桿槍的辮子兵，身材高大，模樣凶狠，一個個就像天神，騎在馬上就能把你比下去，且騎術精嫻，武藝高強，一桿槍、一把刀，在他們手上變化無窮，令人難以招架，怪不得他們數次進入內地如入無人之境，怪不得京畿一帶傳說，什麼「辮子兵不滿萬，滿萬無人敵。」這不是明朝軍隊可比擬的。眼下辮子兵就要打到北京了，以他們這點殘兵，怎麼能與辮子兵對抗呢？北京城池再堅固，也斷斷乎守不住，何況還民心不穩，眾寡不敵呢？

所以皇上說了很多鼓勁的話，眾人卻仍提不起精神，李自成見眾人不答腔，只好向李錦點點頭，說：「滋侯，你談談看法。」

李錦受封滋侯，統帶帥標，為中軍主力，不想山海關前中炮受傷，中途退回，他一走，隊伍群龍無首，損失最大，三萬人馬剩下不到五千人，且個個帶傷。所以，他本人雖未與清兵交手，卻已有些畏懼，加之聽手下敗兵繪聲繪色地一說，辮子兵如何如何，心裡早想撤兵了，眼下見此形勢，立刻明白眾人心裡想的也和自己差不多，既然皇上點名問起，便硬著頭皮說：「皇上說的都有道理，吳三桂終究是要敗亡的，不過，眼下他正得勢，加之我軍新敗，騎兵損失過半，步兵損失殆盡，且陣亡不少隨我皇上出生入死的陝西老弟兄，皇上雖徵調保定兵增援，恐也眾寡不敵。所以，據臣看來，北京城是守不住了，南邊一線多為平原，無險可守，滿韃子兵鋒甚銳，且乘勝而來，氣焰囂張，我軍恐難與爭鋒，為今之計，宜退保山西、河南，徐圖反攻。」

一聽滋侯言撤，眾將軍不由齊聲附和。

在眾將中，李錦不但與李自成關係特殊，且戰功卓著。李錦最大的特點是從不叫苦叫累，天大的難關都能咬牙頂著，在長安時，他是堅決主張北伐的人之一，進入北京後，真有幾分睥睨一切，小視天下的氣概，不想才幾天，他這豪邁之氣，竟從波峰一下跌落谷底。李自成原想讓侄子出頭鼓士氣，不想落到這個結局，不由深感失望，不想就在這時，有一人不信邪，這就是才從保定增援上來的果毅將軍馬世耀。

馬世耀統帶的是兩萬生力軍，尚未與清吳聯軍接過仗，所以，對辮子兵的恐懼遠不及眾人，另外，馬世耀還有一個說不出口的原因，這就是他的部隊駐防保定府，沒有參予對北京的搶掠，眼下眾將都腰纏金玉，他卻囊橐空空，心裡很不平衡，一聽李錦主張撤出北京，他馬上搶著說：「臣以為滋侯之言，未免太怵，才敗了一陣，怎麼就連北京也要丟掉呢。皇上不是說了嗎，滿洲不過巴掌大的地方，辮子兵再厲害也是有限的，怎麼能與中國抗衡呢？再說，辮子兵入關，也不是一次兩次了，每回都不過飽掠一番便倉皇逃走，此番有吳三桂打頭陣，充其量也就是在京畿一帶騷擾一番罷了，未見得就是來爭江山的，他們有那氣魄嗎？所以，臣以為當務之急是集中兵力，準備就在北京城下，與辮子兵決一死戰，不說立刻將他們趕走，至少也能守住北京城。」

李自成聽這話還覺順耳，不想接下來，眾人議戰議走，紛紛其說，仍是主戰的少，主撤的多，這是很反常的事。李自成心想，這些將軍們哪一個不是從死屍堆裡殺出來的，為什麼今天才敗一陣，就變得如此神經兮兮，脆弱不堪呢？難道山海關前一戰，辮子兵就從精神上將他們徹底摧垮了嗎？

想到此，他再也不願演戲了，乃回頭望著牛金星說：「丞相有何高見？」

牛金星能說什麼？方才君臣私議，皇上已向他交了底：只待行過登極大典便撤往長安，今天眾人的議戰議走，其實都無法改變皇上的既定方針，想到此，他清了清嗓子，說：「各位議戰議守，都言之成理，據鄙人看來，敵軍雖來勢凶猛，但吳三桂才多少人馬，他靠的是滿人，滿韃子蕞爾小邦，其開國之君努爾哈赤，原不過是明朝邊將李成梁的家奴，靠十三副鎧甲起兵，原本沒什麼大出息，只因崇禎無能，才乘機坐大，致有今天的局面，即使如此，充其量也比不過關內一個州，地僻民貧，又能折騰幾下？所以，馬將軍說，他們騷擾一陣子就會退回去，這判斷是對的，他們確實是奔子女玉帛而來，一旦擄獲足了肯定會退兵，剩下一個吳三桂有何能為？我們雖偶然失手，暫時要退出北京，但終究要打回來，不過不爭這一時之氣罷了。」

牛金星這幾句話很是得體，李自成不由連連點頭。接下來，牛金星就談皇上登極的事，說欽天監有奏章，謂帝星不明，宜速正位，所以，皇上就在後天行登基大典……

牛金星還要繼續發揮，不想就在這時，殿外忽然響起一陣急驟的馬蹄聲，眾人都深感詫異，不一會，只見一個小校，血染征袍，急匆匆走了進來，見了皇上，撲地跪倒，語無倫次地說：「皇上，不好了，我，我軍，又，又敗了。」

李自成聞言，忙喝道：「誰讓你來的？」

小校從衣襟中掏出一張皺巴巴的信，雙手呈了上來，牛金星接過，展開來看。這是從前線遞到的一份緊急軍報，上面說，敵軍因吳三桂的引領，已連克遷安、昌黎，直下灤州、開平，眼看就要逼近豐潤、薊州了。昨天，劉宗敏帶傷率袁宗第、劉體純等，連兵十八營與之決戰，結果在豐潤附近被殺得大敗，劉宗敏再次受了重傷，這回是用門板抬下來的，眼下全軍僅剩不到兩萬殘兵，已在袁宗第的指揮下，向三河一線撤退。

眾文武不由大驚失色。

面對譬耗噩音，李自成還算沉穩，為應付突變，當下他宣布了幾項決定：全軍定於四月三十日、也就是登極後的次日撤離北京，因馬世耀一軍最為完整，故留下斷後，其餘擬南下經保定、真定，退保三晉。

眾人諾諾連聲，分頭行動。散會時，李自成心中忽有所動，望著跟在眾人身後往外走的李岩，傳旨道：「請任之暫留一步。」

李岩留了下來。眾人散盡後，大殿裡空蕩蕩的，除了皇上，只張鼐挎劍立在丹墀下，李自成掃一眼大殿，深情地望著遠遠地站在殿柱前、表情有些木然的李岩，說：「任之，咱們去尋個僻靜一點的地方說話。」

說完起身，張鼐領路，君臣二人來在東暖閣裡，距離一下拉近了。李自成居中坐下來，他見李岩一邊侍立，乃伸手指向身邊的座位說：「任之，坐吧。」

李岩仍有些拘謹，口稱「謝皇上。」身子卻仍不敢坐，李自成見狀，不由伸手將他捺在座位上，又埋怨說：「任之，你怎麼和朕生疏起來了呢，這以前不是這樣的嘛！」

這神態，無比親切，這口吻，一如從前，李岩不由感動起來，他抬頭望著皇上，說：「豈敢，只因皇上日理萬機，無暇垂詢，臣不敢妄言以干聖聽。」

李自成對這回答仍不滿意，他用一聲長長的「哎」來表示自己的驚奇，又說：「不對，任之，你的性格不是這樣，再說，以你我的交情，朕眼下又諸事不順，你應該知無不言，時時提醒。」

皇上卑詞問策，拳拳之情，溢於言表，可李岩說什麼呢？一切都被他不幸而言中了，山海關之敗，敗在皇上的懸軍遠征，敗在對吳三桂處置的失當，這些都看似偶然，卻又是必然，眼下士氣低落，人心惶惶，連平日從不言怯的將軍們也談虎色變了，朝議撤往山西，這是不得已的選擇，事已至此，夫復何言？

李岩抬起頭，一下觸著了皇上殷殷的目光，他終於忍不住了，乃字斟句酌地說：「據臣看來，皇上暫時放棄北京，退保三晉的決定是明智之舉，三晉背靠關中，土地富饒；太行山橫亙其間，為天然形勝，加之關中為後盾，魯、豫為聲援，以我軍現有勢力，攻不足而守有餘，孫武子說：善用兵者，避其銳氣，擊其惰歸。皇上此舉，正可收『擊其惰歸』之效。」

這一說很投合李自成的心事，不由連連點頭，並說：「任之此說，深得朕心。丞相說得好，滿韃子不過一守邊小夷，利中原子女玉帛而來，豈能長久？滿韃子一撤，吳三桂必無能為，所以，我們仍大有可為，但不知怎的，我們這班將軍們卻看不到這點，只想著敵軍不可擋，對辮子兵怕得要命，今天的會議上，竟一個個垂頭喪氣，無人敢言戰。」

一聽皇上這口氣，李岩不由有顧慮了，須知他雖說了一段皇上愛聽的話，卻只是做個由頭，接下來才是他要提醒皇上的，不想皇上誤會了，居然又想當然地樂觀起來，那麼，自己的心裡話究竟說還是不說呢？

他的猶豫立刻被李自成發現了，李自成本想大談他捲土重來的打算，並想徵詢李岩的看法，求得進一步的完善，眼下見李岩似不以為然，忙用嘲諷的語氣說：「任之，你也怕滿韃子，怕辮子兵嗎？」

李岩不由急了，說：「皇上言重矣，臣豈是貪生怕死之人，只是適才聽丞相所議，認滿人圖小利，無大志，此說未免牽強。」

李自成說：「難道任之已認定，滿人進關，是要與朕爭天下？」

皇上既已問及，若再吞吞吐吐，便要招致猜疑了，於是說：「皇上，臣以為，滿人的確根基太淺，因為三四十年前，他們不過一守邊小夷，土地人民物產，不敵我中原一個州，小國寡民，中原問鼎，能不是蛇欲吞象？何況他們是夷人，是金人的苗裔，為漢人世仇，想入主中原，有一道難以踰越的種族門檻，所以，他們要想在中原站穩腳跟，確有想像不到的困難。不過，若縱觀歷史，比較古今，卻又不能完全排除這種可能。」

接下來，李岩便談自己的看法，熟讀史籍的他，說起歷史上的外患入侵，真是滔滔不絕，從五胡亂華，到金元禍宋，再說到山海關外的辮子兵——滿人經努爾哈赤、皇太極兩代人的努力，不但完成了內部的統一，且降伏朝鮮、蒙古，四次入侵中原，每次都取得很大的勝利，眼下有吳三桂領路，有崇禎已死這個好題目，乘勝入關，問鼎中原，又有何不可？歷史上哪次外患入侵，不是趁著中國的內亂呢？最後，李岩竟憂心忡忡地說：「方才丞相謂滿人無意中原，臣實在不敢苟同。據臣看來，眼下雖無崇禎，形勢卻比有崇禎還要嚴重，皇上應從大局著眼，小處著手，做長期的打算，至於平天下於彈指之間，定中原可一蹴而就，這種想法，切不可有。」

李自成聞言雖不悅，口中仍問道：「長期打算，究竟是做些什麼呢？」

這可是一個大題目，李岩於是從重新收拾民心說起，直到鞏固秦晉、撫綏豫魯，招賢納士，積草屯糧——等於都要從頭做起。

李自成聽李岩如此一說，就如一個才從火熱的太陽下走來的人，被人迎面潑了一大桶冰水，不覺從頭頂涼到了腳底——他自豎桿子起義以來，已整整十六年了，十六年來，經受了無數次的失敗和挫折，歷盡凶險，九死一生，好容易才有今日，眼下崇禎雖死了，明朝雖完了，可他也身心疲憊了，為山九仞，這一坐下來，便不想再動了，萬不料半途殺出個程咬金。依牛金星所說，滿人只為子女玉帛而來，飽掠一番就會撤回，他可跟在後面打回北京去；依李岩所說，等於自己又回到了十六年前，他想起年初時，李岩和宋獻策那先破藩籬，再窺堂奧的主張，事情真的有這麼複雜嗎？

生是生非，全憑文人一張嘴！

在感情與理智的角逐中，大順皇上何所依從？

——直到李岩告辭，李自成還沒有理清頭緒。

3 李自成登基

李自成終於粉墨登場，在天子正衙的皇極殿舉行了正式登極大典。

淨鞭三下響，文武兩邊排。當百官的山呼一陣陣響徹雲霄時，龍椅上的他，確也有過短暫的陶醉，心想，十六年出生入死，今天總算有了交代，可惜只興頭了一陣子，他又不得不回到現實中：就在大典的最後一個樂章在皇極殿四周飄散之際，十餘萬裝備精良的大清鐵騎，正一步步逼近北京城。

大喜緊接大悲，此時的李自成，又是金剛又是佛——當情緒上到波峰時，笑面團團，有求必應；一旦降到谷底，惡念便會不期而至。

回到坤寧宮，竇妃趕緊迎出來在台階上接駕。李自成臉色陰鬱，心事沉沉，一邊將竇妃扶起，一邊用目光巡視著四周，神情悵然地說：「該帶的東西都帶了沒有？再過幾個時辰，這裡就要舉火了？」

竇妃已知道皇上要焚宮的消息，從明日起，她將隨皇上撤往長安，心中不無惋惜。這以前她是這裡地位低下的宮女，對宮中的一切雖很熟悉，卻無權主宰，好容易得皇上青睞，得封妃子，眼下儲位尚虛，原以為只要肚皮爭氣，能懷上皇子，那就離主掌六宮的位子相差不遠了，不想皇上是位極難伺候的皇帝，經常發無名火，動不動就要殺她，她害怕極了，想到眼下又要告別這一切而隨軍遠征，且不說馬上顛簸，兵凶戰危，就是能平安地到達長安，也遠不如在這裡如意，須知那裡有不少皇上的舊人，她們地位比自己高，資歷比自己老，自己要削尖腦袋去迎合她們，那都是她所不願的，但事已至此，皇上的決定可不會因她而變更，她身為弱女子，又有什麼辦法呢？想到此，她不由微微地歎了一口氣。

不想小女子這一聲歎息，竟引來大禍。

李岩那一席話，已使他徹夜無眠，半年來的事實告訴他，此人遠見卓識，勝牛金星多多，他說過的話，都是先說後見，眼前的警耗噩音，又在一步步驗證他的預言，棄守北京勢在必行，今天是告別皇宮的最後一天了，嵯峨殿闕、紅裳翠袖，一一在眼前閃現，原以為九轉丹成，萬不料功虧一簣，那麼，牛金星說得好，既不能為我所有，就不能拱手讓人，一火焚之，化為平地，後人評說，朕也不失西楚霸王之雄……

想到此，他對眼前的一切都仇恨起來，覺得它們都是自己的對頭，應盡力消滅。不想就在這時，竇妃那一聲微微的歎息聲，竟清晰地傳了過來，他一驚，心想，她歎什麼氣，這小賤人，這些日子，她在枕上，一再討封，封妃子不夠，還要封貴妃，封貴妃不夠，又要加封皇貴妃，只怕到了哪天，她便要封皇后了，封皇后她配嗎？她平日見朕都是笑臉盈盈，今天眼看朕敗了，要撤離北京了，她便嘆氣，看來，她說願意跟朕走全是假的，這個附炎趨勢的小賤人！想到此，他獨眼一瞪，怒視著竇妃道：「你歎什麼？是不願跟朕走嗎？」

竇妃已被嚇怕了，見皇上又發火，不由一驚，答話更不得體了，說：「臣妾是覺得這宮殿燒了太可惜，崇禎不是也捨不得燒掉嗎？」

李自成一聽，她竟拿自己比崇禎，不由心中燒起一股無名怒火，足一頓，指著竇妃罵道：「什麼，崇禎沒有燒，朕便不能燒？那崇禎上吊了咱不是也要上吊嗎？」

竇妃不知皇上怎麼說變臉就變臉，不由「撲通」一下跪在地上，連連磕頭說：「臣妾可不是這個意思，臣妾可不敢。」

可皇上胸中的火一下便燒起來了，不是磕幾個頭就可平息的，只見他轉身便從架上抽出寶劍，猛地向她的粉頸砍去，可憐竇妃一句話尚未說完，那顆頭便砉然落地了。

這一來，嚇得坤寧宮的一班宮女、太監三魂丟了兩魂，七魄失了六魄，不由一齊跪下來，一個個磕頭如搗蒜，只求皇上饒命。

李自成怒氣沖沖地望著這班人。他們生成的狗命，專會伺候人，能察言觀色，眼眨眉毛動，見了主人屁顛屁顛的，跑前跑後，能使被伺候的人樂呼呼的，這真是天生的好奴才啊，可惜自己沒法再用他們了，過不了幾天，他們便又會在另一個主人面前蹶著屁股，搖著尾巴撒歡兒。想到此，他火氣更甚，率性揮劍，一連砍倒好幾個人，直到手酸了才丟下劍，這時，沒死的都嚇得逃走了，大殿裡已空無一人，他才怏怏地走了出來。

一人走到武英殿東暖閣，他的貼身親隨張鼐迎了上來，一見皇上渾身血污，不由大吃一驚，問道：「皇，皇上，您怎麼啦？」

李自成這時也發現自己失態了，不由掩飾地說：「沒有什麼，朕恨極了幾個人，故把他們殺了。」

說著，便讓武英殿的太監為他換去血衣，張鼐默默地看著這一切，不由納悶：皇上恨誰，不就是一句話嗎，何必自己動手呢？李自成不管他的疑惑，問道：「怎麼，有事嗎？」

張鼐說：「李任之在宮外求見。」

李自成不耐煩地一揮手，說：「前天晚上，他不是把要說的都說了嗎，又有什麼事呢？告訴他，有事明天在路上再說。」

張鼐答應著，卻遲遲不動身。李自成這才記起，明天五更，他們就要離開北京了，李岩奉旨和馬世耀斷後，有什麼機會見面呢？

想到此，他只好又一次揮揮手說：「好吧，你讓他進來。」

散朝後，李岩拖著懶洋洋的步子往中州會館走，皇上已決計西行，明天五鼓便要出發，他奉旨和馬世耀斷後，得把握時間布置。不想才走到午門，卻遇見了大隊柴草車，從前門棋盤街一直排到紫禁城，有近千輛之多，在這座金碧輝煌、有數百年歷史的宮殿群落前，形成一道很不和諧的風景線。

他不由詫異，乃問押車的一個小校，怎麼把柴草運到宮中來了，且不走後門而走前門？小校告訴他一個驚人的消息：這是凜遵皇上諭旨而備辦的，為準備放火焚宮之用。

什麼，皇上要焚毀這座紫禁城？李岩不由大吃一驚。清兵逼近，北京是守不住了，但就因這個原因，要把這座巍峨的宮殿燒毀？皇宮不但是皇權的象徵，且也是數百年來，集天下臣民的智慧、血汗於一體的結果啊，何所謂中原上國，不就展現在這些地方嗎？自己得不到，或者說暫時要放棄，就應該付之一炬、毀之於一旦嗎？

想到此，他不由又返身往宮中走。才過金水橋，只見宋獻策邁著八字步，一搖三晃地走過來，一見李岩，不由問道：「任之為何去而復往？」

李岩一把抓住他的手臂，問道：「你可聽說皇上要焚紫禁城？」

宋獻策點點頭，低聲說：「這是你那位同鄉加同年的好主意，說皇居壯麗，豈可棄擲他人？不如效咸陽故事，將帶不動的盡付丙丁，就是後人議及我輩，也不失楚霸王之英名。」

「糊塗，糊塗之至，項羽燒阿皇宮，落了個千古罵名，難道他也想讓皇上背一個千古罵名？姓牛的真是淨出餿主意！」

宋獻策微笑著，反手挽住李岩，搖頭晃腦地吟起了詩：「徒縱咸陽三月火，讓他婁敬說關中。你可知這是誰的詩句？」

這真是急驚風遇上慢郎中，李岩不由生氣，忙氣急敗壞地說：「此時此刻，你還有心吟詩？」

宋獻策笑嘻嘻地說：「你們二人不是同鄉嗎，他是舉人，你也是舉人，怎麼就如此不同？」

李岩說：「什麼不同？」

宋獻策悠哉遊哉，竟說：「壞文人有個好習慣，開口就是好聽的；好文人有個壞習慣，開口就是別人不願聽的，你想做好文人呢，還是做壞文人呢？」

說著，拖起李岩就往回走，可李岩卻掙脫他的手，說：「這麼一座宮殿，建成多不易呀，就這麼燒了你不痛心我痛心，你不願說我要說。」

說著，就仍往宮裡走。宋獻策又一次追上他，連連喊著他的名字說：「李任之呀李任之，千里搭涼棚，沒有不散的筵席，人家不心痛你心痛什麼？你不覺得話太多了嗎？」

李岩一怔，不由立定了腳跟，恰在此時，巍峨的五鳳樓上，那報時的鐘被敲響了，悠揚的音調，一下一下的，似乎在向他訴求什麼，李岩心一橫，說：「皇上前天還讓我暢所欲言呢，話雖多，可是好話啊，如果能救下這座皇宮，就是被皇上殺掉也值！」

說著，也不管宋獻策在搖頭，仍一個勁往前走。宋獻策身材矮小，追他不上，只好望著他的背影，連連頓足歎息。

李岩進殿，跪下恭行大禮。李自成望著他，催促道：「任之，什麼事快說，再過幾個時辰，這裡就要點火了。」

李岩一見皇上提到「點火」，心裡不由「咯噔」一下，看來，焚宮之說，果有其事，但仍追問一句道：「點火可是燒毀有關文件？」

李自成說：「不是，那些東西早處理好了，點火是要焚宮，將這一大攤勞什子燒掉，不要讓滿韃子坐享其成。」

李岩趕緊奏道：「皇上，火可不能舉，皇宮為天下臣民血汗凝聚，為我中華歷代祖先文物，項羽為末路英雄，他燒阿皇宮的故事學不得，須知這不是留與滿韃子，而是留與後人。」

才開過殺戒的李自成，情緒仍很激動，不想李岩開口便不中聽。他想，說要從長計議的是你，說滿人是來爭江山的也是你，你不這樣說朕還不想燒，就因你這樣說了朕才一不做二不休，可你卻又來攔阻，你這是什麼意思？想到此，他不由口氣嚴厲地說：「李任之，你好不曉事，留與後人不就是留與滿韃子嗎，難道你想讓他們在此為所欲為，號令天下？你是什麼意思？」

李岩一驚，皇上好短視啊，前天晚上不還要我暢所欲言嗎，今天為什麼這樣不耐煩呢？這時，一邊的張鼐在向他使眼色，要他退下。可他一想，若不說，這皇宮就要化為一片白地了，不由硬著頭皮連連磕頭，苦諫道：「皇上，皇上，請聽微臣把話說完。」

李自成獨眼一瞪，說：「你不要再在這裡嘮嘈了，朕還有很多急事要辦！」

李岩伏地不起，磕頭如搗蒜，說：「皇上，皇宮乃窮天下之力，朱明歷二百餘年苦心經營始成，集人文之大觀，為華夏的驕傲，若一火焚之，將為千古罪人，要遺臭萬年！」

此言一出，連一邊的張鼐也驚呆了，李自成更是氣得連連頓足，說：「李任之，你再要說下去，可別怪朕不能容你了！」

張鼐一聞此言，趕緊將李岩一手挽住，狠命地往外推搡，好容易將李岩推到殿外甬道上，才壓低聲音警告說：「任之將軍，你瘋了嗎？你前天一席話，已讓皇上徹夜未眠，你可知皇上剛才已親手殺了好幾個人了？」

說著，就把皇上殺竇妃及宮女、太監的事敘述了一遍，又說皇上眼下心情不好，什麼話都聽不進的，不要再火上加油了。

李岩一聽，不由淚流滿面，仰天長歎一聲，怏怏地走了出來……

4 一把火

甲申年（一六四四）四月的最後一天，距大順軍進入北京才四十一天，北京城又經歷了一次翻天覆地的大變化。

不可一世的大順軍終於狼狽地撤出了北京城，李自成身上仍是那套行頭，仍是那匹烏駁馬，但就連烏駁馬似乎也明白，這是一次失敗的出走，它踩著細碎的步子，從紫禁城出來，立在漢白玉石橋上，竟回過頭，對著巍峨的皇宮發出一聲長長地嘶鳴，那音調，是那麼低沉和悲愴。

李自成尚未離開武英殿，負責放火的張鼐就指揮手下數百人，就分別在後面的東西六宮放火了，他們嫌一處處地放火太慢，便用小炮向充塞宮門的柴草開炮，由炮火去引燃柴火，待李自成走出午門，後面已是炮聲隆隆，美侖美奐的宮殿群落便處處冒出青煙，霎那間，一齊竄出了紅紅的火舌。

他回頭望著這巍巍宮牆，鳳閣龍樓，雕欄玉砌，那紅牆黃瓦，上接雲齊的宮闕，在晨曦的襯映下，輪廓是那麼清晰，色彩是那麼亮麗。其實，長安的秦王府怎麼能與這裡相比呢？他不由感慨系之，心想，這一燒不是向世人宣告，朕再也無力殺回來麼？

看來，李任之的話也許是對的。

行行重行行，逶迤直向西，哪條路上來的，仍從哪條路回去。他們從廣寧門出城，一直朝西南走，中午，隊伍終於到達盧溝橋一帶，李自成下旨，令人馬原地休息，自己仍坐在馬上，不時極目四野，看到的只是一片荒蕪，人民逃散一空，連野狗也少見。

然而，此時的北京城卻正鬼哭狼嚎，遭受到空前的大劫，這一回且是焚林而獵、涸澤而漁——因為他們要走了，不能把好處讓給夷人。

奉旨斷後的李岩，冷冷地注視著眼前的一切。

搜盡民間騾馬，便於馱運物資。這是皇上的聖旨，大順軍戰士遵旨而行，這本是無可說的，但除此而外，金銀玉帛加婦女，便也成了他們搜尋的對象，這以前是專找官宦之家，輪到馬世耀部進城，官宦之家早家徒四壁了，他們便只能向民間搜求，這班人覺得太虧，搜求更狠，且分贓不均，發生火拼，於是，殺人的，不堪受辱自殺的，相互殘殺的，到處發生。

李岩親眼看見手下的士兵在燒、在搶、在強姦，但他無動於衷，他明白，自己這監軍早已徒具虛名，其實，誰怕誰呢？自己若多管閒事，不但無功，反自討沒趣。他只一個勁地叨念著，完了，大順軍完了，李闖王的千秋偉業就這麼完了，那晚君臣的一席談，自己雖剖肝瀝膽，皇上卻只當耳邊風，一切都被宋獻策這個鬼頭鬼腦的江湖術士言中了。

李岩不得不考慮起自己的下半世光景。

自己是徹底得罪皇上了，所謂「指斥乘輿，罪該萬死。」昨天，只差一點點，他就要被皇上當作伺候他的宮女、太監，一起親手砍掉，他與皇上之間的君臣之義，或者說，還有一份友情，已在昨天，隨著即將燃燒的宮殿，統統化為灰燼，皇上眼下是忙，無心來收拾自己，待安定下來，恐怕就要跟他算帳了，此時不走，更待何時？可何處才是自己真正的歸宿？

他忍著絞痛的心，信步來在前門的大街上，大街上，能看到什麼？

「天街踏碎公卿骨，內庫燃成錦繡灰」。

這不是韋莊筆下，黃巢進入長安後的景象麼，怎麼又重現在自己的眼前呢？

這難道就是自己的部下，自己的同僚？這難道就是自己曾經效忠過的事業？

風雲三尺劍，明月一床書。自己本是一個風流倜儻的官宦公子，一個懶散而超脫的富貴閒人，在家鄉的河南杞縣，田連阡陌，廣廈萬間，每日寄情山水，徜徉田園，或與友朋聯詩結社；或與親人登高望遠；過的是妻賢子孝，兄友弟恭，舒適而高雅的生活，為什麼一步步走到這裡呢？

李岩背翦著手，像一個局外人似地在亂兵中穿行。這班人都認識他，卻也毫無避忌，他於是得以仔細地、一個個地看著這班作惡的人，他們都長著一副本份的莊稼人面孔，有的還才十八九歲，有一張稚嫩的娃娃臉，這以前，他們跟著闖王打紳糧，打貪官，攻州破寨，不姦不殺，一個個對百姓和善，親如一家，尤其是看到受苦人，自己的口糧也可分一份出來周濟，自己的衣服可以脫下與人禦寒，可為什麼這麼快就換了另一副面孔，變得如此貪婪凶橫、如此慘無人道、如此不可理喻呢？

應該說，上樑不正下樑歪，是大順朝廷的文武百官沒有帶好頭；或者說，是大順皇帝本人沒有帶好頭——權力使聰明人糊塗，財富改變了人的本性。

這以前，他是懷著對李自成無比的景仰、無比的敬佩才投身於大順軍中的，從沒有因李自成的出身而看低他，在李岩看來，歷史上的開國之君，除了一個李世民是貴族，其餘大多出身草莽，像劉邦、劉秀、趙匡胤、朱元璋，他們一個個身世卑微，起事之初雖也不乏無賴行徑；但識見高超，心地寬廣，能識人，能用人，虛懷若谷，禮賢下士，更難得的是他們不因一時的失利而氣餒，也不因暫時的勝利而忘形；胸懷大志，自強不息。

以史為鏡，比照當前，直想到李自成的過去，想到他以前對自己說過的話。不錯，他只是為了吃一頓飽飯才造反的，慌不擇路，饑不擇食，只要能填飽肚子，死也值得，於是，就揭竿而起。應該說，這是草莽英雄初起時都有的經歷，像陳勝、吳廣；像李密、黃巢，名色不同，行事一樣，他們之所以當不成開國之君，就因為他們本無所謂天下之志，他們只有對富人與生俱來的仇恨，除了報復，除了以眼還眼，以牙還牙，再沒有什麼崇高的目的，李自成當時是這麼說的，後來也是這麼幹的，他可沒有騙自己，是自己看錯人了，把他看得太高太偉大了，要知道，李自成不具備劉邦、朱元璋的氣質，牛金星、宋獻策也遠不是張良、蕭何，他們屬於另一個世界，在那個世界裡，有很多很多的人，陳勝、吳廣、黃巢就是他的朋友，別看他登極時，穿袞戴冕，堂哉皇哉，聰明神武，有模有樣，但剝開來看，仍只是一個牛屎村人！

這一天，在這亂哄哄的北京，在這人人都不能安下心來的日子裡，李岩卻靜下心來，想得很多很遠。

九

攝政王爺

1 皇上早就登基了

吳三桂是在羅公店得知大順軍已撤出北京的消息的。當時喜不自勝，心想，京師終於在我手中光復了，太子也終於找到了，按以前的設想，只要光復京師，自己奉太子即位，號令天下勤王，大清兵就可以退回去了，這本是他的初衷，可多爾袞願當這客串的角色，領一份犒賞走人嗎？

「多爾袞呵，這個鐵腕冰容的攝政王！」他一次次在胸中念叨。

因馬上奔馳追逐，他渾身發熱，頭上冒汗，那一頂尖頂涼帽已推到了腦後，露出的是閃著青光的、新剃過的頭皮。他下意識地摸了摸自己的頂上，滑滑的，光光的，已是一片不毛之地了；再摸腦後，是一條粗壯的、渾圓的辮子。至此，他不由長長地歎了一口氣。

但他不甘心，仍想試一試。

這時，阿濟格率兩白旗也上來了。吳三桂於是對阿濟格說：「王爺，好消息，流寇已退出京師，往真定方向逃竄，貴部何不就此紮營休息，以待後命？」

阿濟格望他笑了笑，轡繩一提，那大白馬突然發出一聲悠悠的嘶鳴，吳三桂尚不明白，阿濟格卻大聲道：「攝政王口諭，平西王聽宣。」

吳三桂不由滾鞍下馬，直直地跪下，朗聲道：「臣在。」

阿濟格面露微笑，緩緩言道：「流寇南逃，不可輕縱。著吳三桂不必進京，迅速南下追剿逃敵，務必一舉全殲，不得有誤！」

吳三桂一聽，心下著忙，雖一邊磕頭領旨，一邊卻喃喃地說：「臣，臣一家老小還——」

「還不知下落」一句尚未出口，便被阿濟格揮手打斷了。阿濟格此時口含天憲，眼中哪有他這個平西王，一聽吳三桂提到家，乃穩坐雕鞍，將吳三桂上下打量一眼，輕描淡寫地說：「得得得，足下已是大清的平西王，流寇還會為你留著那個家嗎？他們連皇宮也要燒，你那父親也要殺，還能不斬草除根？孤看你還是一心殺賊的好，殺盡流寇，既報家仇，又雪國恥，至於那個家嘛，就從頭開始吧。」

說完竟哈哈大笑。

吳三桂不由又摸摸頂上光頭，開始仔細咀嚼這「從頭開始」四字的含義。

看看前鋒已到通州，這裡距朝陽門不過四十里，他的家就在東城的燈市口附近，放馬馳去，不用半個時辰。父親已死，屍骨無存，可家中還有繼母、妻子，還有愛妾陳圓圓，和她手繪的「月圓花好」的畫，眼前不由浮現起陳圓圓那期待的眼神，那一段蜜月柔情，令人銷魂奪魄，那個玉人兒現在在哪裡呢？想到此，他真想立馬騰空，直尋到天涯海角。

然而，攝政王的口諭，誰敢違抗？清兵是自己請來的，請神容易送神難！再說，自己已剃髮降清了，剃掉的頭髮還可以再長出來，臣節一旦失去，便永遠地失去了！

想到此，他不由長長地歎了一口氣。回望阿濟格，正虎視眈眈地盯著自己，而阿濟格身後，是一眼望不到邊的、刀出鞘、箭上弦的兩白旗鐵騎……

看樣子，多爾袞是不會讓自己進入北京了，流寇雖敗，大明仍是亡了，自己若不能護送太子進京登基，那就不如不進京的好。不然，有何面目見京城同僚，有何面目去對大行皇帝靈櫬？想到此，只好咬咬牙，下令全軍由通州而大興，直插盧溝橋、良鄉，幾乎是繞北京城東南邊而過。

可憐的吳三桂，此時真正嘗到有家難奔、有國難投的滋味了。

北京的居民卻不知這些。第三天，最後一小隊大順騎兵也撤走了，留下這座破敗的、仍在燃燒的城市，驚恐之餘的他們，就像老鷹飛走之後的雞群，從草地鑽出來，啁啾著，拍著翅膀，慶幸自己的劫後餘生。

此刻，在他們心中，吳三桂是個大大的英雄，因為他們早已讀到了以吳三桂名義發布的、號召他們討賊的告示，眼下賊兵終於撤走了，是吳三桂將他們打跑的。吳三桂即將奉太子還朝即位，有消息說，大隊人馬已到達通州。

這時，明朝的巡城御史不知從哪裡鑽出來，指揮眾人救宮中大火——前面三大殿中，因李自成住武英殿，直到火起時才離開，所以，武英殿碩果僅存；而天子正衙的皇極殿和文華殿以及皇帝日常起居的乾清宮，卻是大順軍放火的重點，塞在那裡的柴草最多，燒得最透，三天三夜的燃燒，已成為一片瓦礫；後面的東西六宮火勢稍斂，經人搶救，保存了一部分，但烏焦巴弓，已不能看矣。

救過宮中大火，前門東江米巷的江浙幫便集資買棺木、設靈堂，為吳家的「滿門忠烈」發喪；另一班人則頭纏白布，有條件的更是一身重孝，為可憐的崇禎皇爺舉哀，之後便搬出從火中搶出的、已燒得殘破不堪的鹵簿、儀仗，一齊擁到朝陽門外，望塵羅拜，迎太子還朝。

金之俊也夾在這些人群中。范景文等人死了，殉君殉國，節烈凜然；陳演、魏藻德等人被砍了頭，但他們生前向李自成稱臣，歌功頌德，廉恥喪盡，就是一死，也不足蔽其辜。而他金之俊呢，可也是曾經跟著上過表、勸過進的啊，一想到這些，他便汗顏，覺得自己沉吟不決，臣節有虧，草間偷活，縱比鴻毛也不如。

這時，曾應麟來邀請了，自從他去牛金星府上投了職名狀，又去宮門遞了勸進表，曾應麟就和他斷了往來；後來，二人在劉大將軍府上一同被挾棍伺候，算是共了患難，今天曾應麟盛情來邀，金之俊心中雖然有愧，但轉念一想，眼下流寇終於敗了，太子還朝，大明中興在望，是非功過，自有後人評說，去接太子還朝是應該的，因為自己欠了朱家的。

他終於拖著兩條被夾棍夾傷了的腿，一步步挨到了朝陽門外。在眾多的歡迎人群中，他又一次看到了上勸進表十分熱心的周鍾、史可程，和楊廷鑑、陳名夏等癸未科三鼎甲。

因鑾駕尚不見蹤影，這班人等得無聊，便又聚在一起議論時事了。這回不是稱頌李自成，而是破口大罵這個反賊，而以往對李自成用過的頌詞，又反過來加在吳三桂的身上了，雖沒有說「比堯舜而多武功，邁湯武而無慚德」，但也說他挽狂瀾於既倒，救大明於垂亡，是大明中興名臣，不愧為忠良之後。

就這麼自我歎息，自我欣賞，相互恭維，對著鏡子作揖，聊著聊著，不想有人在喊：「來了來了！」

眾人停止議論，一齊向東方望去，只見十里堡方向，柳枝掩蔭，人影幢幢，官道上，塵土大起，分明是有大隊人馬，在向這邊挺進。

眾人按捺不住興奮，乃按品級分跪大道左右，還有一班虔誠的商人，他們因飽受劫掠，也希望看到大明的中興，也出來迎接太子，因是布衣，便遠遠地跪在大臣們的屁股後邊，都素幘孝衣，一眼望去，朝陽門前一片雪白。

十里路轉眼就到了。只聽得一陣鑾鈴聲，獵獵的軍旗飄動聲，車輪的軋軋聲，刀劍碰撞聲，由遠而近，幾匹開路的頂馬急馳而過後，便是整齊的馬隊碎步踏地聲，眾人都屏住呼吸，不敢仰視。

過了許久，金之俊耐不住了，乃把頭稍稍抬起一點，這一眼，就瞅見騎馬人手中的金瓜斧鉞，那是天子鹵簿之一，看來，分明是御駕到了，他猛地抬起頭，想喊一聲「萬歲」，待定睛細看，行駛在面前的，果然是一輛垂著黃色帷幕的金根龍輦，車簾掀起，裡面端坐一人。千真萬確，這人已三十歲左右，頸下三綹青鬚飄飄——太子不才虛歲十七麼，怎麼會這麼顯老相？

金之俊正納悶間，他的前後左右也有人瞥見御駕了，他們也有心存疑惑的，也有不顧一切的，這時，有人竟喊起「萬歲」來，一隻鳥兒叫了，便有百隻鳥兒應，於是，百鳥和鳴，齊稱萬歲。車中人沒有顧及這些，既不停車，也未減速，一個勁地直奔城裡，眾人待車駕過後，便一齊自動起身，跟在車駕後面進城，一路歡聲笑語，一路齊頌聖德，直跟到了餘燼未熄的紫禁城。

按說，太子復國，眾臣恭迎，鑾駕應該在城外停下來，接受群臣的朝賀、問候，算是君臣初見。可此時鑾駕並沒有停，仍一個勁直奔宮裡，直奔宮裡也可理解：此時城中及歡迎人群中，誰也保不住沒有流寇餘黨，或心懷不軌之輩，出警入蹕，不能不慎。

可百官們不知，就在百官在城外「接駕」時，大隊八旗勁旅已分別從東直、安定、德勝等城門進來，佔據了各通衢要道；另有正藍、正紅等旗，分南北兩路，直取密雲、宛平、大興、房山，控制了北京四郊及九城的各處要地，城頭上，大清旌旗獵獵，刀光耀日，八旗鐵騎已完成了對北京城的佔領。

皇帝的法駕鹵簿由前門棋盤街進大明門，從午門直達端門，御輦直進到大內。追隨車駕的前明文武百官們，在午門前被擋住了，他們向這班衛士解釋，說是進宮向新皇帝問安。可這班大兵都一個勁搖頭，開口卻是他們聽不懂的滿洲話。

直到這時，他們似才發現，像主人一樣在行使權力的，沒有本國官兵，吳三桂不見蹤影，哪怕就是他的舊部也不見；隨扈的官員個個紅頂花翎，穿的是馬蹄袖袍褂，且腦後拖了一條大辮子的客軍。

客軍怎麼可以住宮中呢？這不是反客為主了嗎？眾人心中一團亂麻，打理不清，但他們都明白，麻雖亂，頭子就捏在吳三桂手上，只要找出這個吳三桂，向他提出質問，真相便不難大白了。於是，他們分頭尋找吳三桂，要向他問清楚，這究竟是怎麼回事？但吳三桂何處可尋，燈市口的吳府，已遭滅門之禍，收斂死屍下葬，都是別人在代勞呢？

史可程一眼瞅見金之俊，便湊了上來，低聲說：「豈凡兄，你見多識廣，可看出了什麼門道？」

金之俊陰沉著臉，不置可否地搖了搖頭。

就在剛才隨駕進城時，他便留了神，護駕的全是辮子兵，吳三桂的寧遠兵連影子也看不到。這以前，曾有消息說，吳三桂是借了滿洲兵，才打敗李自成，眼下的一切，似乎已證實了這些傳聞；但借兵的條件是什麼，打敗流寇後，辮子兵何時撤走？他們都不得而知。當時金之俊心中，隱隱然就有一種不祥之感，心想，辮子兵本是大明宿敵，吳三桂能請得來，未必就能退得去，眼下看來，這種不安絕非無因，皇宮已為辮子兵所佔，憑常識也知道，皇帝的後宮是只能住一個男人的，那個三綹鬚的男人不出來，太子便不能住進去。

曾應麟也湊上來，悄悄地評論說：「借兵平亂，只怕後患無窮。」話未說完，金之俊便連連向他使眼色，又向宮門口努了努嘴，他一看，宮門口站一排帶刀侍衛，都是辮子兵裝束，正虎視眈眈地望著他們，不由把想說的嚥下去，只說：「再看，再看看吧。」

這一天就這麼過去了，留給死裡逃生的前明官員的是一個大大的疑團。還是周鍾有主意，第二天，便由他又一次發起「勸進」。他說：「流寇西逃，國不可一日無君，眼下太子還京，當務之急是我們應上表勸進，請太子速正大位，然後詔告天下。」

周鍾對李自成勸進，眼下又對太子勸進，金之俊明白，周鍾的勸進，只是為了頭上的烏紗，沒有皇帝，哪來百官？但他又不得不承認，此番這「勸進」，確實是投石問路的好辦法。因為太子若被挾持，此時便應該有人出來明白交代，瞞不住也捂不下，只要太子能正式登基，大明便沒有亡，他們這班人也就有了主，辮子兵是吳三桂請來幫著討賊的，那麼賊已退了，客兵也就沒有必要留下了——至於酬謝，新皇帝登基後，什麼都好商量。

想到此，他馬上回應，並說服曾應麟附議，三人分頭串連，百官終於被發動起來了，第二天辰牌剛過，前明的文武百官又齊聚宮門。

此時東華門外，儀衛盛陳，一如昨天的光景。這班人也不理睬護衛，卻要去朝房相聚，先議勸進用單銜還是聯銜，後議由誰主筆，但護衛不讓進，眾臣正吵吵嚷嚷辦交涉，就在這時，宮門忽然大開，從裡面走出兩位官員，都身著滿洲官服，一個頭戴紅頂花翎，穿玄色袍服，另一個卻是戴藍翎，穿藍色袍服，見眾人在宮門口吵鬧，紅頂子便向前詢問：「各位因何在此爭吵？」

眾人一聽他說的是漢話，不由高興，周鍾趕緊上前，躬身一揖，說：「請問尊姓大名，怎麼稱呼？」

紅頂子官員也雙手一拱，說：「別客氣，鄙人范文程，字憲斗，足下呢。」

眾人一聽眼前就是范文程，不由都圍上來，將他上下打量一番——這個名字在明朝也是很響亮的，都知道他是漢人，但早已降清，最受滿韃子老憨王信任，官拜清國的祕書院大學士，算是王猛一流人物，但眼前這個「王猛」卻斯斯文文，和靄可親，不失書生本色。

周鍾於是也自報家門道：「鄙人周鍾，字介生，南直金壇人。」

范文程忙說：「復社名士，久仰久仰。」

周鍾一見范文程連自己的履歷也清楚，不由高興，在他的介紹下，范文程又和眾人一一相見。前明文武百官見范文程態度和善，不由都和他親近，金之俊正想向他打聽太子的消息，不想范文程先開口問道：「各位來此，所為何事？」

周鍾搶著說：「流寇雖敗走，但國中無主，當務之急，莫過於請皇上迅速正位，我們就是因此特來上勸進表的。」

范文程一聽，露出一副莫名其妙的樣子，說：「皇上已於上年八月登基，諸君勸進，從何說起？」

眾人一聽，更加莫名其妙，只有金之俊已聽出了名堂，他上前說：「范大人所說，可是貴國的大汗？」

范文程說：「是啊，不過，我大清早已不稱汗而稱帝，大行皇帝於去年八月龍馭賓天，乃由各親王大臣共同擁立當今皇上登基，以和碩睿親王為議政王，後改為攝政王，改年號為順治，以今年為順治元年；上先皇帝尊謚曰應天興國弘德彰武寬仁聖睿孝文皇帝，廟號為太宗，不過，這都是去年的事了。眼下是攝政王奉旨統率八旗入關，主持一切政務，昨天入城理事，正所謂大局初定，經緯萬端，各位何必著急呢？等開過御前會議，安定好民心，才能議及用人行政等大事，不過，你們也不要急，但凡前明臣子，只要不是劣跡斑斑的，大抵都可錄用，並官復原職。」

范文程侃侃而談，有根有據。眾人這下總算全明白了，不由一個個大眼瞪小眼，一齊呆在那裡，曾應麟不甘心，又向范文程躬身一揖，問道：「某有一事不明，請不吝賜教。」

范文程笑盈盈地說：「一殿之臣，何必客氣？」

曾應麟對這「一殿之臣」之說，有些接受不了——當初他就不曾降李自成，自然更不願降夷人，但眼下事態不明，太子下落不知，又怎能計較？只好裝作沒聽見，乃直奔主題：「聽說，平西伯只是向貴國借兵平亂，眼下帝后雖已殉國，儲君仍安然無恙，眼下流寇西走，國事蜩螗，平西伯不奉太子臨朝，卻去了哪裡？」

范文程這回可要板起面孔了，他上下打量著曾應麟，說：「足下所說的平西伯姓甚名誰？借兵之說，從何說起？」

曾應麟說：「平西伯姓吳，諱三桂，字長伯——」

尚未說完，范文程連連搖手說：「我知道了，足下所說的是大清的平西王。平西王自降我大清，深受攝政王爺信任，眼下已統大兵，奉旨南下追殲流寇，卻從未聽說借兵一說。此番我大清為崇禎皇帝報仇，興兵討賊，此乃上應天命下順民心之舉，足下既已降我大清，且於城外迎攝政王入城，便是識時務者，難道不知有些話，是臣子不宜出口的？」

旁邊的金之俊一聽，還有什麼不明白的，他上前一把拉起曾應麟，回頭就走。

不想就在此時，宮門再次大開，裡面走出一人，年約三十，頭戴鏤花金座鑲大東珠的帽子，三眼花翎，身穿寶藍四爪團龍袍服，精神抖擻，氣宇軒昂；身邊八個侍衛，一個個都是紅頂花翎，黃馬褂子。眾人一見，不由紛紛後退，這人卻不理睬這班官員，只大步走上前，直奔金之俊，並用漢話大聲叫道：「金先生留步！」

金之俊聞言，回頭一望，一下驚呆了。

2 奇遇

世事變幻，白雲蒼狗——金之俊真像又做了一場夢。

五年前南下遇險，虧龍氏兄弟相救；去年底，前門茶樓一晤，縱論古今；這樣的會晤，在人的一生中，其短暫，真如白駒過隙，轉瞬即忘，可他萬萬沒有想到，就是這兩次邂逅，卻給他的人生造成如此大的影響，可以說，給他帶來命運的大轉折。

原來叫住金之俊的竟是龍之駿。金之俊著實吃驚不小：曾應麟當時就說過，龍氏兄弟不像普通人。眼下一看他這一身服色，以及身後這八個威風赫赫的侍從，便不能不佩服曾應麟的眼力——他們原來上演的，是一齣白龍魚服的故事，那麼龍之驤是誰，也不難猜著了。

龍之駿卻不顧金之俊的猶豫，當眾宣布道：「攝政王口諭，宣兵部侍郎金之俊上殿。」

剛才從范文程口中，他已知道，目前大清國主政的就是攝政王，切確地說，這個攝政王，已是眼下北京城的主宰了，可當著前明的文武百官，這個攝政王放著好些地位比他高的、心甘情願想圖上進的人不見，卻單獨召見自己，金之俊真不知是受寵還是受辱，心裡也說不出什麼滋味。但這個「龍之駿」卻遠不似昔日的和靄，當著文武百官，頗有些公事公辦的味道，只見他臉板著，手一擺，略彎一彎腰，向金之俊說：「請。」

於是八個侍衛把身子一轉，金之俊就被夾在中間，有些身不由己，那腿桿像不由他主宰似的，竟然邁動了，就這麼一步步走進宮，一直走到武英殿邊上一小閣子前，只見領班的侍衛大臣大聲唱道：「金之俊候旨！」

金之俊正在想著自己的身分——什麼身分呢，他曾是大明的兩榜進士、兵部侍郎、昌平巡撫；可後來又降了流寇，雖未授職，且被流寇的夾棍夾傷了雙腿，可牛金星的丞相府裡，確收過他投遞的職名狀，宮門勸進，他也確實側身其間，這就像一個女人，已和丈夫以外的男人上過床了，眼下是什麼身分？是不尷不尬的前明遺老，是一度降賊的大順餘黨，那麼，還見不見這個攝政王呢？就在這時，只見簾子一掀，剛才他們迎進城的那個「三綹鬚」竟親自迎了出來，笑容可掬地立在階沿上。

朝陽門外匆匆一瞥，金之俊不可能看清，也不可能由此及彼地聯想，眼下卻是一眼就認出，此人正是龍之驤，他一身袍服及頭上戴的比弟弟「龍之駿」更威武，更氣派，那神態，你不信也得信，他根本就不是什麼藥材商人，而是數次率兵內犯、眼下又成了這紫禁城的主人、也是即將主宰中華的主人——大清國攝政王多爾袞。

金之俊進退兩難，心想，真是出門便碰鬼打牆，自己怎麼就與這兩兄弟有緣呢？當初降流寇，千真萬確，上天可作證，自己是被人拉著，為保一門老少；再說，李自成固然是「賊」，總還是漢人，可面前的卻是夷人，今天若是降夷，自己便是漢奸，且為百官先，眾目睽睽，眾口嘖嘖，我能嗎？可攝政王已迎在台階上了，又豈能退回去呢？

就在他進退失據、舉步維艱之際，攝政王卻主動向他打招呼了。他仍像過去那樣，笑盈盈地向金之俊拱手，說：「金先生，還記得在前門茶樓時，您引用孟夫子語錄，說虞舜、文王以夷人得志，行乎中國的話嗎？先生真是早知天命、通達古今啊！」

金之俊此時顯得有些木強不靈，他仍呆呆地立在那裡，不知該不該回禮，該不該回話，該不該進去。

攝政王卻顯出無比的寬仁，他笑呵呵地上前，一把拉住金之俊的手，說過別後情景，又指著一邊的「龍之駿」說：「這是舍弟多鐸。」

原來此人就是聞名遐邇的和碩豫親王。金之俊不由回頭向豫王望了一眼——四年前，就是這個豫王，遠遠地一彈丸，從刀下救了他的性命，那時，他是一個爽朗、率直，像是才出道的毛頭小夥；五個月前，他們在前門茶樓相遇，豫王袖流星錘，砸地一個坑，頗有些博浪刺秦的派頭；可今天卻大不相同，剛才在宮門前招呼，面色呆板，毫無表情，這當然可以理解，因為當著百官之面，他不再是「龍之駿」了。

想到此，金之俊不由不佩服這兄弟倆的沉著和睿智。

金之俊在沉思之際，多爾袞也在邊打量金之俊，邊在思考眼前的事情——軍旗獵獵，一直向西，他們自山海關得手，幾乎是一路暢通無阻地進入北京城，多爾袞一步跨進巍峨的紫禁城時，亢奮之情，溢於言表。

大順軍火焚皇宮，燒了三天，放眼望去，宮牆道道，已成一片瓦礫場。但皇宮畢竟是皇宮，就是斷壁頹垣，也不是民間景象。走天街，過玉石橋，宮門華表依舊，御河翠柳依然，門樓雖毀，門牆仍不失森嚴；大殿化灰，基座猶宏開廣宇，更何況中間還有一座完整的宮殿沒有燒，這就是李自成駐蹕的武英殿。

他沒有休息，進宮後仍坐在馬上，由多鐸及洪承疇等人陪同，先巡視這空寂的皇城，邊走邊聽洪承疇指點、介紹，由前面的三大殿至後面的東西六宮，眼前雖是一片牆傾壁倒的殘破景象，但它那迴旋反覆、鉤心鬥角的規模和氣勢，卻是無法燒毀的，哪怕就剩下半邊殿角或一爿殘牆，也可看出它的超常、它的大器，和由此而產生的震撼。

真不愧為中原大國啊！

看到它，可以想像出居住其中的主人，那種併吞八荒、囊括四海、唯我獨尊、不可一世的心理。然而，眼下這一切，卻全歸大清所有了，這可是父兄兩代人夢寐以求、可望不可即的啊！流寇雖一把火將它燒成這樣，滿以為我們便拿它沒辦法了，可我一定要將它恢復，讓它比原來的更好，更漂亮！

想到此，他心中不由升騰起一股蔑視一切的豪邁之氣。

眼下的北京，雖由八旗控制九門，暫時還沒有發生反抗；他們進城，且受到了前明文武百官焚香頂禮的恭迎。他明白，這只是一場誤會，這一班文武百官，迎的不是他，而是他們的太子。眼下，這騙局像一場賭博，就要「揭寶」了，那些把自己的籌碼押在明朝復辟希望上的官員，那些對大清懷著十二分仇恨的百姓，一旦明白過來，一定會呼天搶地，不顧死活地要與他們拼命的，眼下看似平靜，說不定正在醞釀一場大的反抗，更何況流寇逃得並不遠，吳三桂跟在後面緊追，一旦失誤，流寇仍可捲土重來……

滿洲巴掌大的地方，充其量才幾十萬人口，八旗全數上陣也不過十幾萬人，可要面對的是億兆漢民，他們要是以命相拼，就在這北京城，也是危機四伏！

多爾袞想，此時此刻，要利用一切可利用的人，要利用一切可利用的機會，刀、筆、嘴皮子都可，先盡量把這大局穩定下來再說。

這時，多鐸上前為他們打起簾子，多爾袞卻仍緊緊地拉著金之俊的手，一直沒有放下，就這麼拉著，將這個木頭人似的金之俊拉進了閣子。

武英殿雖逃一劫，卻無復昔日莊嚴，寶座、屏風不見了，香筒、香爐不見了，金漆木雕的台座被毀，御榻及八個大龍櫥全被掀翻，殿柱上一道道的刀痕，那是大順軍在撤走時，欲罷不能的發洩，所有御用器皿及擺設一概全無，只有從民間回來的內監們，臨時找來的、幾把東倒西歪的椅子。

攝政王將金之俊拉進來，四面掃視一眼，顯得有些侷促不安地說：「金先生，流寇也真狠心，這麼好的宮殿，就忍心如此焚毀，沒法子，我們只能將就了。」

說著，和多鐸從裡面拖出幾把椅子，成品字形擺了，自己坐了上面，讓多鐸坐在左手邊，卻把右邊來讓金之俊。

金之俊走進宮門，眼望一片狼藉，銅駝荊棘之感，油然而生，攝政王的話，更加深了他的沉痛，也增加了對流寇的痛恨。眼下流寇雖去，清兵又來，沒有流寇的肆虐，何來外敵的入侵？身為人臣，能無責任，國破如此，夫復何言？

他越想越心痛，那眼淚就像斷了線的珠子，撲簌簌直往下流。攝政王只好來拉他的衣襟，讓他坐下，又勸道：「金先生，國事蜩螗，百廢待興。你是個有主意的人，還是坐下來，大家出主意想辦法，如何來挽救這個國家，挽救可憐的百姓。」

是的，十多年來，風起雲湧，紅鬍子殺進，白鬍子殺出，為爭當皇帝，強人們把百姓不當百姓，把國家不當國家，這個國家早已是破敗不堪了，百姓是再也承受不了這種苦難了，多爾袞這句話說到點子上，看來，他不似李自成一流人物，若真能統一中國，真能像他說的，自己又何必心存夷漢的畛域？

他有些動心了，然而，滿目瘡痍，究竟從何著手？

多爾袞又一次提到了往事，說：「金先生，五個月前，孤向先生請教時政，先生說，大明不亡，是無天理。不想這一切竟全被先生說中了，先生真是洞察毫末，明見千里呀。」

一聞此言，金之俊不由又感慨系之。

是的，當時他確實引用過孟子的話，也說過眼前這句，不想一一被多爾袞當成了口實——那是一時的憤極之言，哪裡是盼大明亡國呢？哪裡是認可夷人的入侵呢？他只恨崇禎自以為是，不納忠言；只恨做臣子的樂於門戶之爭，不把國家放在心上；只恨閹黨死灰復燃，一心傾覆社稷，陷害忠良；那種恨，是恨鐵不成鋼的恨，是孤臣孽子報國無門的恨！

想不到今天，言猶在耳，事已違心。且不說蓬蒿滿目，遍地哀歌，就是帝后殉國，草草下葬，那是何等的淒涼和無奈？想到此，才收住的眼淚，又一次噴灑而出，只見他牙一咬，心一橫，雙腿一屈，竟直挺挺地跪倒在多爾袞面前，一邊連連磕頭，一邊放聲痛哭說：「孤臣逆子，敢冒萬死，為殿下一言：我大明大行皇帝功過，後人自有評說，往事不要再提，眼下帝后殉國，節烈千秋，做臣子的都不曾盡禮，這是最讓人心痛的。生前為敵，死不尋仇，互通弔慶，且是春秋大義，為此特請殿下為帝后發喪，並准全城官員、百姓為大行皇帝帶孝盡禮，此舉不但可彰大清之厚德，也可從此收拾民心。」

金之俊說完，率性嚎啕痛哭，這一哭，把自己所受的委屈全搭進去了，果真是「淚添九曲黃河溢，恨壓三山華岳低」。

多爾袞和多鐸也被感動了，一個個面色慘然。好半晌，多爾袞才開言說：「先生休要悲傷，過去的就讓它過去吧，崇禎身後的安排，孤悉聽先生之議，凡是能做到的，盡量滿足先生的要求。」

金之俊說：「大行皇帝已草草下葬，當時闖賊有令，所謂『帝禮葬，王禮祭』。可時局洶洶，哪能有什麼帝禮？一代君王，就葬於田貴妃的墓中，當時迫於流寇淫威，既未發喪成服，也未祭奠受弔，大臣們甚至不敢去哭靈。」

說完又哭。多爾袞不由說：「金先生，孤真的被你感動了，你真是明朝的申包胥啊，你說的孤都照准，孤敢說大明雖亡了，可有先生這樣的讀書人，中原的傳統與文明，一定會代代相承，永遠不會湮滅。」

其實，就是沒有金之俊之請，多爾袞也打算要為崇禎皇帝發喪的。為明朝作總結的，只能是大清，大清本是應吳三桂之請，打著為崇禎帝報仇的幌子進關的，禮葬崇禎，可表示一個朝代的終結以及帝位的嬗替，再說，這也確實是收拾人心的大好機會，眼下這個人情送給金之俊了，算是酬謝故人吧。

金之俊從宮中出來時，便已意識到自己陷入進退兩難的境地了。

他其實早已萌生退志。二十歲出頭便中進士、點翰林，應該說，他算是文運亨通。可生逢末世，就消磨在冷曹閒衙，不曾風光過一天，更不用說「一展平生抱負」了。至崇禎末年，國事日非，可他這個大臣不被重用，一直是投閒置散，有心報國，無力回天，直到流寇欲來時，他才獲外放，在昌平當了一天巡撫，然後厄運踵至，直到被流寇酷刑逼贓，只差一點就被劉宗敏的夾棍夾死。

眼下，他終於可以不死了，天緣巧合，胡人的攝政王，居然與他「有舊」，這在一個熱心仕途的人看來，是多麼難得的君臣際遇啊，可此時的金之俊卻顯得心灰意懶。廿年奔走長安道，他自覺已是一匹駑馬，厭倦了官場的爾虞我詐、送往迎來，面對毀譽，他已是曾經滄海。更何況大明已是徹底無望了，若還不知進退，便真是沒有自知之明。

可萬萬沒料到的，便是今日與攝政王在武英殿的一會，卻使他徹底地改變了主意——人與人的交往，或白首如新，或傾蓋如故。他覺得，他對攝政王的了解，就屬於後一種，這個胡人的「憨王」，真是一個非同尋常的人物，只有短短地交談，金之俊便發現，此人正是他心目中的英雄，不但志存高遠，目光敏銳，且是那種有決斷、有魄力的人物，他相信，此人一定能掃平群雄，速定天下。一旦得出這個的結論，他便馬上想到了自己的去留，你不是深感懷才不遇嗎，既然攝政王如此看重，雲從龍，風從虎，正其時也，又何來舉步趑趄？

但千不該萬不該，這個攝政王不該是個胡人。一個洪承疇已被千人指背、萬人唾罵了，我豈能步其後塵？

縱觀天下，放眼將來，多少忠臣烈士，必將滿懷希望地為中興大明而努力，為光復漢室江山而拋頭顱、灑熱血，那麼，自己能腆顏事敵嗎？

攝政王看出了他的猶豫，他把金之俊一直送到甬道上，直到握手告別，卻沒有向他提授職的事。他們仍像是朋友，就像那次在前門茶樓相見一樣。他明白：攝政王不強人所難，他在等待。

不想回到家中，立時賀客盈門。

盼著吳三桂殺退流寇，卻不想流寇雖退去，卻迎來清兵。滿韃子四次入寇，在京畿一帶殺人盈野，搶掠一空，這些活生生的事實，是任何人也不會忘記的。眼下這個吳三桂卻把他們迎進來了，這真是前門拒虎，後門進狼——前明的文武百官，當得知九城全是清兵，紅衣大炮已架在頭頂上時，一個個不寒而慄。

他們會不會屠城？會不會像流寇一樣要追贓，或者說是抄家、搶掠？更令人心驚膽戰的是會不會強姦？

劫後餘生的官員們，就像在淒風苦雨中抖索的寒號鳥，哪怕眼前有一片樹葉，他們也會要擠在下面，以求得庇佑。終於，他們從曾應麟的口中探聽到了金之俊與攝政王的這一段因緣，於是，大家不惜撞木鐘、燒冷灶——爭先恐後來拜會金之俊，想在他這裡求得一絲庇蔭。

第一個求見的便是周鍾。這個復社領袖一進來，先是朝金之俊一揖到底，說：「金老師，大喜大喜！」

金之俊明白周鍾所為何來，不由歎了一口氣說：「介生，你這是發什麼瘋癲？」

周鍾涎著臉笑著說：「老前輩，你真穩得住啊！眼下滿朝公卿，誰不知老前輩與大清攝政王為知交？這真是石頭也有翻身日，鏽釘也有放光時。你前三十年不為崇禎待見，可後半輩子卻吉星高照，運轉鴻鈞。試想，有攝政王看好，這不就是我們平日常叨念的『簡在帝心』嗎，這可真是難得的機遇啊！」

金之俊明白，自己不想見的一幕終於來了，處此情形之下，他很理解這班人的心，既同情，又討厭，真想把他們都驅逐出去。可一想，他們曾是同朝共事的啊，若做得太絕，後果更難堪。於是，只好忍著氣，把自己與多爾袞的相識，及剛才談的內容說了一遍。周鍾一聽為崇禎發喪，不由連連點頭說：「這是應該的，這是應該的，老前輩真是做了一件大好事。」

但周鍾對攝政王並未許他的官爵一說，始終不信，乃一邊搖頭一邊說：「老前輩有此際遇，飛黃騰達自有日，何必急在一時呢？再說，事涉密勿，晚生也不便打聽，只是老前輩得意之日，可不要忘記鞍前馬後的晚生啊！」

說這樣的話，周鍾自己不以為然，可金之俊聽著，卻感到連自己也沒臉色。心想，若論阿諛諂媚，比這更甚的事周鍾也做過——他連勸進表上那樣的文章也寫得出，當面奉承我幾句又算什麼？

沒奈何，他費了好多口舌，才把周鍾打發走。周鍾前腳出門，史可程、陳名夏及楊廷鑑三人又連袂而至。進門同樣是向他賀喜，不過，他們沒有像周鍾那樣，露骨地提出要他提攜，他們雖也熱心做官，且不管是做滿人的官，還是做漢人的官，也希望他能提攜推薦，但卻掩飾著，拐彎抹角地說出來；另外，也說出他們的擔心：清兵會不會殺人？因為有消息說，清兵並無久佔北京之意，準備大掠一番後，便仍退守遼瀋或山海。

對這些謠言，金之俊頗費躊躇。說什麼呢，他肚內尋思，覺得自己很為難。若實話實說，那就是多爾袞絕非等閒之輩，此番入關，有亡我中華之志，絕不會就只大掠一番，半途撤兵，可那樣一說，豈不顯得我早已預聞其事，是同謀。若說清兵無意中原，眾人定會朝搶掠方面想，認為清兵不會就這麼走，準會大掠一番，這不是自己在傳謠麼？

左右為難，金之俊不能自圓其說。

真正讓金之俊感到難堪的是曾應麟。他是掌燈時來的，一見面那笑容便有些勉強，接著話鋒一轉，立刻說：「豈凡兄蒙清主單獨召見，可遇上洪亨九了？」

金之俊見了曾應麟，面上便有些澀澀的，眼下他又提到洪承疇，便明白後面要說什麼了，本是同聲相應、同氣相求的好友，五個月前，一同憑弔袁崇煥，那一種對忠臣義士，高山仰止的情景，記憶猶新，不想今日開口便是譏諷，他只好忍氣吞聲地說：「玉書，你想說什麼就說罷，我候著。」

曾應麟冷笑著說：「想說什麼？我是來挽救你的。已往之事，不必說了，那是被迫無奈，可眼下何去何從，你可要想好啊！」

曾應麟特地把個「從」字念得很重，金之俊明白，這是說他已從過賊了，眼下可不能從清，金之俊沉吟半晌，不由長歎一聲，似是自言自語地說：「唉，崇禎皇帝龍馭上賓，東宮太子下落不明，這大明還不是徹底完了，你、還有我，孰凶孰吉，何去何從，何去何從啊，你說？」

曾應麟見他如此軟弱，如此絕望，不由冷笑一聲說：「日月雖殞，爝火尚存，我不信堂堂大明江山，竟拱手讓於小小夷虜。眼下史道鄰在江南誓師討賊，很多大臣都紛紛南下，陸路雖然不通，但可從天津走海路，就在昨天清兵進城後，左中允李明睿見勢不妙，已出城走了，眼下連史可程、周鍾也在做準備呢，我已打定主意，明日便動身，你如有意，可和我結伴同行。」

一聽邀他去投史可法，而且連史可程、周鍾這樣的人也打算走，金之俊不由心中一動，心想，為個人名節計，若要擺脫困境，曾應麟指出的，也許是唯一出路，但史可法是那力挽狂瀾的人嗎？再說，自己能這麼一走了之嗎？

曾應麟見他在猶豫，不由氣憤地說：「你還遲疑什麼？你捨不下清主這知遇之恩嗎？你想藉此封侯拜相嗎？」

一聽這話，金之俊不由一聲長歎，說：「玉書，別人這樣說猶可，你怎麼也這樣說呢？二十年冷曹閒衙，一官如寄，我幾時在名利面前動過心？」

曾應麟說：「既然如此，你為什麼還委決不下？」

面對曾應麟咄咄連聲的追問，金之俊只好說：「我不是為自己猶豫，我是為天下猶豫。告訴你，如果不遇上這個攝政王，我或許會跟你結伴走，但既然天意已有安排，我便打定主意了。你走吧，告訴你，不論到了哪裡，也不管成敗如何，我相信，我們的心是相通的。有道是：不有去者，無以彰忠烈；不有留者，無以救蒼生。」

曾應麟顯然並不理解，乃連連冷笑說：「好吧，道理我都說了，這不單是國家興亡的事，是關係到民族大義，個人氣節的大事，你若執迷不悟，我可要走了，我祝你萬事如意罷。」

說著，甩手出門。

金之俊默默地跟在後面，直送到大門口，望著曾應麟的背影，不由心如潮湧，百味叢生，只好一個勁地默念道：玉書，你走好啊！

3 多爾袞的難處

多爾袞望著金之俊遠去的背影，不由陷入沉思。

他對金之俊仕明的履歷，早有了解——此人在崇禎時，並不被器重，冷板凳一坐二十年，霉得臉上起了一層冬瓜灰。可崇禎死了，金之俊卻在自己生命尚不能保證的情況下，為崇禎的身後事如此操心，如此悲傷。他想，這大概就是漢人的所謂忠孝節義罷，五寸之矩，可正天下之方——孔夫子一句君君臣臣父父子子的話，竟然使天下人奉為圭臬，且兩千多年來，恪守不逾。當皇帝的親親尊賢，做臣子的盡忠竭智，就是一個家庭，也是父慈子孝，兄友弟恭，男子可殺身成仁，女子餓死不失節，於是，普天之下，揖揖讓讓，秩序井然，這全仰仗儒家的親和力與凝聚力啊！

父皇努爾哈赤說過，孔孟之道，乃萬世不易之至理，為中國人的不二法門，統治中國，治理中國人，非孔孟之道不可。

多爾袞對此說深以為然。也清楚父皇那一份苦衷，這以前的外族人，像金人、蒙古人都一度入主中原，他們雖是孔孟所指斥的夷人，但也無不拜倒在孔子腳下，定鼎中原後，不但以孔孟之道治國，且衣冠制度、文物典章，無不亦步亦趨，且大修孔廟，頌揚聖人，循規蹈矩，以恩被大漢的詩書禮樂為榮，眼下，大清入關了，也只能照著前人的路走。

多爾袞想，我們大清才幾十年歷史啊，這以前尚茹毛飲血、刀耕火鋤，子娶後母、群婚亂婚，除了崇奉薩滿教，跳一跳大神，靠它保平安、測禍福、表示敬天法祖，根本就拿不出修身齊家治國平天下的大道理，什麼親親、尊賢、柔遠人、懷諸侯的道理統統沒有，詩書禮樂，文物典章，更不能望漢人項背。從今以後，我們大清入主中原了，作為女真人，作為大金國的後裔，只能走前人走過的路，也一樣的要拜文廟、頌聖人、尊孔讀經，以孔孟之道為治國方略、以孔孟之是非為是非，這就是所謂循規蹈矩，漢人的聖人，早把這條路給我們安排好了，即所謂「夷狄進入中國，則中國之」。不然，天下大亂，自己就會像李自成那樣，從哪裡來的，仍被趕回哪裡去。

那麼，究竟是大清滅了明國，還是孔孟之道臣服了我們大清呢？

多爾袞不由想到了孟子那「用夏變夷，未聞變於夷」的名言，想起尚未進山海關時，十二哥阿濟格便說過的那句話，心中一股不平之氣油然而生。心想，這以前，多少胡人進入中原，雖也有過改朝換代的歷史，可到頭來結局怎樣？還不是如水銀洩地，無影無蹤——全被漢化了。那麼，又說什麼五胡亂華，說什麼金元禍宋呢，到頭來，我們胡人不過枉擔虛名，扯旗放炮、氣勢洶洶地殺到中原來，他們卻只搬出孔夫子便把我們降服了，甚至還會捧著《四書五經》殺到東北去，拓跋氏不是連自己的姓氏也弄丟了嗎？

眼下進關了，行將君臨天下了，做為大清的實際統治者，應怎樣作為，才能使大清的子孫不被漢人吞沒呢？

但任他千思萬想，就是想不出跳出這牢籠的好辦法。

多爾袞不由歎息：自己能指揮倜儻，將不可一世的流寇殺得大敗虧輸；樽俎折衝，玩弄吳三桂等人於股掌之上，可一談安邦治國，竟沒法奈何這孔孟——祖宗不如人呵。

大殿的穿堂風陣陣吹來，多爾袞那額上有了一些寒意。

他一拍腦門，突然想到了自己腦後這一條大辮子，這一身服色——崇德三年，文臣達海曾勸太宗改變服飾，學漢人的樣子，去辮束髮，著寬袍大袖，此議遭到皇太極的痛斥，罵他忘了祖宗。現在看來，皇太極確遠見卓識，一代冠服自有一代之制，怎麼能效法他人呢？若衣冠也學漢人的樣子，那不是滿人臣服於漢人嗎？眼下我們入關了，漢人已臣服於滿人了，衣冠之制，應該統一！

他想，大道理可學漢人的，衣冠之制，就不能讓他們也學我們嗎？就讓我們師從他們的骨架，而讓他們師從我們的皮毛吧。

豫王多鐸一直站在他的身邊，他不知哥哥想得那麼多，只說：「十四哥，這個金之俊真是個至誠君子。」

多爾袞尚未回過神來，好半天才說：「是的，此人將來不妨大用。不過，漢人中，像這類人才還不少，但要收其心則很難。」

說著，他就把自己的想法向多鐸談了。不想多鐸卻認為，此事可放緩一步，不必急在一時——八旗刀不血刃，便佔領了北京，這原本在意料之中，卻又在意料之外，他們都明白，若沒有流寇，只怕做夢也一時到不了這裡。眼下流寇雖敗走了，但留下一個大大的爛攤子，不要說眼前的斷垣殘壁，就是滿懷疑懼的前明官員，和滿臉敵意的庶民百姓，處理不妥，無一不可引發危機。眼下一聽多爾袞不設法盡快安民，卻先想到要剃髮，多鐸不由諫道：「這以前我們在遼東，為這剃髮及改服飾，惹來不少麻煩，此番在山海關，又鬧得滿城沸反盈天。要知道，那都是偏遠之地，眼下在這北京城，文人薈萃，他們十分看重這身體髮膚，若強迫推行，只怕會激發他們的亡國之思，引起他們的強烈反抗，所以，我認為可暫時緩一緩。」

不想此話卻激起多爾袞的憤慨，他竟用嚴厲的語氣訓斥多鐸道：「他們已亡國了，這不是事實嗎？我們既已入主中原，若不先從服飾上改變他們，那又從何處來表現呢？此事我已有了主意，你不用再說，若我們兄弟之間意見齟齬，又如何號召臣民，推行天下？」

當初吳三桂來書借兵，眾說紛紜，可十四哥卻能接受這兩個字，且不動聲色，一步步迫使吳三桂就範，終於指揮若定，一舉擊敗流寇，多鐸不得不佩服這個十四哥。眼下國事蜩螗，真如一團亂麻，無從理出頭緒，但多爾袞卻顯得整暇自如、從容鎮定，這也是做弟弟的多鐸最佩服的，但他為什麼要犯糊塗、一意孤行呢？多鐸知道一時說服不了他，只好不作聲。

多爾袞見多鐸不再反對，便立刻傳旨，召見范文程與洪承疇。

范、洪二人正在武英殿西暖閣，草擬向盛京報捷的疏文，剛剛完畢，聞詔隨即攜疏文草稿趕來。

多爾袞匆匆看過這道疏文，這屬一般的文字，無非是向皇帝報告我軍順利佔領北京，另加幾句好聽的話，當即走到案邊，取朱筆批了個「可」字，便讓一邊的侍衛拿去，交章京們謄正拜發。

因加上多鐸有四人，而閣子裡只三張椅子，多鐸找了半天，也只尋出一張斷了腿的，於是，君臣率性席地而坐，且相視大笑。

這時，各路統領都把已完成對內外各城佔領的報告送來了。八旗軍隊此番進城，事先已得到攝政王的三令五申，即不准燒殺、搶掠，不准強姦，有故意違反者，立即處死。所以，進城後，他們確實做到了秋毫無犯。

多爾袞聽到這些報告，不由舒了一口氣，他先把允諾金之俊的要求，為崇禎發喪的事說了一遍，又說：「范先生、洪先生，昨天八旗鐵騎入城，紀律良好，秋毫無犯，這是與流寇截然不同的，這些老百姓應該看得清楚；加上孤一進城，便為崇禎發喪，這都是合民意的，就這兩點，至少也應該消除、或緩減眾人的疑懼心理了。」

范文程點點頭，但又說：「不過，這只是第一天，紀律的事，還得持之以恆，常抓不懈。」

多爾袞說：「這個自然。不過，軍民雜處，難免不經常有些誤會，城裡又不可不駐兵，這裡還要想出個長治久安之策才好。」

范文程說：「那是以後的事，眼下第一要務還是安民。王爺准允金之俊之請，為崇禎發喪，這真是收拾人心的好辦法，足可向天下人證明，我大清出兵名正言順，不是乘人之危，是為崇禎報仇來的，這理由冠冕堂皇，讓那班氣勢洶洶、要與我們拼命的人無話可說；另一條就是安頓百官，百官是庶民的表率，先把這班人安頓好了，百姓也就跟著安定了。」

多爾袞點點頭，說：「此事孤心中有數。凡前明官員，都可錄用，但要悉遵我朝制度，痛改故明陋習。我朝不納賄、不徇私，不結黨營私。他們若有違者，必治重典。」

說著，便望著洪承疇，說：「洪先生，你說呢？」

洪承疇聞言，不由一怔——他還在想自己的事呢。

此番隨清兵進入北京，洪承疇終於又看到了睽違已久的故都。他的公館就在西城的崇國寺附近，家中尚有老母妻兒，一別三年，他已聽說家中無恙——崇禎並沒有因他的降敵而株連他的親人。可不知怎麼，他卻有一種「入鄉情更怯」的感覺。父親已逝，母親健在，她出身書香門第，洪承疇最初發蒙識字，便是在母親那裡。這以前懔遵母訓，開口閉口都是忠孝節義，不料真正到了要盡忠盡節時，他卻中途退縮了。他明白，自己的降清，一定傷透了母親的心，母親一定對他恨之入骨，但既然回了家，這一關總要過的。

果然，見面後，母親的暴怒，已超出了他的想像。

回家前，他先讓人去府中遞了一個消息，說自己平安回家，然後摒去隨從，只帶了當初出征時，從家中帶去的老僕洪萬；也沒敢穿大清的官服，而是青衣小帽，但那一條已是麻栗色的辮子，是無法藏匿的了。不想敲開大門，妻子、兒子都避而不見，獨有老母著鳳冠霞帔，手扶一支龍頭大拐杖，端坐在大堂上。

他不由納悶，但仍走上前，雙膝跪下，一連拜了三拜，開口請安。老娘微閉雙目，沒有搭理他，於是，他只好訕訕地問道：「母親大人為何著此盛裝？」

老娘一聽，這才睜開雙眼，說：「你回得正好，我今天出嫁，你趕上了，可去送親，賺一杯喜酒喝。」

洪承疇聞言大吃一驚，說：「母親何出此言？」

老母怒視著他，說：「你身為人臣，可事二主；我為人婦，豈不能更二夫？」

洪承疇頓時開口不得，只好連連磕頭，說：「兒子該死！」

話未說完，母親手中那支尾端包了鐵皮的龍頭大拐杖，已劈頭蓋臉地打下來了，並大罵道：「既知該死，何不早死？」

洪承疇一時躲閃不及，只好把個頭藏在懷中，由著母親痛打，幸虧洪萬走上來，一連替他擋了好幾下，才將老太君拉開，讓洪承疇乘機逃脫。

眼下，洪承疇還在想著如何讓老娘消氣，如何取得一家人對他降清的諒解，一聽攝政王說起當今要務，便說：「還有一條也是刻不容緩的，這就是賑災濟困。眼下北京城都絕糧了，俗話說，民以食為天，如不能解決民食，全城百姓，包括部分官員，都有活活餓死之虞。」

原來這以前，京畿一帶的官食民食皆取給於漕糧。自從大順軍進入北京，江南漕運早已斷絕，後來大順軍撤走時，又搜刮一空，朝陽門至東直門一線皇倉國庫，皆空空如也，過去按月去祿米倉領取祿米的官員，也已斷了供給，全城百姓，嗷嗷待哺，這確實是一個大難題。

多爾袞點點頭，說：「是的，這確實是大事。北京已是大清的都城了，城中的百姓，都是大清子民，豈能讓他們活活餓死？再說，缺糧可導致民心不穩，為此，孤從山海關來京的途中，便已想到此事，已下旨從關外及朝鮮速調米來京，但只恐緩不濟急，這樣吧，先從駐防旗兵的軍糧中，勻出一部分軍米及馬乾如豆餅之類，應付一時再說。」

范、洪二人一聽攝政王竟肯從軍米中，調撥糧食來賑濟民食，不由感動。洪承疇忙稱頌說：「王爺愛民如子，百姓一定感恩戴德。」

范文程說：「流寇進京，只知搜刮，臨逃走時，又大肆搶掠，不顧百姓死活，這說明他們始終不改強盜本性；可王爺還在來京路上，就想到了百姓，這真是仁者胸懷，百姓一定認眼下的朝廷，是肯負責任的朝廷。」

不想多爾袞卻板著臉說：「孤能做到愛民如子，但不知百姓是否也能體恤孤的苦心，肯服從我朝制度？」

洪承疇一驚，說：「王爺如此愛護百姓，百姓還有什麼說的呢？」

多爾袞搖搖頭，說：「只怕未必。」

范文程已從多爾袞和語氣中，窺到了什麼，乃試探地問道：「王爺可是想有什麼大的舉措？」

多爾袞說：「不是想，而是要馬上辦。」

說著，就把要下剃髮令的話說了出來。洪承疇一聽，半天沒有作聲，多爾袞又說：「當然，這是依照慣例，這以前在佔領遼東時，就是這麼做的，你們大概沒有異議吧？」

說著，他抬頭望了一眼洪承疇，只見他的上下唇嚅動了幾下，似有話沒有說出來，他知道洪承疇要說什麼，但不想聽。范文程也知道洪承疇要說什麼，但他明白，洪承疇的顧慮比自己多些，於是說：「是的，在遼東時，的確是這麼辦的，就是此番進入山海關，也是立即就下剃髮令，不過，王爺，此番是否可緩一緩。」

多爾袞說：「此事不是已有成議嗎，為什麼要緩呢？」

為什麼要緩，個中原因，其難其慎，身為漢人的范文程，有些話是不宜出口的，可眼下面對咄咄逼人的攝政王，身邊是比他更不好進言的洪承疇，他又不能不說，於是，斟酌了半晌，才小心翼翼地說：「不錯，自古至今，但凡改朝換代，大多重定衣冠制度。這以前大清佔領遼東後，也令遼人一律著滿裝，剃髮蓄辮，眼下就要一統天下了，令普天之下，億兆臣民，都悉遵我朝制度，這是理所當然的事，但臣以為，這中間有個過程，不能操之過急，剛才還說到，當務之急是如何消除臣民的疑懼心理，北京剛經歷了流寇的肆虐，人民逃散，十室九空，就是留下的，也一個個如驚弓之鳥，若驟然下剃髮之令，只能引起恐慌，引起他們的敵意，逃亡在外的，必不敢歸；擁兵自重的，更不會安然就撫；就是已俯首貼耳的，只怕也要鋌而走險，凡此種種，都是不利於當前的穩定的。」

此言一出，多鐸、洪承疇都頻頻點頭，就是多爾袞心中，也認為在理，可一想到自己心中那不平之氣，他又不能忍受了。只見他站了起來，把手一揮，連連冷笑說：「哼，不肯就撫，鋌而走險，這怕什麼？李自成那麼凶橫，那麼好鬥，不是也被打跑了嗎？我們好容易才有今天這局面，若不能令漢人悉遵我朝制度，從頭做起，又如何展現我們統一了天下？孔夫子說得好，素夷狄，行乎夷狄。又說，變禮易樂者為不從，不從者君流；革制度衣服者為叛，叛者君討。既然《四書五經》上都有，百姓有什麼理由不從？」

范文程和洪承疇不意多爾袞會如此頑固地堅持剃髮，且一連引用兩句聖人之言——第一句出自《中庸》，以他現在的身分與地位，頗有些甘居下流的意味；第二句出自《禮記》，卻分明是顛倒主次、否定自己的做法。看來，不單是「蠻」不講理，就是這個「夷」也有些不講理了。

辮子兵進入北京的第三天，大清國的安民告示終於接二連三地出來了，上面雖蓋著滿文大印，卻用漢文謄寫，張貼九門——三道告示，都是以攝政王名義發布的，略謂：

大清國攝政王諭南朝官民人等：曩者，我國與爾明朝和好，永享太平，屢致書不答，以至四次深入，期爾朝悔悟耳，詎意堅執不從。今被流寇所滅，事屬已往，不必論也。且天下者非一人之天下，軍民者，非一人之軍民，有德者主之，我今居此，為爾朝雪君父之仇，破釜沉舟，一賊不滅，誓不反轍。所過州縣，能削髮投順、開城納款者，即予爵祿，世守富貴，如抗違不遵，大兵一到，盡行屠戮。有志之士，正干功立業之秋，如有失信，將何以服天下乎？

接著，又以攝政王名義諭兵部，略謂：

今本朝定鼎燕京，天下罹難軍民，皆吾赤子。各處城堡，著遣人持檄招撫，檄文到日，剃髮歸順者，地方官各升一級。其為首文武官員，即將錢糧冊籍、兵馬數目，親齎來京朝見，如過期不至，顯屬抗拒，定行問罪，發兵征剿。至朱姓各王歸順者，亦不奪其王爵，仍加恩養。

第三道告示更是直接對漢人的大小官吏軍民說的，略謂：

各衙門官員俱照舊錄用，可速將職名開報。其避賊回籍隱居山林者，亦具以聞，仍以原官錄用。凡投誠官吏軍民皆剃髮，衣冠悉遵本朝制度。各官宜痛改故明陋習，共砥忠廉，毋朘民自利。我朝臣工，不納賄，不徇私，不修怨，違者必治重典。凡新服官民人等如蹈此等罪犯，定治以國法不貸。

這三張告示，就是攝政王與多鐸及范文程、洪承疇等，共同商議後發布的。上面都強調了「剃髮」、「削髮」和「衣冠悉遵本朝制度」。

不想三通告示發出，九城大譁。

清兵不同於流寇，這從他們進城的次日，便為崇禎帝發喪一事上看得出來；接著，他們雖佔據九城，把紅衣大炮架在城頭上，但沒有進入民房，更沒有殺人、放火、強姦，這又讓人們稍稍心安；接著，便是勻出軍糧、馬乾賑災，此舉有如及時雨，百姓真有幾分感恩戴德了。但儘管如此，眾人心中的疑懼卻始終沒有稍減，因為這以前，清兵四次入關，在京畿一帶，殺人、放火、強姦、搶劫，什麼壞事都做盡了，此番一反常態，只怕是還來不及。

果然，才三天，清兵便開始驅逐內城的百姓了。根據攝政王的旨意，為安置八旗軍隊，保衛皇城，原先居住內城的百姓，一律遷往外城，以皇城為中心，左翼安定門內駐鑲黃旗；東直門內駐正白旗；朝陽門內駐鑲白旗；崇文門內駐正藍旗；右翼德勝門內駐正黃旗；西直門內駐正紅旗；阜城門內駐鑲紅旗；宣武門內駐鑲藍旗。

這一來，百姓可又惶惶然了。所幸的是，這一帶大多屬皇城範圍，於此間居住的多為高門大宅院，所以，這遷移只是官員家的事。加之因戰亂，人口銳減，空房子很多，就是一班官員，雖失去了往日的好府第，但一般的房子還是有住的。

不想這口氣才鬆，剃髮的告示便出來了。

是的，從秦始皇統一六國、書同文、車同軌算起，兩千餘年來，中國歷代皇帝不但強調政令的統一，且也追求移風易俗，凡事要依他的觀感、他的習慣，認為這是國家統一的象徵。可那是由漢人自己來統治自己呵，眼下這統一可是「從胡俗」。「胡人披髮左衽」，這在漢人看來，是不文明的標誌，春秋時，雖有個趙武靈王提倡胡服騎射，但讀書人從來就奉「嚴夷夏之大防」為金科玉律，就崇拜「蘇武入匈奴，終生不左衽」，更何況《孝經》上說了，「身體髮膚，受之父母，不敢毀傷。」若把這頂上青絲剃了，死後有何面目去見九泉之下的先人？

於是，一夜之間，全城號啕，幾至有連夜自盡者。

多爾袞堅持己見，強制推行，但短短數天，便嘗到後果了——整座北京城一片死寂，家家關門閉戶，往外逃走的人絡繹不絕，運糧食、運煤、運小菜的小商小販都不敢進城，一時連宮中也舉火為艱，更主要的是京城內外，掀起了風起雲湧的反清風暴，昌平、三河、紅西口等地，聲勢尤其浩大，這些地方距北京城都只有幾十里路，嚴重地威脅著清兵的後路安全，拖住了清兵主力。

多爾袞得報，一時手忙腳亂。

這天，他正在批閱前方遞到的戰報——大順軍退到真定府後，想是已站穩腳跟，準備與阿濟格與吳三桂的聯軍重重新開仗，阿濟格和吳三桂聯銜請旨，催調紅衣大炮助戰。他看了這份奏報，準備派多鐸率兩白旗到前線去，可多鐸一走，京城更成了一座危城。

兩難之際，他忽然又想起了金之俊。

他雖下令勻出一部分軍糧與馬乾周濟民食，但馬乾粗劣，其中雜草、土塊摻雜，官宦人家很難下嚥，想起金之俊眼下只怕也在吃這種粗糧，心有不忍，乃下旨，賜金之俊細糧五擔，令左右巴牙喇兵送去。

金之俊一家正缺糧。他那才三歲的孫子嬌生慣養，不肯啃豆餅，每到吃飯時便哭，得到這五擔細糧，那一份感激之情，竟勝過了多爾袞對他的救命之恩，不由熱淚盈眶，馬上具表謝恩，多爾袞於是又一次召見金之俊於武英殿東暖閣。

金之俊一步跨進閣子。多爾袞瞥見他仍著明朝冠服，沒有剃髮，心中便有幾分不樂，見他長跪不起，雖令他平身，口氣卻十分不順地問道：「金先生，孤進城後，不但禁殺、禁燒、禁姦，且先為崇禎發喪，後為百姓賑災，滿城百姓，正是賴孤而活，可百姓卻不聽招呼，這是為何？」

金之俊回奏道：「王爺是指外逃之事？」

多爾袞氣咻咻地說：「難道不是嗎？」

金之俊說：「自遭流寇之亂，北京四郊不但土匪橫行，且也遍地饑饉。百姓外逃，難有活路，王爺體恤時艱，以軍糧周濟百姓，百姓本應感恩戴德，之所以仍要冒死而逃者，只因留在城內，有比餓肚子更可怕的事在逼著他們，所以他們不得不逃。」

多爾袞一聽，臉色不由變了，說：「你是指剃髮之事？」

金之俊從容言道：「正是此事，臣以為，王爺此舉，強人所難。」

多爾袞說：「朱明失德，天下擾攘。流寇逼死帝后，侵凌百姓，中原已處於水深火熱之中，我大清入關，弔民伐罪，因此得入駐北京，賡續大統，百姓既為大清子民，便應該從我風俗，服我制度，先生難道不認為這一切都是瓜熟蒂落、水到渠成、再自然不過的事嗎？」

金之俊搖了搖頭，說：「王爺，大清入關，確實是瓜熟蒂落；剃髮變服，未見得水到渠成。」

多爾袞冷冷地說：「說下去。」

金之俊說：「崇禎殉國，大清入關，明眼人都清楚，這已是改朝換代了。自古至今，有興有廢，且但凡朝代更替，無不有移風易俗、變革舊章之舉，這也無可非議。秦始皇統一六國，書同文，車同軌，載之史籍，為後世稱道。可他是在天下統一之後，絕不能在六國並立之時做。大清以異族入主北京，並想進一步統天下，這於中原百姓，無不懷有亡國滅種之懼，這變服剃髮，不正好印證了謠言？更何況北京為都城，乃天下楷模，北京無事，天下晏然；北京有變，天下紛擾，王爺雖有安民之舉，百姓豈能全信？眼下謠言四起，人心惶惶，所以，王爺當務之急是如何速定天下，收拾人心，而不是有意去掀起波瀾，挑起百姓的敵意，忙著這『從頭做起』，不然，只怕引起中原百姓的誓死抗拒，那麼，崇禎皇帝的榜樣難道不足以警王之心？」

多爾袞聽金之俊這麼一說，明知佔理，心卻不甘，乃瞪了金之俊一眼，氣勢洶洶地說：「孤十四歲便跟著父兄出征，大小上千戰，戰無不勝，攻無不克，李自成以五十萬大軍亡明，不可一世，山海關一戰，不也夾著尾巴走人嗎？孤從來只有想不到的，沒有做不到的，就不信中原百姓的頸上套了鐵箍！」

攝政王爺此話可真是斬釘截鐵、殺氣騰騰，金之俊不由雙膝一軟，竟直挺挺地跪了下來，口中卻仍不屈地說：「王爺神威，天下無不惕厲。不過，民意即天意，民心即天心，天心順了，天下太平，天心不順，天下可要大亂——這可也是王爺聖諭！」

多爾袞一驚——不錯，五個月前在前門茶樓上，當著金之俊和曾應麟，他的確說過這話，今日金之俊乃是以子之矛，攻子之盾，他一時語塞，低頭無語。

金之俊見狀，連連磕頭，並娓娓言道：「王爺雖然令出法隨，難以更改，不過，臣聞之：大智興邦，不過集眾思；大愚誤國，皆因好自用。」

聽他如此一說，多爾袞沉吟半晌，只得回嗔作喜，連連說：「先生請起，孤知過矣。」

第二天，又一通告示出來了，除了重申前議，讓前明官員趕快去吏部報到之外，在說到剃髮易服一事時，卻說：

予前因歸順之民無所分別，故令其剃髮以別順逆，今聞甚拂民意，自茲以後，天下臣民照舊束髮，悉從其便。

又說：

目下急剿逆賊，兵務方殷，衣冠禮樂未遑制定，近簡各官，姑依明式，速制本品冠服，以便蒞事。

這就是說「從頭做起」可暫不提了，就是前明官員，眼下雖是做清朝的官，卻仍可穿明朝的官服。

眾人看了這通告示，才稍稍鬆了一口氣，

十

大順皇帝

1 一敗再敗

李自成又恢復了饑餓與疲於奔命的生活了，回想起紫禁城中的日月，真恍如一場大夢。

「府對府，三百五。」從北京前門至保定府北關是整整三百五十里。囊橐豐盈的大順軍跑完這三百五，竟花了六天時間。看看後面拉下了不少人，李自成準備在保定休整，並等候後面落伍掉隊的人。

這時，負責斷後的馬世耀送來消息，說吳三桂部的前鋒與他們只有半天的距離，另有一部已從安肅分兵，由滿城、完縣直插曲陽，有從後面包抄之勢。

李自成看了手中的輿圖，曲陽的西南便是井陘，井陘為太行八陘之一，是河北進入山西的咽喉。心想：如果讓吳三桂插到前面，先一步控制井陘、固關，則退入山西的路便會被截斷。想到事態的嚴重，決定再南走定州，於是，本打算在保定停一天的主意打消了，次日一大早，隊伍在吃過早飯後又繼續出發。

中午時分，前鋒已過清風店，大順軍戰士正埋鍋造飯，忽然，有人指著西邊大喊：「不好，辮子兵來了。」

此時，李自成正在一棵大樹下休息，牛金星、宋獻策圍坐兩旁。

連日的奔忙，沒有很好的休息，加之昨晚又沒有睡好，李自成感到有點累，正想趁飯未熟時打個盹，一聽此言，不由一下跳了起來。這一帶都是平原，一望無際，他只好站到一輛輜重車上，手搭涼篷往前看去，果見西邊塵土大起，分明是有一支人馬正向這邊插過來。

李自成正一邊看，一邊判斷對方人數，跟著爬上來的李錦也看到了這情況，他說：「皇上，看來，這大概就是吳三桂的那支偏師。既是偏師，人馬不會多，若趁吳三桂的主力趕到前，將這支偏師吃掉，那我們就可從容退往固關了。」

這一說正合李自成之意。這時，高一功、郝搖旗都圍上來了，高一功也贊成這一主張，他說：「狗娘養的滿韃子太欺負人了，不在這裡好好地教訓他一次，我們就是能安然退往山西，也絕立不住腳。」

眼下，劉宗敏的傷勢尚未痊癒，仍躺在車上行動不能自如，李自成只好將指揮權交與李錦與高一功，並囑咐說：「西兵強悍，不可輕敵。」

李、高二人答了一句：「請放心。」便退了下來。

他們稍作商量，立刻集合隊伍，飯也不做了，準備廝殺。仍由後隊的馬世耀、李岩等人正面向敵，郝搖旗等人保護御營，李錦自己帶一支人馬往左，高一功帶一支人馬往右，分別從左右包抄這支敵人，以圖將這一股人全部消滅。

剛剛布署完畢，敵軍便衝過來了。

其實，這一支偏師並不是滿洲兵，而是由參將楊坤、郭雲龍率領的一支寧遠兵，人數不過五千人，但卻十分精銳。他們眼下已全部剃髮，一個個精神飽滿，死心從清。透過與大順軍幾次接仗，知道大順軍戰鬥力已遠不如前，且明白他們在北京一番飽掠，此行攜帶不少金銀財寶和婦女南逃，所以，只想截住他們，發一個大財。

他們從通州南下，一直追過來，途中未遇任何抵抗，卻拾到大順軍丟下的大量衣物、糧草。眼下一見敵軍就在不遠處，平原地方，一覽無餘——就在他們南邊，有一條小河，河床乾涸見底；北邊是大順軍的來路，那裡有一處茂密的柳林，可隱蔽人馬，大順軍兵分兩路迎來，一路沿河灘，一路走柳林，他們都看得明明白白。心想，流寇想吃掉我們，我們豈能讓他的陰謀得逞，於是，一邊派人與主力聯繫，催他們從速趕來，一邊將隊伍散開，略略後退，以防被敵人包圍。

馬世耀與李岩負責斷後，三天來，他們不斷被途中的民團侵襲，吃了不少虧，憋了一肚子氣，眼下一見敵人，忙帶人迎戰，他們人數雖少，卻明白只要拖住了敵人，待左右包抄上來，便可將敵軍分割包圍。

不想左等右等，敵人只是搖旗吶喊，就是不向前衝。馬世耀不由急了，乃帶人衝了過去，李岩想去阻攔，也沒有來得及，於是，只好也帶人跟在後面衝上去。

這一仗，雙方都十分投入，殺得難分難解。

李錦和高一功見馬世耀與敵人纏上了，於是，一支隊伍從河床上爬上來，一支隊伍從柳林衝過來，想將敵人包圍。可楊坤和郭雲龍一見對方左右兩路齊出，竟一聲令下，主力便往後慢慢退卻，就是不讓他們圍住。

李錦與高一功火了，乃指揮三軍齊出，一窩蜂衝過來，一時飛矢如雨，吼聲如雷，吳軍人數太少，很難支撐，眼看就要被分割包圍。

不想就在這時，英王阿濟格率八旗大隊從後面趕上來了。

戰場北面那大片柳林，遮住了大順軍的視線，他們沒有及時發現北面敵人大隊已趕來，但阿濟格聽到喊殺聲，一下便發現了他們。

吳三桂和阿濟格奉多爾袞之令，南下追趕李自成，先是一路尾追，阿濟格不熟悉道路，只能跟在後面跑，吳三桂卻很有主意，他斷定，流寇必從真定、井陘越固關往山西。於是，他和阿濟格商議，由阿濟格尾追，卻派出楊坤、郭雲龍率一支輕騎由安肅插滿城、完縣；自己率一支隊伍從保定府東面繞清苑直插定縣。三路齊頭並進，東邊吳三桂這一支幾乎與李自成在平行前進。可馬世耀他們只發現了楊坤的一支偏師，卻沒有發現吳三桂這一支。

追了三天，阿濟格發現，終於將流寇追上了，心中不由興奮。眼下見對方全隊上前，只留了少數人在後面，便領著本部人馬直衝過去。

李自成正站在車頂上觀戰，眼看前面敵人不支，漸漸地，包圍之勢已成，心想，待消滅了這股敵人，再回來吃午飯。不想就在這時，負責監視北面的郝搖旗在大喊：「皇上，不好，辮子兵大隊衝過來了。」

李自成回頭一望，果見北面柳林裡，衝出來大隊白盔白甲的騎兵，逢人便砍，十分凶狠，不由大吃一驚，趕緊跳下馬車，爬上他的烏駁馬便走。

李錦、高一功正全力上前，指揮三路人馬，將楊坤、郭雲龍分割包圍，不料聽到後面傳來急驟的鑼聲，回頭一看，只見御營被大隊白旗兵追殺，不由勒轉馬頭，來救御營，這一來，自己的陣勢先亂了……

大順軍經山海關一戰，已對辮子兵有一種天生的畏懼心理，尤其是現在，兩白旗又是故伎重演，趁他們與正面敵人拼殺時，從後面衝來，使他們猝不及防，所以，竟然不管不顧，各自逃命。

說起來，各自勢力相當，大順軍仍有五萬餘人馬，其中且有從保定北上、隨後又跟著南下的兩萬餘名生力軍；而吳三桂和阿濟格兩軍相加也不過四萬五千餘人，而吳三桂一軍尚有一萬餘人未投入戰鬥，可戰場形勢卻一下轉變過來，五萬餘大順軍，竟被這三萬多聯軍殺得大敗，紛紛向西南逃竄。

此時的大順軍，各自帶的東西，比去山海關打仗時還多，除了女人及金銀珠寶、綾羅綢緞、衣服古玩，還有許多家具。從北京一路退下來，因追兵追得急，他們開始扔掉一些較累贅的粗貨，如家具、衣服、古玩之類，眼下身上帶的都是幾經淘汰的寶物，誰也捨不得再丟。於是，這些東西成了妨礙他們逃命的包袱，也成了引誘辮子兵捨命追趕的利誘，他們緊緊盯著前面，死追不放，才跑了十幾里地，左邊一處山崗上又傳來喊殺聲，原來這是吳三桂親率的、迂迴過來的寧遠軍主力。

負責殿後的馬世耀一見，只好帶著本部人馬，拼死上前。不想吳軍佔據高阜，從上面直衝下來，銳不可擋，才交手，三品制將軍谷大成就被敵將一箭射中面門，翻身落馬，左右親信待上前營救，可吳兵蜂擁而上，竟將谷大成亂刀砍死。

混戰中，李岩右臂也中了一箭，差點落馬，幸虧紅娘子緊隨其後，她帶的一隊護衛雖是女流，卻都是身經百戰的巾幗，見狀立刻拼死上前，雖死傷了好幾個人，卻捨命將李岩救走。

這時，吳三桂麾軍緊追不捨，看看距離又近了。雖說處此大平原上，吳軍很難將大順軍堵死、圍殲，但就這麼追下去，大順軍始終無法擺脫追兵，宋獻策見眾軍士背上背著包袱，靈機一動，乃大喊道：「丟東西呀，丟包袱呀！」

李自成也醒悟過來，忙下旨讓眾軍士丟包袱，並對著趕車的車夫大喊道：「把車上東西都拋下去。」

這一說，終於提醒了眾人。李自成周圍的大車，裝的都是從宮中帶出來的金銀，好多金銀器皿，來不及熔化，便用腳踩癟，裝在木箱子裡，眼下被追急了，趕車的便將車上的大木箱子拋下車來，箱子著地，金銀不由散落，一時遍地黃燦燦，白花花，全是耀人眼目的東西。

這一招果然很靈——吳三桂的寧遠兵、阿濟格的兩白旗兵，無不是見錢眼開的角色，一見路上拋下這麼多的財物，這正是他們死命追逐的目標，於是，一個個爭著去搶奪。

這邊的李錦和高一功見此情形，忙麾軍反攻。

要在平日，大順軍一定可反敗為勝，可惜此時的大順軍銳氣早已不比當年，竟只有少數人肯聽軍令，雖也乘機將吳兵殺退不少，但大部分人卻乘機逃命，白白放棄了這一大好機會。

看看喊殺聲漸遠，李自成喘過了一口氣，這才感到肚子在咕咕地叫喚，可此時糧食、炊具丟光了，四周一片大平原，雖有房屋，卻無百姓——他們都攜家帶口逃難去了，沒有鍋灶，更沒有一粒米，處此四戰之地，李自成既怕民團，且怕追兵，不敢令手下人去很遠的地方尋吃的，還是走為上策，於是忍饑挨餓，直逃到新樂才停下來。

新樂有大順軍的一個大兵站，為首的是一個七品掌旅，因未接到撤退的旨意，仍在堅守，他已聽說皇上吃了敗仗，將經過此地，一大早便候在路邊迎接。李自成此時什麼也不顧了，只連連催促道：「快與朕弄點吃的上來，吃了就走。」

掌旅領旨，風風火火地將預備的飯菜擺上來，讓李自成等為首的吃了，其他人也跟著混了個半飽。

李自成草草吃了飯，便問這個掌旅，去真定還有多遠？掌旅說，不到一百里。因李岩受傷，他只好吩咐李錦和郝搖旗留下抵擋追兵，自己則帶著一班文武僚屬往真定撤退。

這一仗，不但又損失及掉隊了一萬餘人，所有車仗、輜重全部丟失，且陣亡了谷大成等好幾個大將。

2 劉宗敏割愛

大順軍雖暫時擺脫了敵人，但吳三桂仍跟在後面，相距不到半天路程，且緊追不捨，若此時不能遏制吳三桂，萬一他追過固關，進入山西境內，大局將不堪設想。

於是，在真定府，李自成再次召集眾將會議，面對十分不妙的形勢，眾人雖紛紛其說，但都沒有新意，李岩與宋獻策卻沒有發言，李自成見此情形，只好草草休會。

傷勢尚未痊癒的劉宗敏也參加了會議，夜半回到自己的住處，心情很是煩躁。

還在會議之前，李自成就把他約到一邊，說有人提議，吳三桂之所以窮追不捨，就因陳圓圓之故，就像皮影戲裡，那安祿山之所以死追唐明皇，就為了楊貴妃。所以，此人建議將陳圓圓放回，以阻追兵。

他明白此人是誰。自打大順軍進入北京，牛金星一連幾次，廟算失誤，先說吳三桂會自動投降，又說高官厚祿可招降，到後來，吳三桂反了，引清兵入關，他又說，清兵不是來爭江山的，辮子兵飽掠一番便會退。事實擺在面前，這一切全是胡說八道，牛金星是個成事不足，敗事有餘的人。想當初，老子想領兵去守山海關，若不是這個臭文人於一邊攛掇，自成不見得就會生疑；若不是這個屁顛屁顛的臭文人，為擺弄登基大典耽誤了時間，軍機也不會延誤；眼下他計窮了，竟把退兵的希望放在一個女人身上，竟要奪老子的心頭肉。

劉宗敏當時氣得牙齒咬得「咯咯」地響，沒好氣的說：「不就是一個婊子嗎，雖然面皮水嫩點，長個水蛇腰，但脫下褲子還不都是一樣的，她那話兒上面並沒有繡花呢，吳三桂未必就如此看重？既然如此，不如將她一刀砍死，這樣便可絕吳三桂之望。」

李自成一聽他要殺陳圓圓，趕緊制止，說：「你就依了他們的吧，要是不能退兵，我看他們還有何說。」

李自成當時口氣軟得很，若態度強硬，劉宗敏是不會依他的，既然是請求，劉宗敏便不想拂他之意了。

眼下陳圓圓並沒有入睡，見他回來，立刻迎了出來，她端來一個盤子，上面有洗得乾乾淨淨的繃帶，還有好些金創藥，她讓劉宗敏坐下來，親自動手為他解衣、解繃帶，用熱水清洗後，再上新藥。

這些天，陳圓圓一直是這麼服侍劉宗敏的，不讓護衛動手，她認為他們笨手笨腳，不但弄痛了大將軍，且做得不如意。今天，劉宗敏去開會，她一直在等著他回來，待他進屋，便迫不及待地讓他坐下來，然後動手為他清洗傷口，劉宗敏沒有作聲，只默默地聽她擺布，陳圓圓挨上來，一邊為他脫衣，一邊嗔怪地說：「這麼晚了，就不能快點回家，這傷口若不定時清洗上藥，便好得不快。」

應該說，自己的傷口好得這麼快，一半是郎中的金創藥好，一半就是陳圓圓的殷勤，這些，劉宗敏心中都有一本帳，眼下他近距離地挨著她，肌膚相近，聲息相通，聞著陳圓圓的髮香，呼吸著她身上發出的芝蘭之氣，由著她的細嫩的小手在自己粗糙的皮膚上移動，殺人如麻的大將軍，一時遐思萬種。

劉宗敏一生接觸過的女人不少，被他殺掉的女人也不少——有的是被敵人追急了，不願讓對頭得便宜而殺；有的是玩厭了、心煩了想殺，陳圓圓能留到今天，且仍不忍心將她「一刀砍死」，就因她有這「自救之方」。她不但國色天香，無可挑剔；能歌善舞，才能讓人稱羨；並且善解人意，體貼入微，讓人找不出岔子，看不出這是在作假。江南的秦樓楚館，培育了多少這樣的的可心人兒，解語花兒，劉大將軍不清楚，但面前這一個卻讓他愛不釋手，含在口中怕化了，捏在手上怕瘺了。

眼下，他癡癡地望著她的羊脂白玉般的臉，就像看一張畫，待她忙完，不由一把抓住她的手腕，說：「圓圓，你還想你的三郎不？」

陳圓圓一驚，偷偷地瞧他一眼，見他正笑盈盈地望著自己，一臉的癡相，雖不像有惡意，但不能不小心，乃瞪他一眼，嗔怒道：「又來了，你真要我把心剜出來給你看嗎？」

劉宗敏得意地一笑，說：「你那三郎我見了，是個小白臉兒，比我這大老粗要細膩多了，你說想我不想他，這不是說假話嗎？」

陳圓圓說：「我不想他就是不想他，再說，他也不想我，不然，也不會忍心丟下我，眼下，我不但不想他，還恨他，巴不得他死了才好呢！」

劉宗敏說：「說假話，你為什麼會恨他呢？」

陳圓圓說：「他投降滿韃子，當了漢奸，引著辮子兵來殺自己的同胞，這難道不是最可恥的事嗎？」

劉宗敏點點頭，說：「嗯，這倒也是，可現在皇上有旨，令我將你送與吳三桂，你願不願回到他那裡去呢？」

陳圓圓聞言吃了一驚，偷偷地望了他一眼，不巧正與劉宗敏那嚴厲的目光相遇，她趕緊把眼一瞪，怒聲說：「胡說，這不是真的。」

劉宗敏說：「這是真的，剛才我們開會，牛丞相便出了這個主意。」

陳圓圓狠狠地望著他，說：「你未必就不作聲？」

劉宗敏說：「我雖不忍，可也不能拂了大家的意，再說，皇上也點頭了。」

陳圓圓一聽這話，那眼淚一下就噴湧而出，竟突然站了起來，猛地去奪劉宗敏腰間的佩劍，要往自己的脖子上抹；劉宗敏是何等敏捷之人，他右手輕輕一攔，便把圓圓抱住了，一邊親吻一邊說：「寶貝，你要做什麼？」

陳圓圓雖被他抱住，卻仍掙扎著，尋死不活的，又哭著說：「牛金星真不是個好東西，他輔佐皇上，淨出一些餿主意，這麼多文臣武將不用，卻讓一個女子去和番，牛金星就是毛延壽，你未必願做漢元帝？」

劉宗敏一聽比他為皇帝，不由高興，乃把那殺人的腸子，統統化作了條條情絲，他一邊撫著圓圓，一邊說：「我要是皇帝就好了，可惜只是個臣子，眼下皇上也開口了，勸我捨下你，皇上是金口銀牙，說過的話還能改嗎？明天一大早，我們的隊伍就開拔，你就不必再跟著我走了，我會讓人保護你，直到你的那個三郎來，你見了那個三郎，不妨也勸勸他，讓他記著自己姓甚名誰，祖宗是誰，心不要完全黑了。」

圓圓一聽這話，暗自高興，卻不敢暴露心事，一邊掉淚，一邊倒在劉宗敏懷中，死活不肯離開。劉宗敏只好賭咒發誓，說今生今世，再不碰其他女人，等打敗了吳三桂，一定要設法找到她。

陳圓圓終於又回到吳三桂的懷抱了。她對吳三桂說，是乘亂從流寇隊伍中逃回來的，但吳三桂明白，流寇就是敗了，也不會連一個女人也守不住，但他望著愛妾的滿面啼痕，卻不忍心把自己的看法說出來。

他明白劉宗敏的用意，所以，沒有多問陳圓圓什麼，只將她安頓在後營，便又回過頭來布署軍事。

定州一場大戰，流寇大敗虧輸，他滿以為可乘機活捉李自成的，不料他的部下卻被流寇拋出的那些金銀財寶弄花了眼，一時督喝不住，險些被返身回來的流寇殺敗，為此，在戰鬥結束後，他下令將一個不聽號令、帶頭哄搶的五品都司斬首，並一再告誡部眾，不能上流寇的當，只要打敗了流寇，不怕他們的金銀財寶不是我們的。

這時，阿濟格來與他會商今天的行動了。

梅雨季節，乍寒乍熱，滿洲兵不服水土，大多患了腹瀉，尤其是後面的糧食運不上來，使得大軍飽一餐餓一餐的，很多人便流露出畏難情緒。於是，阿濟格把撤兵的想法告訴了吳三桂。

吳三桂忙說：「王爺，這兵可不能退。眼下流寇已是聞風喪膽了，不但兵無鬥志，且將有歸心。這正是一鼓作氣，將他們消滅的好機會，據鄙人看，再打一仗，定可生擒李自成。」

連日征戰，阿濟格已對吳三桂和他的寧遠兵很不滿了。寧遠兵仗著地形熟，無語言障礙，所以在戰場上佔盡了便宜。再說，他們無所謂不服水土，這些日子生病的比八旗兵要少得多，他手下的兩個固山額真就是考慮到這點才主張撤兵的，認為他們耗不過寧遠兵，所以，眼下一聽吳三桂還要追，阿濟格不由眼一瞪，說：「不行，孤的兵病倒太多了，勉強上前也坐不穩戰馬。這樣下去，會一個個都趴下的，再說，越往前走，越與流寇有利，因為他們的運輸線短了，我們卻長了，耗下去十分危險，所以，孤撤兵之意已決。」

吳三桂一聽，不由急了。看形勢，他們已把流寇追垮了，劉宗敏肯把陳圓圓放回來便是黔驢技窮的明證，眼看前面就是真定府了，過了真定，過了滹沱河，便是太行山的八大口之一井陘關。此處為華北進入山西的咽喉，春秋時即為九塞之一，若奪下井陘關和固關，便可與流寇分享太行山天險，流寇就再也無法阻止他們進入山西，若退兵，豈不是功虧一簣？

但吳三桂雖受封為平西王，所率的一支關寧軍及一萬滿洲八旗，卻仍受阿濟格節制，他豈不明白，同為親王，同為世襲罔替，但英王可是一字王，而平西王卻是二字王，就多了這一個字，相差便不啻十萬八千里了，更何況他的勢力有限，若與阿濟格分軍，力量便單薄了，他只能千方百計設法留住阿濟格，當他把真定府的地理位置及個中利害向阿濟格詳細介紹了一遍，又把再追下去，可能得到更多的金銀財寶的事，向阿濟格說了後，阿濟格才勉強同意追下去。

李自成得知劉宗敏將陳圓圓放走後，不由鬆了一口氣。早飯後，後面尚無敵人行動的消息報來，李自成下旨，全軍繼續前進，向井陘、固關方向撤退。

真定府城北面是滋水，西南臨滹沱河，再往西是獲鹿縣，過了獲鹿便可望到井陘關了。此時尚是枯水季節，無論是滹沱河還是滋水，人馬都可徒涉，他們過了滹沱河，後面尚無動靜，李自成放了心，對一邊的牛金星笑了笑，說：「吳三桂還算落教，知道適可而止。」

牛金星說：「捨下一個陳圓圓，我軍得從容退往固關，這還是值得的。」

話未說完，後面忽然傳來消息：敵軍大隊騎兵已從新樂出發，涉過了滋水，直往真定府撲過來。

李自成得此消息，勃然大怒。他喚過李錦和高一功，在二人耳邊低聲吩咐了幾句，二人領旨，乃率軍分頭行動。李自成勒轉馬頭，對牛金星說：「丞相可帶著文職人員先走，看朕殺退吳三桂，再在固關與你們相會。」

說著，他下旨全軍停止前進，在真定城西隔滹沱河列陣，以逸待勞，準備痛殲吳軍。

吳三桂和阿濟格率軍趕到真定時，見大順軍已在滹沱河西岸列陣等他們。但人數不多，且隊形散亂，乃知李自成沒有把所有的力量都用上，於是又一次向全軍申明紀律，有不聽招呼者，殺無赦。

這時，李自成派出一個小校來到吳軍陣前，大聲喊道：「大順皇帝有旨，今日只與叛賊吳三桂見個高低，吳三桂若是英雄，便不要滿韃子幫忙。」

吳三桂明白，這是李自成的激將之法，乃與阿濟格商議，將計就計，由他率軍上前，阿濟格到時接應。

三通鼓罷，吳三桂終於帶隊向大順軍發起了衝鋒。他自率一軍居中，楊坤、郭雲龍在左右緊隨，一齊衝過河來。雙方纏在一起，才交手不到半個時辰，大順軍顯得不支，紛紛向後退卻，撤退時，一邊跑，一邊卻不斷在大道兩旁拋散金銀和衣物。

這裡吳三桂手中佩劍一揮，兩萬餘人馬一齊向大順軍猛撲過來，可當他們來到這些金銀旁邊時，卻不見昨天那種爭搶的局面，而是像沒看見似的，仍一個勁地窮追。此時，李自成正在後軍指揮。他見吳軍跟著追過來，人數仍是這麼多，且隊形不亂，步伍整齊，心中雖然納悶，但仍不慌。原來他在新樂休息時，便在檢討自己的失敗，便在想退兵之計。當時，當他們丟下財物後，吳軍爭相搶奪，已經亂了陣，只怪大順軍沒有把握好這一有利時機，他雖在會上將眾將埋怨了一番，但自己也明白，這是宋獻策一時的「見財起意」，事前沒有很好的組織，若早作布置，一定不是今天這個樣子。所以，他在得知吳軍在向真定逼近時，便讓李錦和高一功率兩支主力埋伏於兩邊，只帶少數人馬迎敵，眼下見吳軍追過來，他便回軍來迎，這裡李錦和高一功兩軍齊出，成三路向吳軍包圍過來。

吳三桂已吸取了教訓，事先做了防範——吳軍雖然愛財，但看見有人為此被砍了頭，他們還是害怕的，所以，李自成雖煞費苦心，吳軍卻沒有上當。

大順軍回身迎戰，兩邊李錦、高一功率主力齊出。此時的大順軍，人人個個都明白，若不殺退吳軍，讓他們跟進山西，自己沒有好果子吃；而吳軍則有恃無恐，因為他們明白，後面還有阿濟格的大軍，一旦他們不支，阿濟格一定不會坐視。所以這一仗打得十分慘烈，從中午直殺到太陽偏西，吳軍看看不支，便回頭來望阿濟格增援，但阿濟格卻好像在恪守諾言，始終按兵不動。

原來阿濟格見吳三桂堅持要追，且搬出攝政王來壓他，心中有氣，巴不得看吳三桂的笑話，打了半天，吳軍得不到增援，傷亡越來越多，這裡大順軍卻越殺越起勁，竟把吳三桂一軍截為三段，分割包圍，吳三桂更是被困在陣中，左衝右突，就是不得出。

李自成站在高阜觀戰，見此情形，立刻傳旨：有能活捉吳三桂者，封伯爵，賞千金。

大順軍戰士聞訊，一個個歡欣鼓舞，奮勇當先，這邊郭雲龍因保護吳三桂，肩上被砍了一刀，差點落馬；而楊坤也手臂中箭，形勢十分危急。

阿濟格眼看吳三桂不能支撐了，他也不想讓吳三桂死在這裡——真的死了，回去也不好交代。於是，一聲令下，乃帶著他的兩白旗衝過來，與吳軍合兵一道，跟大順軍相持。

一場混戰，殺得天昏地暗。

阿濟格站在高阜，手搭涼篷向前眺望，在滹沱河西岸，有一座土丘，土丘後面，有一頂黃羅傘蓋在迎風飄揚。阿濟格明白那是李自成在觀戰，乃派出手下驍將尼堪率一支鑲白旗輕騎，向大順軍有黃羅傘蓋的地方衝過來，大順軍沒有提防，竟由他所向披靡，漸漸殺到了李自成的身旁。

李自成見此情形，回馬便走，這裡張鼐拼死抵擋，尼堪見此情形，下令放箭，一時飛矢如雨，李自成肩上中了一箭，幾乎落馬，一邊的李錦見皇上負傷，乃帶大軍增援這邊，雖將尼堪殺退，但李錦不敢戀戰，乃鳴金收兵。

這一仗，雙方損失相近。但清軍這邊，死傷的多為吳三桂的人馬，吳三桂手下大將楊坤、郭雲龍且都負傷。吳三桂知道這一切全是阿濟格造成的，但也奈何阿濟格不得。看形勢，再要發動新一輪攻勢條件尚不具備，且不說士兵需補充和休整，就是糧草、火藥，也待後方接濟，加之阿濟格已有些離心離德了，他怕阿濟格再出幾手這樣的暗招，只得下令停止追趕，同意收兵。

大順軍終於退入固關，並繼續向山西境內從容退卻。

3 私議出走

定州戰後，大順軍的敗象便更明顯了，在向山西退腳的途中，掉隊的一天比一天多，其實不是掉隊，而是開小差，各自尋出路；就是有些身經百戰的將官，也流露出畏懼心理，認為滿洲的辮子兵不可戰勝。

李岩受了箭傷，並不厲害，因為他穿著坎肩軟甲，那一箭正射在臂膀上，雖透過了軟甲，卻入肉不深，經紅娘子為他上了金創藥、包紮後，除有輕微疼痛，已無大礙，但心中的痛苦卻比身上的痛苦更甚。

宋獻策本是跟著御營在前頭走的，聽說李岩受傷，特留在路邊等他。

紅娘子正為整日唉聲歎息的丈夫憂愁，見了宋獻策很是高興。自從兵敗山海關，大順軍中，人人無不垂頭喪氣，只有這個矮子不改初衷，整天仍是笑呵呵的。所以，紅娘子一見宋獻策，很是高興，心想，矮子是一劑解藥，丈夫和他在一起心情或許要寬暢些。於是，三人並轡而行，紅娘子並先起頭，說起了當前的戰事：「軍師，不知怎的，眼下這仗越打越窩囊，五萬多人馬，竟被人家三萬多人像趕鴨子似的，追著打，這在以前是從來沒有過的，要不是你那句話喊醒了他們，結局會更慘。」

面對女流，玩世不恭的宋獻策只能正經起來，搖了搖頭說：「今非昔比，那時是叫化兵，無牽無掛，眼下卻不同了，誰個身上沒有黃白之物？有些人還腰纏萬貫，於是，捨命不捨財。」

紅娘子說：「這些人，怎麼就想不通，竟那麼看重錢財，退一萬步說，真正打下了江山，這些東西不都是你的嗎，怎麼就爭這一時呢？」

宋獻策笑了笑，忽然說：「紅帥是過來人，見的世面多，你說說，世上什麼人最容易脹死？」

紅娘子很久沒見軍師，面對大順軍兵敗如山倒的局勢，心中著急，也想與他正經聊幾句，不想矮子卻顧左右而言他，她不知對方葫蘆裡賣的什麼藥，只好回頭望丈夫笑笑，說：「軍師又沒正經的了。」

宋獻策卻故作正經地說：「紅帥怎知山人這話就不正經呢？告訴你，最容易脹死的是餓得最久的人，時時饑腸轆轆，見了面前的山珍海味，能不窮吃餓吃？唐朝的詩人杜甫就是這樣，一葉扁舟，漂至耒陽，在船上絕糧，耒陽那個姓聶的縣令很喜歡他的詩，送了他許多牛肉和酒，餓得頭昏眼花的老杜於是飽餐一頓，結果，一代詩聖，竟脹死在船上。唉，這種人，一生餓得苦，到頭總算做了個飽死鬼，也值。」

紅娘子不由瞪了他一眼說：「老宋，你真刻薄，也該餓死。」

李岩於一邊解嘲說：「這種人，餓不死。」

紅娘子不解地問：「怎麼餓不死呢？」

李岩說：「這些年，他浪跡江湖，上無片瓦遮身，下無立錐之地，腰懸一個葫蘆，口談陰陽二理。就憑一張口，養活一個人，只要自己吃飽了，全家都餓不死。你說說，他憑這張嘴，到哪裡不混飽肚子？」

紅娘子聽丈夫如此一說，勉強笑了笑，卻說：「他倒真是這樣，可大家呢？」

一提到大家，李岩便不由自主地、重重地歎了一口氣。宋獻策聽李岩歎息，乃回頭對他說：

「任之，你歎什麼氣呀？」

李岩搖搖頭，苦笑著說：「沒什麼，沒什麼，我傷痛。」

宋獻策亮著一雙狡猾的小眼睛，笑著說：「不是傷痛，是心痛。」

李岩說：「你不是我肚內蛔蟲，怎知我心裡事呢？」

宋獻策說：「我不但知你心痛，還知你另有打算。」

李岩不由望了他一眼，不說是，也不說不是。宋獻策終於正經起來，他說：「這以前，山人不就對你說過嗎，世上事物，無時無刻不在變化之中，不是旁人可勉強的，你為他歎息，為他心痛，他不一定會認真反省，還是那個梁武帝說得好，自我得之，自我失之，又何恨也。」

李岩說：「假如年初他能接受你我的建議，假如在居庸關……」

話未說完，就被宋獻策不耐煩地打斷了，說：「事實沒有假如，造化不容反悔；經驗為什麼可貴，就是因為經驗有了，機會往往就沒有了。世間事若依你這麼假如下去，還有完沒完呢？」

李岩被他搶白，心灰透了，坐在馬上，懶洋洋的，只一聲一聲地長歎。

宋獻策看在眼中，說：「任之，算了吧，何不談談你的雖然但是？」

李岩莫名其妙地說：「我有什麼雖然但是？」

宋獻策再次亮著他的狡猾的小眼睛，望著李岩說：「以你的抱負，以你的雄才，應該有個人的想法，所謂山窮水盡疑無路，柳暗花明又一村。」

李岩心有所動，卻不作聲。宋獻策又閒閒說道：「昨天有消息說，南明兵部尚書史可法派人四處招降，大順軍派往山東的招撫史、三品制將軍董學禮已被南明招撫過去了；另有消息說，河南的故明官員陳潛夫、土豪劉洪起乘機起兵與大順軍為敵，他們殺害了我們派在當地的官吏，宣布效忠南明，河南可是你的故鄉啊。」

李岩沒有接腔，卻是滿目淒涼——他何嘗沒有想法，何嘗不思念故土，還在北京，李自成最後向他問計時，他就想到了河南，那裡是戰略要地，想當初，大順軍在陝西處處受窘，就是在進入河南後，才蓬勃發展起來的。眼下李自成想經營關中，以那裡為據地，謀求東山再起，那麼，要守陝西便必須先守河南，以自己對那裡情形的熟悉，若是回到河南，真是蛟龍入大海。但當時他沒有說出口，因為他明白，李自成對他已有成見，加之大順軍將領之間彼此的防閒，他不能不慎重。

宋獻策又說：「河南與陝西毗連，河南不保，潼關危矣，還說什麼經營關中呢？這可是一個堂堂正正的脫身的理由。」

李岩見左右護衛都離他們遠遠的，身邊只有一個紅娘子，便說：「既然你已看出來了，何不助我一臂之力？」

宋獻策想了想，說：「你呀，該防的你不防，我當初多次提醒你，要你少說為佳，可你總當耳邊風，現在人家對你已多心了，可不能再執迷不悟，好在現在你已受傷了，這些日子不如藉此請假，先緩一陣再說。」

李岩於是連連點頭。

直到進入山西，李自成才緩了一口氣。不想才安定了幾天，警耗噩音，不絕於耳——先是據守大同的姜瓖叛變了，且殺害了大順軍派在大同的節度使韓文銓，投降了多爾袞；接著，又反了代州。此兩處不守，山西北邊門戶洞開，這時，太原附近的州縣：榆次、太谷、定襄等地的故明官吏乘機起兵，回應姜瓖，殺害大順軍地方官，一些逃往深山的土豪也紛紛組織團練與大順軍為敵，李自成及眾文武在太原尚未得到好好的休整，警報頻頻，竟然手忙腳亂。

劉宗敏傷勢漸痊癒，乃帶兵攻滅了太原四周的反叛，李自成剛剛喘了口氣，卻又接到留守長安的大將田見秀的密報，謂張獻忠進入四川後，出兵北上攻掠漢中，而清兵又在北邊集結，有從內蒙鄂爾多斯南下攻陝北的可能。

李自成看著這些警報，生怕老家有失，乃留前明降將陳永福守太原，自己駐蹕陝西韓城，準備將主力也往陝西撤。

這天，他又接到兩份密奏，一份說崇禎帝的堂叔福王在洛陽被殺後，他的兒子、第二代福王朱由崧已南逃到南京，被那裡的故明官員擁立為帝，改明年為弘光元年，弘光朝的兵部尚書史可法想恢復故明承天、襄陽兩府，乃催督武昌的左良玉向這兩處靠攏，有進攻的跡象；另一份則仍說河南的事——自陳潛夫、劉洪起起兵後，豫省的殘明勢力死灰復燃，就像當初反明一樣，眼下則紛紛起兵反大順，大順軍派在那裡的官吏十不保一，再不派兵增援，中原恐不能為大順所有了。

李自成看到這兩份密奏，心中悶悶不樂，這時，宋獻策正好在他身邊，宋獻策見皇上臉上冷冰冰的，似能刮下一層霜來，乃問起原因，李自成把手中的密奏往宋獻策懷中一放，口中喃喃地念道：「河南，河南可不能丟啊。」

宋獻策匆匆看完密奏，說：「皇上所慮甚是。中原位居中心，四通八達，凡欲爭天下者，必先控制中原；而豫北的彰德、衛輝、懷慶三府不但拱衛晉南，且南屏洛陽、潼關，地位更是重要，若河南不保，不但山西更加危險，且關中也難守了。」

李自成歎口氣說：「山東、河南兩地，朕皆派有官員鎮攝，沒有料到他們去後，不但未能撫綏百姓，招聚流亡，為朝廷效力，居然連本土也守不住，才短短一個月，局勢竟翻過來了。」

宋獻策說：「這以前派往這兩地的官員，不過是一班降官降將，他們有的與姜瓖差不多，貪圖富貴，罔知大義；有的卻又因循守舊，不知變通，辜負了皇上殷殷囑託。」

李自成歎息說：「姜瓖之叛，李任之早已提醒過，說此人不可靠，可惜朕沒有採納，就說這河南，那次朕看他也是欲言又止的，怪只怪朕沒有接著問下去。」

宋獻策乘機進言說：「李任之眼下在平陽養傷，皇上何不將任之召來，聽一聽他的看法。」

李自成說：「朕也十分想他。只是這以前，他提過好幾次建議，朕都沒有採納，可能心生怨望，此番不知肯來不？還得軍師你去勸一勸他。」

宋獻策說：「任之對皇上一向忠心耿耿，豈會為這點小事掛懷，臣這就去傳皇上旨意，將他召來。」

李自成連連點頭，於是，宋獻策興沖沖地去了平陽。

李岩自真定退往山西後，便奉令帶領本部人馬，暫駐平陽，大順軍連連敗北，待姜瓖叛變，形勢已十分不利於大順朝了。這以前，若能保守山西、河南等地，有關中為後盾，尚可與清兵周旋，就是南明佔有江南，也可成三足鼎立之勢，而眼下這局面，只怕連這一設想，也成空中樓閣了，思前想後，李岩在平陽真是度日如年，就在這時，好友宋獻策來了。

「任之，你瞧，山人給你帶好消息來了。」宋獻策一見面，先給他道喜。

李岩此時想見的便是宋獻策。這幾天，他已暗暗打定主意，並和紅娘子商量好，就是皇上不答應，他也準備私自帶兵回河南。但這個主意有些冒險，一是這一走，別人會看作背主私逃，乃不義之舉；二是前途困難重重，因為這一走，頂多只能帶走自己原來的一部分兵，那不過三五千人馬，前往河南，未免勢單力薄；三是萬一消息洩露，皇上派人尾追或堵截，自己將無法應付，打也不能打，逃也無法逃。有此三點，紅娘子乃勸他聽一聽宋獻策的主意。

正巧就在這時，宋獻策竟親自來了。宋獻策見李岩還在發呆，便說：「你不是有回鄉的打算嗎，眼下可是天隨人願了。」

李岩聞言，不由向著宋獻策深深一揖，說：「謝天謝地，皇上終於同意讓我回河南了，沒有我兄鼎力相助，豈有今日，真該好好地謝你。」

宋獻策說：「山人哪有這麼大的面子，還不是靠了陳潛夫、劉洪起。」

李岩忙問起所以然，宋獻策把個中細節向他說了一遍，說：「若不是陳潛夫、劉洪起這麼一鬧，那個人哪會想起你？眼下他親口對我說了，他很想見你，且露出了讓你去河南收拾殘局的意思。所謂國亂思良將，你此番去見他，只要奏對稱旨，一定會如願以償。」

紅娘子在一旁也很高興，她說：「不管怎麼說，還是要搭幫軍師，真不知該怎麼謝你。」

宋獻策笑瞇瞇地說：「是嗎，你紅帥要謝山人，山人還真想要，就看你答不答應？」

紅娘子望丈夫笑了笑說：「你看你看，他還真蹬著鼻子就上臉呢，好吧，你說，要什麼謝禮？」

宋獻策望著李岩的腳，說：「山人一生漂泊，也未說過媳婦，那妝郎鞋這輩子是穿不到了，軍中發的那種靴子又硬又笨，山人穿了那靴子後，腳越加不聽使喚了，所以，別的山人也不想，只想讓紅帥親手為山人做一雙布鞋，就像任之眼下穿的這樣的，鞋幫要結實，鞋面卻不要太講究。」

紅娘子不由癟著嘴一笑，說：「就為了這事，我還以為你要犀牛頭上角，大象嘴中牙呢，一雙鞋子還不是小菜一碟。」

說著，就要宋獻策脫下鞋，量了尺寸，並說：「這幾天我正閒著，不出三天，管叫軍師有新鞋穿。」

說過這頭再說那頭，宋獻策忽然收住笑容，說：「不過，任之，你也不要高興太早了，剛才山人已說了，這就是『奏對稱旨』，要知道，那個人是個雙料曹操，本來就多疑得很，加之近來事事不順心，脾氣更加不好，你在奏對時要注意，只揀他愛聽的話說，不要像平日一樣，讓我在一邊為你提心吊膽。」

紅娘子聽宋獻策這麼一說，不由多起心來，說：「是的，任之，你是已經把皇上得罪苦了的，不然他也不會讓你坐冷板凳，這回可要信軍師的，不要不識相，不然，你就不要去了。」

李岩生恐妻子阻攔，忙說：「皇上若問起，我只就當前形勢，說一說自己的看法；不問就不說，怎麼會不識相呢？」

紅娘子此時處在兩難的境地，既怕丈夫出意外，因為她太愛這個丈夫了，又不願丈夫放棄這個機會，她也看出，李岩這脾氣，遲早是要得罪人的，再待下去，只有死路一條，於是回頭對宋獻策說：「軍師，這個人我是交給你了，你可要保他囫圇地去，囫圇地回。」

宋獻策說：「這個當然，若任之有個意外，山人有什麼臉再見紅帥？」

4 李岩被殺

李岩和宋獻策趕到韓城時，李自成正準備督率大軍往長安撤。

先是北邊警報頻傳：姜瓖降清後，在他的勸誘下，唐通也跟著於府谷投降了清朝，府谷位於陝西與山西交界處，屏障陝北，府谷不保，清兵便可南下攻榆林，若榆林不守，延安府便危險了，那裡可是自己的老家，豈能放棄？

於是，李自成一邊將已是風雨飄搖的山西交與陳永福，一邊調大軍準備守衛榆林，自己則加快了撤往長安的速度。

眼下這局面，真是天天都有不利於己的消息傳來。李自成捉襟見肘，只能忙著拆東牆補西壁。一人沉思之際，不由也常想到李岩的規諫，想起自佔領長安以來，說奉承話的多了，也只有這個李岩肯說直話，且每次幾乎都說到了點子上。心想，這個人還真有些眼光，若當初就信他的，先清藩籬，再窺堂奧，待關中鞏固，河洛澄清，再南下收拾江南，以江南之財賦，養西北之甲兵，那時基礎牢靠，兵力雄厚，橫行天下，誰能與之爭鋒？

可惜這一切都成了過去，悔也遲了，眼下越想越覺李岩是個人才，只怪自己當初沒有聽他的，才導致局面越來越不可收拾。他就這麼盼著、想著，李岩終於趕到了韓城。

李自成對李岩的到來十分高興。此時，他駐蹕韓城縣衙，一聽他到了，馬上在後堂召見李岩與宋獻策。宋獻策陪著李岩進來，向李自成跪拜，李自成一把扶起他，並拉著他的手說：「任之，朕這些天很想你，也惦記著你的箭傷，應該早好了吧？」

李岩見皇上還在關心自己的箭傷，不由感到慚愧，其實，他的傷不重，不值一提。忙說：「謝皇上關懷，臣那點小傷，算不得什麼，皇上有事，只管差遣，臣萬死不辭。」

李自成對這回答很滿意，他賜李岩和宋獻策分坐兩旁，又說：「任之，看來你當初的建議是對的，我軍北上是過於急躁了些，且沒有料到滿韃子會從中插一槓子，就像走棋一樣，一步棋沒有走好，便處處被動，鬧成眼下這個不利局面。現在不但山東丟了，河北丟了，山西垂危，就是河南、鄂西北也告急。朕看冀魯已是鞭長莫及了，但河南卻絕不能再有閃失。你是河南人，在那裡口碑很不錯，朕想派你回河南去，不知你可有把握收拾局面？」

李岩不意皇上不等自己開口，就先把派回河南的話說了出來，心中不由高興，馬上說：「皇上所慮甚是，河南地處中原，地位重要，尤其是豫西北三府，與晉、陝兩省息息相關，眼下那裡局面堪憂，若一旦有失，洛陽、潼關都有危險，臣是豫省人，對那裡山川形勢、風土人情雖不說瞭若指掌，但有利條件確比他人要多一些，何況臣妻曾在豫東一帶起事，那裡至今還有許多桿子知道她的名字，皇上既然派臣前去，臣一定不遺餘力，組織百姓，打擊豪強，召聚流亡，拱衛我大順，把那裡的局面恢復過來。」

李自成一聽，頗壯其言，於是又問道：「派你去河南，朕是放心的，也相信你們夫妻一定能打開局面，但不知你要帶多少兵，還有什麼其他要求？」

李岩一想，眼下正是用兵之際，既要拱衛陝北，又要防守太原，縱觀全域，皇上能抽出的機動兵力不會太多，但他明白，自己這一去困難一定不少，手中兵越多，把握越大，反之，便很難見成效，左想右想，很難開口。

李自成見他在猶豫，便催問道：「任之，你快說吧，多少兵，你說個數，朕盡量滿足你。」

李岩一聽這話，不由說：「河南眼下土匪蜂起，山頭林立，要收拾這班人不難，難的是乘機而起的故明官吏，這班人豎起桿子，便是一面旗幟，且能與江南互通聲氣，所以，對付他們要難些，臣此去若人數太少，恐很難打開局面——」

李自成說：「任之，你不要說了，再多的人馬朕也派不出來，勉強湊個一萬到一萬五還是可以的，你看，你的舊部有五千人，朕就跟你湊個整數怎麼樣？」

李岩心中想的也是這個數，忙點頭說：「皇上若能給臣兩萬人馬，臣一定不負皇上厚望。」

當下，李自成立刻下旨，讓李錦撥兵。

李岩與宋獻策退下，自去為河南之行做準備，其實，宋獻策未嘗不想回河南，但他不能提，一提便很顯眼，讓人懷疑他們是事先串通好的，他於是一再叮囑李岩，去河南後，可不要把他忘了。

這裡，李錦卻匆匆來見皇上。原來李錦已奉令北援榆林，眼下皇上讓他分兵，心裡本就不自在，加之他對李岩有成見，不願讓他一人帶兵在外，所以，接到皇上手諭後，立刻跑來阻攔。

「皇上，你怎麼有時也犯糊塗呢？」李錦自恃為皇上親侄子，且追隨李自成最久，所以，在無他人在場時，說話十分隨便，眼下他開口便有責怪之意。

李自成一怔，說：「怎麼啦？」

李錦說：「李任之出身世宦家庭，本來眼裡就沒有我們這些泥腳桿子，數次阻撓大計，尤其是進入北京後，更是行為乖張，專門與我們對著幹，眼下我們走下坡路了，好多人都不辭而別，這班人要走也就讓他們走算了，可李任之不比他人，他一向自認為有抱負、有作為，將來必有大造化，你讓他帶兵去河南，且讓紅娘子也跟去輔佐他，這不是如虎添翼，放虎歸山嗎？」

此言一出，立即提醒了李自成，不由想起了在撤出北京時，李岩那不識時宜的諫阻，想起了他對前明官員的寬仁，不由站了起來，以拳擊掌，說：「這倒也是，這倒也是，不過——朕讓軍師將他找來，且當著軍師的面答應他了，若反悔，只怕有些不便。」

李錦說：「這有什麼不便，軍情瞬息萬變，當然要隨機而定，派他去就去，臨時收回成命了，他敢不遵旨？至於那個宋矮子，他與李任之早就串通一氣了，我們不能不防他吃裡扒外。」

李自成一聽，不由連連點頭。

李錦退下後，已是快掌燈的時候了，李自成又一次將李岩請到了後衙，這一回，宋獻策沒有奉召。

李岩不知皇上為什麼又請他，以為還有什麼重要事情交代，於是，恭恭敬敬來到後衙，靜聽皇上訓示。

李自成讓李岩坐在自己下手，然後讓左右擺上酒菜，並親自為李岩把盞。李岩見皇上單獨賜宴，以為這是為自己餞行，既高興，又有幾分惶恐，心想，看來，皇上已在認真檢討自己的失誤了，開始虛心納諫了，於是，過去對李自成的那種知遇之感不由又重新回來，一時真不知要如何表達自己的忠心。

酒過三巡，李自成歎了一口氣說：「任之，朕悔不該沒有採信你的建議，以致連連失算，今日這局面，已是大不如前了，眼下好多人都失去信心了，有的離朕而去，有的甚至反目成仇，但不知你有何看法？」

李岩明白，這是指明朝的一班降官降將，他們投降後，對李自成大肆歌功頌德，李自成被他們哄得樂不可支，牛金星組閣時，對他們無不加官進爵，不想眼下他們卻趁大順兵敗，一個個溜之跑也，李自成這麼一說，他不由感慨系之，乃娓娓言道：「那些人，多為功利而來，有勢則從，無勢則去。當時因人成事，不得不焉，眼下不辭而別，這只能說明他們背信棄義，鼠目寸光；再說，這些人在大順軍中，毫無威望可言，就這麼一走，並無妨大局，臣敢說，只要我們局面一好轉，他們又會乖乖地回來，皇上不必放在心上。」

李自成目不轉睛地望著他，又說：「眼下滿韃子猖獗，我軍屢敗，局勢於我已十分不利，任之認為可有挽回餘地？」

李岩說：「至於眼下局勢，依臣看來，雖不利於我大順，但也不是完全不可收拾，當年楚漢相爭，高祖連連敗北，但他採用韓信之謀，乘楚漢相持於滎陽、成皋間，派韓信率軍擊魏破代，背水一戰，大破趙軍，連下燕、齊，佔據黃河下游之地，終於擊敗項王。臣看眼下這局面，也可與當年楚漢相爭差可比擬，滿虜兵鋒雖銳，但入關後立足未穩；南明偏安一隅，文恬武嬉，不思警省，這些都是有利於我大順的，但等臣在河南站穩腳跟，安撫流亡、整頓軍備，到時與晉陝連成一氣，重整旗鼓，將舊山河從頭收拾，這也不是不可能的。」

李自成很是高興，又與李岩滿斟一杯，並雙手相敬說：「任之，有你這話，朕就放心了，不過眼下滿虜兵鋒甚銳，吳三桂雖已回京，朕估計他回京後，補充了糧秣火藥，休整了士兵，不出月餘，便會捲土重來，朕打算明日便親自去長安布署，做應急準備，但朕新敗之餘，一時難以振作，到時只怕等不得你的增援，晉陝便要放棄了。」

李岩雙手接過皇上遞過來的酒，一飲而盡，面上發燒，心中激動，乃說：「皇上不必過慮，依臣看來，眼下滿韃子已得北京，並分兵四處征討，其亡我中華、併吞天下之狼子野心，已是昭然若揭了。吳三桂引清兵入關，已成了民族罪人，必將激起我天下軍民之共憤，因此，他不但是我大順不共戴天之敵人，也成了我全體大漢民族的敵人，我皇上若以振興大漢民族為旗幟，內懲國賊，外禦滿虜，一定會得到天下庶民的擁戴。所以，臣建議皇上回長安後，應心中有底，要有長期與滿兵抗衡的打算，這不但要先鞏固關中，招納賢士，安撫百姓，精兵足餉，且要分清主次，廣結同盟，凡不願亡於滿韃子的，都可與之結交，如有可能，不妨也可與張獻忠聯手，南撫殘明，北拒清虜。」

李岩乘著酒興，侃侃而談，不想這些建議，早已超出了在北京李自成向他問計時的那個範圍了，李自成一聽他主張與張獻忠聯手、並南撫殘明，不由暗暗吃驚，心想，張獻忠眼下正攻我漢中呢，再說，他已稱帝，天下豈能有兩個皇帝？這個李岩，幸虧未將他派出，不然，大錯鑄成了。

可李岩卻仍是心裡想什麼，嘴裡就說什麼，完全把宋獻策告誡的話丟到腦後了，他上下五千年，縱橫三萬里，直把自己的見解全盤托出，才滿意地告辭。

李岩走後，李自成立即將李錦、牛金星召來，制將軍郝搖旗是奉旨先行去增援延安的，因尚未出發，也一併來了。李自成將李岩剛才說過的話，向李、牛、郝三人敘述了一遍，三人一齊搖頭，李錦更是咬牙切齒地說：「好傢伙，還自比韓信呢，皇上可知，韓信破魏滅趙、下燕取齊之後，見齊國宮室壯麗，就要自稱齊王了，高祖派人請他出兵相助，他便要價了，不封他齊王，便不出兵，皇上若派他去河南，可打算封他為豫王？」

郝搖旗外甥被殺，對李岩早已恨得牙癢癢的，只因皇上寵李岩，他無可奈何，眼下一見這形勢，哪能放過這機會，於是說：「李岩對自己的人就狠，對明朝的官員卻十分寬仁，這分明是留後路，皇上若讓他去河南，無異於放虎歸山。」

牛金星早察覺出李氏叔侄對李岩已十分不滿了，也乘機進言說：「據臣所知，當年宋獻策獻圖讖，說十八子當主神器時，李岩聞言臉上喜氣洋洋，頗有自負之色，臣當時尚以為他是為皇上喜，現在看來，這喜另有深意，要知道，皇上姓李，他也姓李——」

李自成一聽，那一隻獨眼裡，竟發出一種冷幽幽的光，用力一拍案桌，惡狠狠地說：「這個酸丁，居然如此猖狂！」

李岩奉旨第二次覲見時，宋獻策正想為他餞別。乃在住處準備了一桌酒菜，想在李岩出來後便和他對飲，不想左等未來，右等不見蹤影，直到起更時，才見李岩醉醺醺地從行宮出來，他將李岩扶往自己的住處，用清茶為他解酒，折騰到半晚，李岩終於清醒過來，宋獻策便盤問他奏對的經過，當聽李岩說起自己所建之議後，宋獻策竟嚇出一身冷汗，說：「你呀你，真不知死活，皇上說起有人背他而去的話，便是對你已生疑了，你怎麼還去說韓信的故事，還勸他聯絡張獻忠呢，這些話句句都是犯大忌的，依我看，你已惹下殺身大禍了，還想帶兩萬人馬去河南呢，趕快走吧，不然，我真無以對紅娘子了。」

李岩聽好友一說，乃把當時的情景回憶一遍，又仔細回味皇上說話的態度和口氣，心裡不覺也有些害怕，但仍有些不相信地笑了笑說：「你呀，還說人家是雙料曹操呢，我看你也差不多，人家可還沒有到劉邦、朱元璋那個地步，何況他明日便要去長安了，不會有機會收拾我。」

宋獻策連連頓足說：「李任之，你也不想想，曹操、賀一龍，還有袁時中是怎麼死的！」

第二天，李自成果然留劉宗敏等人守韓城，自己擺駕先行去長安，隨行的有高一功等人，眾人送過皇上後，李岩、宋獻策正要歸寓，只見牛金星手下一個長史匆匆走了來，攔住說：「丞相請李將軍去府裡說話。」

宋獻策與李岩對視一眼，宋獻策說：「李將軍還有很多事要辦，明天再說不成嗎？」

長史說：「丞相聞李將軍將要去河南，有事拜託，若等到明天，恐來不及了。」

李岩一想，牛金星也是河南人，聽說自己去河南，可能是託他照顧什麼人，於是欣然前往。宋獻策本想攔阻，可當著這個長史的面，有些話他又不能說出口，竟眼睜睜望著李岩去了。

李岩到了牛金星的下處，見牛金星也備了酒菜相候，不由放了心，牛金星笑盈盈地拉著他的手，說：「任之即將履新，特治酒為之送別，待會還有事相託呢。」

李岩推辭說：「皇上已經賜過酒宴了，丞相何必多此一舉？」

牛金星笑著說：「皇上那是賜宴，我這裡是為同鄉好友餞行，豈能不喝？」

李岩無法推辭，只得坐了下來，牛金星親自為他把盞，酒過三巡，寒暄已過，牛金星起身說：「任之稍候，我去方便一下就來。」

李岩說：「丞相請自便。」

牛金星退到案桌後，只見郝搖旗從後面突然走了出來，李岩一驚，說：「郝將軍，你怎麼不出來共飲？」

郝搖旗卻惡狠狠地說：「李任之，有人告你謀反，我奉特旨拿你。」

李岩聞言大吃一驚，尚待分辯，只見從左右擁出許多刀斧手，竟衝上來，不由分說，一頓亂刀砍來，一下將李岩砍倒在地。

宋獻策見李岩走後，便知大事不好，他手頭無兵，且也不可造次，只急得在房中轉圈子，不一會，手下一個護兵走進來，氣急敗壞地說：「軍師，不好了，李將軍被殺了。」

宋獻策大吃一驚，急忙走出來。不想才到縣署門前，便看見一顆血淋淋的人頭，掛在大門口的旗桿上，走近一看，正是李岩，瞪著一雙憤怒的眼睛，正仰望蒼穹，宋獻策不由怒氣填膺，便要去找牛金星理論。這時，劉宗敏走了過來，見宋獻策發火，不由問起緣故，宋獻策乃向他指了指李岩的頭。一見李岩被殺，劉宗敏不由吃了一驚，道：「這是何人的主意？」

宋獻策說：「皇上已走，這裡一切都由丞相在作主了。」

劉宗敏一聽一切由牛金星作主，不由大怒，說：「這個狗日的王八蛋，無寸箭之功可言，竟敢殺我一員大將，軍師，你不要去了，看老子如何收拾他。」

說著，便怒沖沖地去找牛金星。

宋獻策卻返身回到住處，略作收拾，乃乘眾人不備，一人溜出了韓城，揚長而去……

十一 攝政王爺

1 多爾袞執法

八旗大軍進入北京已一月有餘了，北京城漸趨安定。

這天中午，正黃旗的親兵隊長尼雅翰上完操，只覺餓腸轆轆，一步跨進伙房，見擺在案上的只有青菜和豆腐，到處撥拉尋找，沒有半點葷腥，他不由生氣，對著掌勺的伙夫大聲吼道：「奶奶的，怎麼淨是素菜？老子又沒出家哩。」

伙夫朝他啐了一口，說：「你小子出口就是葷的，還說素呢，想魚肉你當攝政王去，他的御廚裡可有大魚大肉。」

尼雅翰一聽火了，乃朝他大罵道：「攝政王怎麼啦，十多年來，老子的肉屁股磨破了幾副馬鞍子你知道嗎？就是正黃旗的旗主也不是這麼跟老子說話的，你小子伙頭軍一個，敢不好好地服伺爺們？」

這時，好友蘇麻達過來了。一見尼雅翰跟伙頭軍生氣，忙跑過來說：「尼雅翰，別跟他吵了，我們打野外去。」

尼雅翰瞪了蘇麻達一眼，說：「這個時候打什麼野外，」

蘇麻達朝他眨了眨眼睛，低聲說：「打什麼野外你也不知道，還在我跟前吹什麼箭法？天上飛的，地上跑的，見什麼打什麼唄。」

尼雅翰被纏不過，只好背上弓箭，牽馬走出了營盤。

騎馬出西直門往西北，不多遠便是海甸。因為有好幾處皇家園林，這一帶成了禁苑，樹木蔥蘢，花草茂盛，眼下明朝皇帝沒了，上林御苑更是遭劫，這裡原有一處鹿苑，飼養了很多梅花鹿及其他野物，此時也成了無主之物，被人搶獵一空，但也偶然有倖存者，蘇麻達前天就曾和兩個弟兄在這裡射到過一隻麅子，帶到伙房裡幾個人飽餐了一頓，今天，蘇麻達又把尼雅翰帶到了這裡，便是還想前天的美事。

他們策馬而行，轉過了好幾處山崗，但黃天焦日，曬得人頭昏眼花，卻連一隻小野兔也沒發現，尼雅翰好失望。

身為正黃旗旗主的親兵隊長，尼雅翰手下也有五六十號人，官雖不大，但頗得旗主譚泰的信任，當年攻撫順，譚泰率一軍為左翼，半途遭遇明軍的圍攻，當時箭矢如雨，譚泰中箭落馬，一名明軍大將拍馬朝譚泰衝來，要一刀了結他的性命，就是尼雅翰拼死上前，將譚泰背著衝出了包圍圈，為此，他由一名普通的步兵提做了巴牙喇兵，後被提升為塔坦，兩年後，做到了撥什庫。譚泰曾經許諾，只要他好好幹，馬上就要提他做翼長，掌正黃旗的大纛旗，可眼下的日子好難熬啊。

以前他們正黃旗隨皇太極數次入關，哪次不是飽掠而還？打了勝仗，且不說皇恩懋賞，封官晉爵，就是每日的伙食，無一天不是肉山酒海，盡飽盡醉。可這次卻不同了，不但不能燒殺擄掠，還要賑災濟困，救助老弱，甚至連自己的口糧，也要勻出來濟民，攝政王頒布了一系列的禁令，不但不能搶掠，還要保護眼前的一切，這無疑是加在八旗戰士身上的枷鎖，眼下，天天是青菜豆腐，尼雅翰嘴中，能不淡出鳥來？

就在尼雅翰於馬上罵娘之際，蘇麻達忽然低聲說：「別罵別罵，看，那不是一隻麅子嗎？」，尼雅翰順著他的手勢朝前一看，只見前面不遠處，有一處大葦塘，塘邊有一戶人家，竹籬茅舍，一個漢人老漢正在樹蔭下織雞籠，旁邊臥著一隻大黃狗，正熱得向著主人伸出長長的舌頭。

尼雅翰不明白，蘇麻達嘴中的麂子在哪裡，不想蘇麻達騎馬近前，笑著向那條黃狗一指，說：「你的眼睛真沒用，看，那不是嗎？」

尼雅翰仍不明白，但前面那隻狗卻似乎一下明白了，它忽地跳起來，幾步躥向前，向著兩個陌生人狂吠。

尼雅翰馬上被提醒了——他娘的，老子並沒有打你的主意你吠什麼，不是找死嗎？於是，他馬上從背上取下弓箭，準備射狗。

狗叫聲驚起了這個老漢，一見眼前這形勢，便明白狗闖了禍，馬上奔過來，一邊吆喝狗，一面要阻攔尼雅翰，不想尼雅翰的手腳真快，老漢才到跟前，他那裡飛矢已射出，只聽「忽」地一聲，一箭正中狗腿，那狗大叫一聲，拖著箭便一瘸一瘸地往回跑，這裡蘇麻達也跟著補了一箭，正中狗的肚子，腸子一下垮了出來，立刻倒地死去。

老漢一見自己的愛犬被殺，不由惱怒，他也忘記了眼前的危險，竟指著尼雅翰和蘇麻達破口大罵起來。蘇麻達不懂漢話，雖明知這是罵人的話，也不管他，跳下馬便來拖狗，這老漢一邊上來爭奪，一邊仍罵不絕口，蘇麻達火了，乃飛起一腳，將這個老漢踢倒，提起死狗，丟在馬褡子裡上馬就走。老漢爭不過兩個軍漢，但氣忿難忍，不由指著他們大罵道：「殺千刀的滿韃子，真是比土匪還不如。」

蘇麻達不懂漢話，尼雅翰懂，他已是窩了一肚子火了，爺們殺一隻狗有什麼要緊呢，若照以前的規矩，爺們還要逢人就殺、遇房子就燒呢，這老雜毛不識好歹，竟然出口傷人。他一時怒從心中起，惡向膽邊生，順手從背上取出弓箭，朝這老漢就是一箭，只聽「忽」的一聲，一箭貫穿胸，那老漢口中鮮血噴湧，立即倒地掙扎不起。

尼雅翰和蘇麻達卻興沖沖地打馬回營了。在他們營盤的背後，有一處破廟，廟祝早不知跑到哪裡去了，卻把鍋盆碗盞丟在屋裡，至於爛門窗、破桌椅到處都是，一時也燒不完，所以，弟兄們平日常在這裡打平伙、開小灶。

蘇麻達已瞄準了這裡，他把馬拴在樹下，將狗拖到破廟裡，立刻動手剝皮，尼雅翰卻去約了另一個名叫薩布素的巴牙喇兵，自帶了一瓶酒，來吃狗肉。

狗肉下鍋後，約半個時辰，鍋裡漸漸飄出狗肉香來，尼雅翰好得意，正想三個人席地而坐，飽啖一番，就在這時，忽聽外面有人在大喊道：「在這裡，果然在這裡！」

尼雅翰一驚，細聽口音時，似是平日的兩個酒肉朋友。心想，這兩個背時鬼怎麼也得消息了，原想的三一三剩一是不成了，看來得逢五添作二。不想迎出來一看，竟嚇出了一身冷汗——大坪裡站了不少穿黃馬褂子的御林軍，一個個手持刀矛，都怒氣沖沖地望著他，正中立著的那人，竟是當今紫禁城裡的主人。

多爾袞是來西苑察看這破敗的皇家園林的。

畿輔一帶的暴動，已被他逐次平定。隨著暫緩剃髮令的頒布，以及大批糧食從關外和朝鮮運到，京城民心漸安，秩序也漸趨穩定，前明的文武百官，除了少數逃走，大部分都留了下來，且都來吏部報到候選。更讓人欣慰的是吳三桂、阿濟格一軍已將李自成趕出了直隸，另一支清兵也進展順利，眼下已進佔霸州至德州一線，山東已是指日可平定了，降將唐通、姜瓖見大順朝廷已是日薄西山，於是，轉過來又投降了大清。

多爾袞都來者不拒，一一笑納，前天，他更是只發了一道詔書，前明的大學士馮銓立即屁顛屁顛地來京晉覲了。這個馮銓，在前朝曾依附魏忠賢，為東林的正人君子所不待見，但依附魏忠賢又如何呢，那都是過去的事了，於大清無半點損傷，多爾袞看重的是馮銓那「大學士」的頭銜，大學士可是宰相啊，明朝的宰相能投降我大清，這事本身便了不起，更何況他仍有不少門生故吏，散處各地，招降了他，便可號召一片，何樂而不為？

《堯典》上說：興滅國，繼絕世，舉逸民。多爾袞覺得自己正在按照聖人之教，一步步地做將來，他很有信心。

入關之前，多爾袞已定下攻佔北京、並遷都北京的計畫，眼下，這個目標是接近實現了，但下一步呢？想當初，面對強大的明帝國，努爾哈赤、皇太極篳路藍縷，白手起家，在他們父子心中，能恢復五百年前，大金國的版圖，在黃河流域立國，便是最理想的事了；眼下他多爾袞掌政了，時勢不同，境界各異，放眼寰宇，大鵬展翅恨天低——才三十三歲的多爾袞，蔑視群雄，睥睨天下，已把統一中國，作為自己的理想。

要實現這個理想，當今第一要務便是收拾民心，所以，這些日子，他一面指揮軍事，布置進攻方略，另一面便是收拾民心。

他明白，將內城的士民百姓，遷出內城之舉是很不得人心的，但那樣做是為了皇城的安全，他不得不焉。為了補救，他下旨：京城內官民房屋被圈者，皆免三年賦稅；凡大兵經過之處，田地被傷者免今年田賦之半；河北府縣免三分之一。

這一系列的舉措，終於在短期內，換得了北京城的安定。

多爾袞已奏明皇帝，想在近日遷都。紫禁城的恢復，工程巨大，他還在籌措中，聽說西苑這一帶的園林破壞不大，於是，他特地偕洪承疇來西苑察看，不想才出西直門，走不多遠，便看到了無辜百姓被射殺的慘狀。

這一家只有老倆口和一個才七歲的孫子，兒子從軍被殺，兒媳被大順軍擄走後下落不明，老漢原是為皇家看園門的，眼下園門不要他看了，他便在園子不遠處結一草廬，織席子維生，祖孫三代，小日子好不悽惶，不想還添飛來橫禍。

老漢中箭，只走了幾步就倒下了，眼下，老太婆正撫屍痛哭，音調之慘，真可讓泥人下淚、石菩薩搖頭。

多爾袞是聽到哭聲後，駐足不前的，他使手下巴牙喇兵前去打聽——老太婆可沒有告官的想法，處在這種時勢下，向哪裡去告這些兵爺？她的兒子是為崇禎皇爺效命疆場，死了也就白死了；她的兒媳是被大順軍搶走的，這一去杳如黃鶴；她的老伴又被滿韃子射殺，那不更是白送死？

可多爾袞偏偏經過這裡，又偏偏派人來問。老太婆心一橫，一五一十，把真情相告。洪承疇只看到老漢身上帶箭，便清楚這是怎麼一回事，望一眼德勝門外的兵營，便不再作聲，甚至為這個老太婆擔心。這年頭，人命就如狗命，誰叫你這麼看重一條狗呢？

可多爾袞那眉頭卻漸漸皺緊了，他望一眼身邊的洪承疇，知道他於這類事是絕不會輕易多言的，於是，讓那個巴牙喇兵留下來，安撫這老婆子，自己卻勒轉了馬頭。

多爾袞直奔正黃旗的營盤，手下一個巴牙喇兵便拿著那支帶血的箭。

攝政王突然來到正黃旗的駐地，固山額真（都統）譚泰不由吃了一驚，立刻三步併作兩步迎出來，只見王爺那丹鳳眼瞇著，一臉的殺氣令人望而心寒，他不敢怠慢，戰戰兢兢，跪下請安。這時，一支帶血的利箭，一下擲到了譚泰的眼前，接著，便是多爾袞那低低的，怒而不威的聲音：「馬上把這個人查出來！」

譚泰答了一聲：「嗻！」低頭退下。

其實，要查出這個人不難，只將各營負責巡查的分統、協統傳齊，問一問誰出營了便清清楚楚，可譚泰為了在攝政王面前表示自己的重視，立刻下令全營站隊，一個個排查。這一查，尼雅翰、蘇麻達、薩布素三人便浮出了水面。

眼下，他們站在多爾袞面前了，臉色煞白，那一鍋狗肉，那一張血淋淋的狗皮，更是無言的見證。待問明了誰是凶手、誰是協從後，多爾袞下令：尼雅翰斬首，蘇麻達貫耳鼻巡營示眾，薩布素貪吃狗肉，不問來由，也被重責三十軍棍。

就在殺尼雅翰的第二天，英王阿濟格凱旋了。

2 孔孟如此可惡

阿濟格從真定撤回，一路鬧肚子拉痢疾，拉得他渾身發軟，雙腿無力，是躺在大車上回京的，幾天下來，人幾乎瘦了一個圈。行軍路上，熱浪襲人，他又肥胖，那汗水就像洗澡一樣，可聽人說，這才是五月，真正熱的時候還在後面，到時真叫人受不了，而比起江南來，這黃河以北又還算是清涼的去處。

阿濟格想：人說中原是好地方，怎麼是這個好法？

攝政王對英王的凱旋很是歡迎。他因要去文廟主持祭祀孔子，所以，特派固山額真譚泰、何洛會等人迎至南苑，並傳下諭旨，讓隨征將士在南郊紮營休整，阿濟格、吳三桂等各自回府候旨。吳三桂謝恩畢，立即遵旨回家——老家已沒了，親人也全完了，他眼下的家是多爾袞賜的新府第，也在燈市口，但阿濟格卻對這一道旨意有幾分不高興。

在皇太極時代，阿濟格也常有帶兵出征的時候，作為兄長的皇太極，每逢得勝而歸，每次總是郊迎三十里，見面後，手把手說起出征經過，噓寒問暖，撫傷問病，兄弟之情，溢於言表。然而，今天多爾袞雖是攝政王，卻是自己的弟弟，居然不出來迎接，就是豫王多鐸，也不見影子。

阿濟格看到歡迎的隊伍是由譚泰、何洛會領頭後，臉色馬上就陰了下來。

譚泰、何洛會與阿濟格見過禮後，略作寒暄，便與阿濟格並轡進城，一路之上，阿濟格顯得沒精打采，譚泰與何洛會知英王之意，也小心翼翼地陪著，不敢作聲，快進廣寧門時，阿濟格居然發現了什麼，突然指著街市兩邊的百姓說：「奇怪，這些南蠻子怎麼仍是老樣子？」

南蠻子怎麼是老樣子，這話雖突兀，但譚泰、何洛會一聽就明白，何洛會尚未開言，譚泰馬上說：「王爺是問他們為什麼仍是明朝衣冠，沒有剃髮嗎，唉，王爺不知，自剃髮令頒布後，京畿一帶的南蠻子誓死不從，竟敢起兵反抗，攝政王於是改變主意了，不久前下旨，暫停剃髮。」

阿濟格在追擊李自成時，已聽說京畿一帶有百姓造反，多鐸奉旨鎮壓，聽說不久就平息了，但百姓不剃髮就依他們的嗎？阿濟格很氣憤，於是說：「攝政王代天攝政，日理萬機，這些日子一定忙得很？」

譚泰又說：「是的，攝政王爺這些日子，真是忙得不可開交。」

說著，便伸出指頭跪著說：「先是厚葬崇禎，率文武大臣行禮；又是頒詔免除京城官民的賦稅；尋訪前明的文臣武將，忙著為他們安排官職；今天更是大忙特忙的日子，因為要祭祀孔子，聽說這祭孔的禮節十分繁雜，所以，攝政王爺跟在漢臣們的後面已操習好些天了，並於三天前還沐浴、齋戒、不近女色呢。」

何洛會也說：「要說，攝政王爺對漢學可是佩服得五體投地，皇上才六歲，還未來北京，他便採納洪承疇等人之議，已為他指定了經學先生，有他這麼一提倡，眼下大家都在考慮學講漢話了，論理評事，也想學漢人，言必稱孔孟，有人還把那些酸夫子都聘為教習呢。」

譚泰又說：「要說呢，孔孟這一套在關外時，太祖爺也提倡過，可奴才卻始終沒搞清楚，聽人說，這孔孟並不喜歡我們，稱我們是夷人，那個孟夫子更是早在兩千多年前，就告誡他的學生，說什麼戎狄是膺，荊舒是懲，要用夏變夷。王爺可知這話是什麼意思？」

阿濟格連連點頭說：「好像是有這說法，可孤也沒弄明白。」

何洛會忙說：「我明白，我明白，無非是說我們是野種，要想方設法將我們變過去。」

阿濟格一聽，不由火起，怒聲道：「這孔孟如此可惡，那他為什麼還跟著漢人屁股後面去尊孔？」

譚泰一聽，正中下懷，不由長長地歎了一口氣，吞吞吐吐地說：「王爺，據奴才所知，我大清的太祖爺及先帝父子兩代，都並不待見這班漢族文人。記得天命十年，遼陽的漢民造反，太祖爺一怒之下，曾要殺盡漢族文人，認為就是這班人在後面搗鼓。可不知為什麼，攝政王爺卻不同，他一見這班酸丁就笑容可掬，說什麼信什麼，這究竟是什麼原因，奴才們可猜不透。」

譚泰說完，便連連歎息。阿濟格見譚泰這神色，不由生疑，便追問他還有什麼心事？譚泰不說，何洛會早忍不住了，又將昨天的事細細說了一遍。

阿濟格越聽越惱火。這譚泰姓舒穆祿氏，世居琿春，父親郎柱為庫爾喀部酋長，是最先歸順努爾哈赤的酋長之一；哥哥揚古利為後金大將，屬正黃旗，在跟著努爾哈赤統一女真內部時，攻輝發、破渥集、滅烏喇，戰輒有功，後戰死朝鮮；這譚泰從征多年，立下過赫赫戰功，官做到正黃旗的固山額真，憑的也是血戰功勞，算是從龍舊族，屢世勳臣。今天，多爾袞居然不給他面子，不親親人親仇人。阿濟格想，我若不出來為他打這個抱不平，還有誰能打呢？

進城後，阿濟格家也不回，便逕直進宮，去見攝政王——他的十四弟。

從文廟回來，多爾袞仍激動不已。

本來，這是一般的祭祀，他可以不到堂，派一個官員做代表就可以了，但一想到這是入關後，代表一個新的朝廷、對大成至聖先師的第一次祭祀，從今往後，哪怕就是至高無上的大清國皇帝，也首先必須是孔孟之徒，他又豈能不去？

不想一到文廟，就被那裡莊嚴、肅穆的氣氛給鎮攝住了，被祭祀時，那繁瑣的禮節弄得手忙腳亂了。可以說，那裡每一件器物，每一個樂章，每一次拜舞，都有學問、有典故；而念大學士馮銓為他撰寫的疏文，更是佶屈聱牙，若不是事先已圈點，他一定讀不斷句。他知道自己在大堂上表現得十分拘謹，一點也不揮灑大度，一點也沒有主持軍國大計時，那麼倜儻自如，心中在想，後面那一班漢臣一定在看他的笑話。

但他仍認認真真地拜，認認真真地讀，且認認真真去體會。回鑾的路上，他仍在想著孔子的話，心想，一部《論語》，洋洋灑灑上萬言，句句都是治國的寶典、做人的要訣，君君臣臣父父子子固然是顛撲不破的真理，就連「己欲立而立人，己欲達而達人」這樣的話，細細體會，也充滿著機敏和睿智，就像是對自己說的。

多爾袞感歎，自己雖生長在帝王之家，但對儒家經典的研習卻缺乏根基，這是與生俱來的缺陷，眼下，皇帝年幼，自己肩負輔佐幼主的重擔，馬上能得天下，卻不能於馬上治理之，何況還要以少數滿人，來治理大多數漢人呢？

想到此，他決定今後的努力目標——一定要多多請教名師，於儒家的經典，細細探求，盡量弄懂其中的奧義。不想回到宮中，才兩天時間，案上待批閱的奏章已摞成了一座小山，沒奈何，他只能坐下來，一件一件地批閱。

第一份是金之俊上的。金之俊的侍郎銜雖仍掛在兵部，眼下卻上了一道事權有關戶部的奏章：秋徵在即，應做早籌；示信於民，就在今日。萬曆年間，張居正為相，曾寬免民間賦稅，但天啟後，年年加徵，遼餉、剿餉、練餉，名目繁多，差役下鄉，如狼似虎，弄得民怨沸騰，導致天下大亂。攝政王既有省刑薄賦的曉諭，便應從現在做起，以往所有加徵，都應豁免，恢復萬曆年間的則例標準，徵糧時，朝廷只需將此旨意曉諭地方官，級級催督便可，不必再派欽差下去，以免轉生滋擾。

多爾袞看了這道奏章，不由連連點頭。立即想起那一回與金之俊在酒樓上相見時，金之俊和他談起朱明弊政的情景，當時，金之俊痛詆崇禎皇帝的歷次加徵，認為國家徒蒙「加徵」的惡名，好處卻落到胥吏手上，貪官污吏藉此層層敲比，百姓有苦無處訴說，不反又待如何？憤激之情，已是溢於言表。今天，金之俊又一次提出了省刑薄賦，多爾袞想，這個金之俊大概是怕孤健忘。多爾袞想，當時出加徵主意的官員，一定是苦於國用不足，才主張加徵，但不知實行起來，卻是國家沒有得到災惠，百姓卻遭了殃，成了飲鴆止渴之舉，以當時明朝的版圖，勝我大清多多，為什麼會出現國用不足呢，無非是浮員、冗吏太多，開支浩繁；吏治腐敗，因而層層中飽，只要精簡了人員，杜絕了中飽，國家財政便不會出現短缺了，又何必加徵呢？但要做到吏治清明、人員精幹，不是一蹴而就的，須一步步做起，為使世人放心，第一個步驟，就是宣布我大清永不加賦……

百廢待興，多爾袞充滿了信心，乃提筆醮墨，在金之俊的奏章上批道：朱明之失，弊在擾民，歷年加徵，有害於民而無益於國，開源節流，興利除弊，何患國用不足？孔子曰：生財有大道：生之者眾，食之者寡，為之者疾，用之者舒，則財恆足矣。孤特錄於此，請諸君同看，今年賦稅，可照萬曆舊章徵收。欽此。

多爾袞批後，自己覺得還可，便放在一邊，看另一份奏摺。就在這時，阿濟格一頭撞了進來。

多爾袞對阿濟格的到來很興奮，忙停了手中公事，起身和阿濟格行滿人的抱見之禮，然後讓座。

此時，東暖閣內只有一張大匠，多爾袞就坐在匠上，欲阿濟格坐在旁邊，可阿濟格卻像沒看見似的，一屁股坐在地上。按說，滿人本有盤腿而坐的習慣，阿濟格這是舊習難改，可多爾袞卻認為不雅，乃拍拍匟席，說：「十二哥，坐上來。」

阿濟格就像沒聽見似的，仍坐原地不動，平日兄弟相見時，那親密勁絲毫不見，只板著臉像在生悶氣。多爾袞以為是怪自己沒有出迎，便解釋說：「十二哥今日凱旋，弟本應親迎，可實在抽不出身，你該不怪我吧？」

阿濟格面皮動了動，勉強擠出一點笑，說：「沒什麼，你眼下是個大忙人了，連孔夫子的祭祀也要你來管了，又怎麼能來迎接我這個哥哥呢？」

多爾袞聽出阿濟格的弦外之音，不由笑了笑，接著說：「十二哥，人家對孔夫子那一份尊敬，是我們遠遠比不上的，就跟西藏人、蒙古人敬達賴喇嘛一樣，誠惶誠恐，畢恭畢敬，半點也不敢怠慢，弟今天可是大長見識。」

阿濟格說：「是嗎，那你準備也為這個孔夫子上尊號？你也準備加封孔孟顏曾的後人？」

多爾袞說：「怎麼不是呢，范先生、洪學士都有過奏議，要向天下人昭示，我大清仍一如既往，以孔孟之道治天下，以儒學為正學，為此，宜上夫子尊號。我準備尊孔子為大成至聖先師，準備封孔子的六十五代孫孔允植為衍聖公，其餘顏、孔、曾、孟四家繼承人俱封為五經博士，這事我準備在八月二十一日孔子生日那天宣布。哎，不是尚未宣布嗎，你怎麼知道？」

阿濟格沒好氣地說：「我就能猜到，這班可惡的南蠻子用心良苦，準會在這事上做文章。」

多爾袞對這口氣大不以為然——上回為此事與十二哥發生爭論，他並沒有說服這個十二哥，且十二哥那「蠻不講理」，一度影響了他，使他過早地下達了剃髮之令，今天十二哥氣勢洶洶而來，開口便是挑釁的語氣，看來，一場爭執，在所難免了，只好壓住氣，耐心地說：「十二哥，以孔孟之道治國，但凡政務，照搬明制，這不是父皇在世時，就定下的嗎？那時還是治理關外，統治的還是我們滿人，眼下我們入關了，面對億兆漢民，還能另起爐灶嗎？要知道，儒學是治國的寶典，周公孔子是儒家的創立人，凡想治理天下的人，便都應尊奉他。」

接下來，多爾袞耐心地和這個文理不通的十二哥，談起了治天下必先治心的道理，引經據典，一口氣說了許多，阿濟格卻聽得心不在焉。

跟在李自成的屁股後面追了一個多月，從山海關直追到真定府，阿濟格可吃足了苦頭，水土不服，生活不習慣，這還罷了，更可氣的，是多爾袞那禁燒殺的法令，束縛了他的手腳。在阿濟格心中，一直認為此番入關，與以前四次入關沒有兩樣，無非是大撈一把，就說要打江山，在阿濟格心中最多也就是能把大清的疆土，擴大至黃河流域，恢復他們祖先大金國的版圖，再進一步，他便從沒想過。眼下十四弟和他說這些，他全無興趣，只笑了笑，說：「十四弟，你不要扯遠了，什麼太祖爺要尊孔，那是父皇一時糊塗，或許他也沒弄明白，說來說去，你不就是怕漢人造我們的反嗎，這有什麼，經此番較量，老哥我已把南蠻子那幾招全摸到了，他們的騎射遠不如我們，上得陣來，我們如同壯漢對病夫，那班人全不是我們的對手，他們要敢不服我們，就讓他們試試我的刀子。」

多爾袞連連搖頭，並苦口婆心地解釋道：「十二哥，你錯怪父皇了，父皇是個明白人，他清楚，治天下不是憑打打殺殺就能一下了結的，殺到最後，仍離不開文治，這就是治心，只有心服口服，才能海晏河清。這以前的漢人，有幾千年歷史，詩書禮樂，要遠勝我們滿人，所以，他們看不起我們，我們要臣服他們，就如同要馴服一匹烈馬，只有牽住了它的轡頭，才能使它歸於駕馭，而這孔孟之道，說得好聽，是治理天下的總綱，說白了，就是一根最好的拴馬繩，能籠住漢人的頭，使之皈佛皈法。」

多爾袞說起這些，真是頭頭是道，阿濟格不是他的敵手，阿濟格不由急了，囁嚅了半天，記起譚泰跟他說過的話，乃說：「我看你這麼尊奉孔子，可不知人家喜不喜歡你呢。」

多爾袞一怔，說：「此話怎講？」

阿濟格冷笑著說：「人家孟夫子不是早在一千多年前，就告誡他的子孫，戎狄是膺，荊舒是懲，要用夏變夷嗎；可我們女真祖先又幾時教導過我們，要怎樣去用夷變夏呢。」

多爾袞聞言，就像自己的心被人扎了一刀。他上上下下將這個十二哥看了一遍，心中很是惱怒，但仍繼續用平和的口氣說：「十二哥，才月餘不見，你竟大有長進了，這是誰教的呢？」

阿濟格冷笑著說：「十四弟，你不也是在受教嗎，你受漢人之教，便弄出有利於漢人的一套，我可不想丟了自己的祖宗。」

多爾袞一聽這話，就像自己的隱私被人窺破，嘴唇微微顫抖起來。乃「忽」地一下站了起來，雙手緊緊地抓著朱筆，為了把心裡快要爆發出來的火氣壓下去，那支朱筆竟一折兩斷。

就在這時，豫王多鐸一步跨了進來。

3 滿人不學漢人

多鐸奉旨安撫京畿——滿人四次入關，四次在這一帶燒殺，這裡的百姓對滿人一個個恨之入骨，此番剃髮之令一下，就如火上澆油，馬上就著了起來，但他們人數既少，且屢遭兵燹，實力有限，成不了氣候，多鐸大兵一到，自然作鳥獸散。不過，此番多鐸卻並沒有認真剿辦，而是一面賑濟災民，一面曉諭百姓，隨著暫緩剃髮令的公布，才月餘功夫，這暴亂便被平息了，他也是今天才從天津趕回的，不想進宮便遇上這一對兄弟在頂牛，忙說：「十四哥，十二哥，你們怎麼站著說話呀？」

多爾袞無暇回答他，只把頭別向一邊，阿濟格也把頭別到另一邊，多鐸不明就裡，熱情不減，他走向阿濟格，說：「十二哥，得知你南征凱旋的消息，小弟本應先一天趕來迎接，可沒想到麻煩事太多，竟耽誤了。」

阿濟格冷冷地望著這個十五弟——聽人說，他是緊跟面前這個攝政王，亦步亦趨的滿人之一，於是，很不高興地剜了他一眼，說：「得了，你跟他一樣，統統變了，變得連祖宗都不認了，還有什麼兄弟不兄弟的！」

說完，手一甩，「通、通、通」地走出了宮，多鐸望著阿濟格的背影，眼眶不由濕潤了。

阿濟格大多爾袞八歲，大多鐸十歲，母親死後，兄弟仨相依為命，阿濟格雖少心眼，但做為長兄，對兩個弟弟很是關心。努爾哈赤的子侄、孫和族孫有幾十個，彼此勾心鬥角，打起架來誰也不讓誰，他們兄弟受人欺侮時，出主意的總是多爾袞，拼蠻力時，先亮出拳頭的總是阿濟格，多鐸這個小弟弟從沒吃過虧。

眼下，兄弟仨的大對頭豪格被整下去了，多爾袞當上了一人之下、萬人之上的攝政王，成了大清國的實際統治者。按理，作為哥哥的阿濟格、和作為弟弟的多鐸，應和衷共濟、全心全意輔佐多爾袞，為什麼會出現裂痕呢？多鐸可不願看到兄弟反目。此時，他見多爾袞仍在那裡發怔，便走了上來，怯怯地問道：「十四哥，你們剛才是在吵嘴嗎？」

多爾袞望了眼前的十五弟一眼，不由歎了一口氣，點點頭，將爭吵的過程向多鐸說了一遍。

其實，多爾袞不說，多鐸也明白——上次多爾袞不顧他的勸諫，強行頒布剃髮令後，他也仔細想過，也體會到了多爾袞的苦心，他那「素夷狄，行乎夷狄」的話，是憤激之言。這些日子，他雖在外，閒言碎語也聽了不少。應該說，阿濟格之說，代表了不少八旗貴族的心聲，另外，這擔憂也不是沒有來由，這以前，滿洲人不過是漢人眼中的守邊小夷，無論民風民俗、服飾器物，還是典章制度，都不如漢人甚遠，盛京的皇宮，在他們眼中已是美侖美奐了，不想到了關內一看，盛京的宮殿，北京城內隨便拿一座小廟也可將它比下去；至於服飾的時尚、飲食的講究，古玩字畫的鑑賞，詩詞歌賦的創作，乃至品茶、吸煙、直至畜孌童、評品婦人的小腳，等等等等，不一而足，漢人那一套規矩，真可叫滿人望洋興嘆，生出白來一趟人間的感歎。

多鐸也曾想過，滿人不學漢人，永遠也只是茹毛飲血的蠻夷；但到了滿人把漢人這一套全學會了的那天，離亡國滅種也就只差一步了。但多鐸看了聽了也只放在心裡，他想，眼下十四哥代天攝政，一定想到了這個問題，前些日子他強行頒布剃髮令就是因此，他想就此向多爾袞請教、探討，卻一直沒有機會，今天，也不能怪阿濟格的頂撞，他早就提醒過，他不是關心十四哥是不會說的，他也是為了愛新覺羅氏家族的利益，為了自己的兄弟！

想到此，多鐸乃委委婉婉地向多爾袞說：「十四哥，依小弟說，也不能完全怪十二哥，他這擔心不是多餘的，再說，他可能是聽了些閒言碎語。」

多爾袞說：「我明白，他是受人挑唆。昨天，我殺了一個小校，此人是譚泰的親信，據說，曾於譚泰有過救命之恩，但殺人償命，欠債還錢，這有什麼好說的，他不犯法我會殺他嗎？誰讓你不好好約束部下呢？」

多鐸問：「譚泰心腹怎麼啦？」

多爾袞於是把尼雅翰射殺無辜老漢的事說了一遍，又說：「這班人仗著有軍功，便無法無天，眼下天下尚未定，他們便如此，一旦到了天下大定那天，那還不要怎樣就要怎樣？」

多鐸搖了搖頭說：「哥，也不能怪這班人，他們是一時轉不過彎。這以前，我們進關，殺人是家常便飯，莫說搶了一隻狗，就是萬貫家財也要為我所有，當時，在滿人眼中，漢人是奴隸，要打要殺還不由著主子，哪有主子為奴隸償命的事？今天我們要統治天下了，要讓漢人相信，我們沒有想頭，從而有不是漢人臣服於滿人、而是滿人臣服於漢人的感覺。還有一點，今後重用漢人時，此畛彼域之分，從此胡漢一家，所以，你的認真執法是對的；但也要照顧到這頭，不要讓他們沒也要分別內外和主客，還要時刻提醒我們自己人，學漢人要有分寸，不要什麼都學，更不能忘了祖先，忘了騎射。」

聽多鐸說得頭頭是道，多爾袞不由一怔，心想，別看多鐸年輕，可還有自己獨到的見解，漢人安邦治國平天下的一套的確不錯，但漢人的腐化卻又是敗國亡家的甜藥，排斥漢學，是肯定治理不好這個漢人佔絕對多數的國家的，但事事學漢人的，卻真是阿濟格說的——甘心讓漢人用夏變夷，不認自己的祖宗了。

想到此，多爾袞血管中，那女真民族的血又沸騰了，他想起了父皇努爾哈赤以「七大憾事」伐明，想起了皇兄皇太極發誓要滅亡明朝的遺願……

想著想著，頭一揚，腦後那條大辮子又被甩到前頭來。

第二天，多爾袞以皇帝的名義，頒下敕諭，對阿濟格、吳三桂的南征予以表彰，賞賜他二人不少尚方珍物，對多鐸在畿輔的安撫，也予以褒獎，在多鐸多方勸諫下，阿濟格乃進宮謝恩。

多爾袞乃召見英王、豫王於武英殿東暖閣。

阿濟格一進東暖閣，便大聲嚷嚷說熱。多爾袞對阿濟格的到來顯得很高興，好像忘記了昨天紅臉的事，知他愛席地而坐，便說：「十二哥，你愛坐地就坐地罷。」

阿濟格謝過攝政王，便和多鐸分左右坐在匠下的地上。多鐸先開口說：「十四哥，十二哥剛才和我說起李自成，說他們是一路潰不成軍退往山西的，我們不能讓他有在關中喘氣的機會，只因將士不服水土，生病的太多，他才不得已而撤軍，等過了梅雨季節，十二哥仍願領兵南征。」

阿濟格也很勉強地點點頭，說：「是的，若不是士兵不服水土，糧草上不來，我是不打算退兵的。」

多爾袞點點頭，表示理解，又說：「不忙不忙，既然回來了，便乾脆好好休整。前天姜瓖的降表已遞到，再進兵，我們可分走東北兩路，一路由固關攻山西，一路走府谷經陝北南下，直搗長安，掃穴擒渠，務必要將李自成生擒。」

阿濟格說：「姜瓖不是被李自成封為伯爵嗎，怎麼也肯投降呢？」

多爾袞微微一笑，說：「這事虧馮銓出了力。馮銓在明朝當大學士時，曾極力保薦姜瓖，所以，姜瓖對馮銓感恩戴德，此番孤讓馮銓寫了一封信，立刻就將姜瓖招降過來。」

多鐸說：「大同為山西門戶，大同一降，我軍由北而南，可直下三晉。這麼重要的地方，居然不費一兵一卒，就招降了，這真是太好了。」

多爾袞望了一眼阿濟格，說：「所以，不要瞧不起這班漢臣，有時我們做不到的事，他們卻不費吹灰之力。」

阿濟格明白這是針對自己說的。昨天，多鐸出宮後，便去了英王府，和他說起多爾袞的難處，他聽後雖仍有不同看法，但也表示了對多爾袞的理解，眼下他望著多爾袞，說：「十四弟，兄弟也明白你的苦心，可你也要清楚，你眼下雖是攝政王，豪格雖被你關起來了，但仍有不少人在觀望，像正黃旗的譚泰、新力、鼇拜，還有那個圖海，這以前他們和我們，算得是比肩人物，差不到哪裡，眼下眼睛都在望著你，你可不能把辮子讓他們拿著；再說，他們都有自己的一大幫親信和部屬，入關前都曾有過承諾，封官許願，欠下了大筆人情債，眼下這麼一大批前明官員都要重用，有了這班人的，便沒有他們的了，他們怎麼能容忍呢？我有不同之見，立刻就說出來；可這班人有不同之見，或認為你心有不公，他們可要在背後射冷箭，到時我怕你會防不勝防。」

聽阿濟格如此一說，多爾袞不由點頭，他明白，阿濟格之說，無非是要多照顧八旗子弟，給他們更多的特權，只有這樣，才能皆大歡喜，但若這樣，不正是重蹈朱明滅亡的覆轍嗎？想到此，他不由歎了一口氣說：「十二哥，謝謝你的提醒，背後有人議論我，我清楚，但小弟既已被推到了這個位置上，便應該要有所作為。俗話說，當家三年狗都嫌，又何況是當這麼個大家呢？要治理漢人，必得重用一批漢人，這事說到天上去也只能如此。不然，漢人有多少，滿人才多少？我們能在關內站穩腳跟？能不被他們趕回去？要那樣，我多爾袞更對不住祖宗，更辜負了皇兄的囑託，至於他們說我不該跟漢人學，那不過是一個藉口而已，我敢肯定，漢人那一套他們也是很喜歡的，就是他們把我搞下去了，或者是我死之後，有人出來要恢復滿人的那一套，他們也會捨不得丟掉的，你信不？」

多鐸則從另一個側面想說服這個哥哥。他說：「十二哥，十四哥說的有道理，依小弟看，也不能完全依譚泰、何洛會那班人的，要知道，海東青餵飽了，便不抓兔子。」

多鐸後面引用的，是一句滿洲諺語，「海東青」是產自北海東岸的一種名貴獵鷹，但儘管名貴，卻也擺脫不了「饑之則伏，飽之則颺」的規律，阿濟格是最愛打獵的人，手上便有一隻純白的海東青，眼下一聽多鐸這比方打得好，不由高興地點點頭。

多鐸又進一步發揮說：「還才進關，這班人便這樣那樣，一個個坐著要官要祿，誰去打江山呢？須知眼下流寇未平，江南未服，這擔子重著呢！」

阿濟格一怔，但認為弟弟說的也對，忙一個勁點頭。兄弟三個談興正濃。就在這時，有緊急塘報遞到——南明的弘光王朝向北朝遣使了。

4 萬里車書盍混同

多爾袞早在進入北京不久，便開始留意江南的情況，那時史可程尚未南下，他便示意史可程，讓他向哥哥史可法寫信，雖然後來連史可程也走了，他也經緯萬端，沒有時間、沒有力量考慮江南的事，但心中未嘗一日忘懷，今天，終於有了江南的確切消息。

塘報是由奉旨招撫山東、河南的戶部右侍郎王鼇永發來的。上面說，據諜報，南明諸臣已於南京擁立福王朱由崧為皇帝，並於五月十五日正式登基，以明年為弘光元年，以史可法、馬士英等為大學士，頒發即位詔書，號召天下「戮力匡襄，助予敵愾」——共同剿滅流寇。為了完成這一事業，他們乃派出兵部侍郎左懋第、左都督陳洪範、太僕寺卿馬紹愉為使者，攜白銀十萬兩、黃金千兩、緞絹萬匹，北上求和於我大清，並晉封吳三桂為薊國公。眼下這個使團已快走到山東境內了，王鼇永特為此請示機宜。

多爾袞匆匆看完塘報，一邊遞與身邊的阿濟格與多鐸，一邊冷笑著說：「圖官在亂世，覓富在荒年。這個吳三桂，真是左右逢源，我們才封過他為平西王，這裡弘光皇帝又封他為薊國公了。」

多鐸也已草草看過了塘報，笑了笑說：「我不信吳三桂會放著這個王不當，而稀罕這個薊國公，要緊的是我們不能讓這個弘光皇帝養成氣候。」

阿濟格卻皺起了眉頭。剛才他還說要繼續追擊李自成，那是因為李自成已是癩皮狗，不堪一擊了，眼下一提伐江南，立刻就想起了江南的酷暑，不由產生了畏難情緒，說：「不讓它養成氣候又待怎的，我們眼下還有力量打過江去嗎？我看，重演五百年前舊事也就可以了。那時，也是劃江而治，大金國在北，南宋小朝廷偏安江南，他們也是派使者北上求和，也是向大金納貢稱臣。不過，十四弟，據愚兄看來，如果和他們議及國土，必以長江為界；議及歲貢，口不妨開大些，他們若不答應，我們便盛張兵威，嚇唬嚇唬他們。」

多爾袞注意江南動態，時刻在完善心中的宏圖壯舉，他也很想先和兩個兄弟談談，不料今日才說起，並未向阿濟格徵詢意見，這個十二哥卻是這個口氣，這一來，叫多爾袞左右為難，只好望多鐸擺一擺頭，說：「十二哥，你想得可真遠，是否連往來國書上的稱謂也想到了？是不是還要讓這個弘光自稱兒皇帝，稱我們才六歲的侄子福臨為爹爹？」

阿濟格已把十四弟的神態看在眼中，他不覺得自己有什麼不對，反理直氣壯地說：「這個可要看你的了，我們興師動眾而來，為的是什麼？我們可不能吃虧，他們若不想多給我們金銀珠寶，我們不妨做出要南征的架勢，兵不厭詐嘛。」

我們興師動眾而來，為的就是多得金銀？多爾袞顯然不屑一顧，雖然下江南的計畫早已在他腦海裡形成，眼下也不好說得，他懶得再爭，因為對方畢竟是自己的親哥哥，只好微笑著，用調侃的口吻說：「十二哥，江南可是好地方，且不說六朝故都，秦淮金粉，雨絲風片，煙波畫船，就是那三秋桂子，十里荷香，也不知傾倒了多少人，有傳說說，我們的祖宗、大金國的海陵王完顏亮，就因為讀了柳永那詞後，才興起滅宋之念的。眼下的江南，我想應該是更美了，你就看著讓南蠻子快活？」

阿濟格此時坐在地上仍叉開雙腿，且用袍角當扇在扇風，對十四弟所說的江南美景，毫無興趣，搖搖頭說：「江南好，讓它好去吧，雨絲風片，煙波畫船的地方，又怎麼縱馬馳騁？再說，十二哥我怕熱。」

多爾袞望著這個身材已漸趨肥胖的哥哥，歎了一口氣說：「看來，你是斷斷乎去不了啦，那麼，我們從長計議罷。」

聽他這口氣，是不想在這裡議。多鐸知趣，乃向阿濟格遞了個眼色，於是，兄弟雙雙告退。

多爾袞待兩個兄弟一走，便立刻傳旨召見洪承疇。

洪承疇面容莊重、步履從容，邁步走上石階，進殿後行禮如儀。多爾袞端坐匠上，笑盈盈地望著他，說：「洪先生，坐。」

洪承疇不是阿濟格，可不敢席地而坐，且不說他沒有這個習慣，在攝政王面前席地而坐，也是一種失儀的行為。多爾袞深知這道理，為優容洪承疇、范文程、金之俊等漢臣，每逢單獨召見，事先便令內監預備一個錦墩，供賜座時備用，召對時，滿人必自稱奴才，但多爾袞卻下旨，讓漢人的文臣只稱臣，而不必自稱奴才。眼下洪承疇謝過坐，小心翼翼地在錦墩上坐了半邊屁股，多爾袞說：「洪先生，王鼇永來的塘報你也看看。」

說著，他將那份塘報遞與已起身的洪承疇。

南明的諸臣擁立福王朱由崧的事，洪承疇是早已聽說了。上一代老福王朱常洵本是萬曆皇帝的愛子，雖因群臣的阻撓而未能立為太子，但萬曆帝把他封在洛陽，賜了他不少田莊，也讓他帶走不少宮中重寶。此舉並沒有為這個愛子帶來好處，反因此使他死得更慘——福王太富有了，為大順軍所垂涎，李自成破洛陽，福王因太肥胖跑不動而被擒獲，堂堂的藩王，竟被人家像殺豬一樣，殺了三百多斤肉，和鹿肉做成了福祿宴，血被合成了福祿酒，說起來真是駭人聽聞。兒子由崧南逃金陵，先是被立為監國，眼下又被立為皇帝。

洪承疇匆匆看完塘報，攝政王召見的目的便不難揣測了。於是，他恭恭敬敬地將塘報呈上御案，靜候攝政王問話。

多爾袞說：「洪先生，你對這事有何看法？」

洪承疇趕緊站起來回話，多爾袞把手揚了揚，說：「不妨事，這裡無他人，先生儘管坐著說。」

洪承疇謝過恩，從容奏道：「這本是意料中的事，金陵為明國陪都，不但宮殿完整，六部九卿等衙門也一應俱全，就連國子監也分南北，朱由崧這一去，便像已有一座廟，有神龕，有陪祀，只等這個泥菩薩去坐主位了。」

多爾袞點點頭，說：「這個孤清楚。可據這塘報看，朱由崧登基後，封了一大堆官，並以史可法、馬士英、高弘圖等為相，依先生看來，這幾個人中，誰最有能耐？」

洪承疇略作沉思，說：「若說最有能耐，自然當推史可法。此人字道鄰，河南祥符人，生得短小精悍，目光炯炯有神，平時不苟言笑，但於公事則行必信，言必果。帶兵時，能與士卒共艱苦，士兵不飽他不先食，士兵未衣他絕不先衣，所以，很能得人，帶兵打仗能屢建奇功。他本是天啟朝大忠臣左光斗的門人，據說，當年左光斗為權閹魏忠賢所害，下於詔獄，因受酷刑，雙腿被夾斷，雙目已失明，史可法去探監，見先生被折磨成這個樣子，不由抱著痛哭，左光斗一聽是史可法的聲音，不由生氣道：國家危急至此，我輩豈能效新亭之哭，還不快走，是想讓閹黨一網打盡嗎？說著，便爬起來，要用手中的鐵鍊來打史可法，史可法這才戀戀不捨地走了。」

多爾袞一聽，不由感歎不已，說：「這樣的漢子，怎麼不能為我朝所用呢？南朝用此人為相，我們想下江南豈不成了夢想？」

不想洪承疇卻笑著搖頭說：「王爺不必多慮，史可法雖然是個奇男子，可南朝畢竟只有一個史可法，所謂孤掌難鳴，眼下朱明氣數已盡，史可法就是擎天之木，豈奈何天柱已摧。」

多爾袞聽洪承疇如此一說，心中雖然高興，但口裡仍說：「洪先生一氣橫掃千軍，只怕南明未必如此。」

洪承疇說：「臣所言句句是實。據臣所知，弘光朝內閣中，排名第二的馬士英，便是個地地道道的害群之馬，此人論科名雖在史可法之上，但入仕以後，聲名狼藉，據臣所知，當年曾奉旨巡撫宣大，上任才一個月，便貪污公款數千金，被人彈劾落職，此番肯定是夤緣當道，才得復出。」

多爾袞又說：「有消息說，史可法眼下正整軍經武，想與我朝分庭抗禮，有此打算，我們也不可等閒視之。」

洪承疇點點頭，說：「劃江而守，形成南北朝的局面，當然是史可法的如意算盤，不過，臣只怕他想得到，做不到。」

多爾袞說：「據孤看來，這以前流寇猖獗，北方數省糜爛，江南半壁，卻完好無損，不但元氣未傷，民力未凋，兵力且可稱得上雄厚，若能君臣同心，上下努力，起碼也是攻不足而守有餘。」

洪承疇說：「關鍵就在這『君臣同心』四個字上，若真能做到這點，內修吏治，外整甲兵，據江淮之天險，用江南之財賦，以恢復朱明為號召，臥薪嘗膽，敵愾同仇，與我朝中原逐鹿，臣敢說，王爺還真不可掉以輕心，可是，他們哪能做到這點啊。」

多爾袞說：「國難當頭，你怎麼說他們怎麼就不能呢？」

洪承疇侃侃言道：「據臣所知，眼下南明總兵力號稱百萬，計左良玉、左夢庚父子據武昌，另有黃得功、劉良佐、劉澤清、高傑四鎮沿江淮布防，這就是史可法想劃江而守的本錢。但這幾個帶兵的，沒有一個稱得上是忠義之士，如左良玉，他本是行伍出身，因受前兵部尚書侯恂的賞識，一步步做到總鎮，眼下且裂土封茅，得賞侯爵，可他不想這是在做朝廷的官，吃的是皇上的俸祿，心中卻只有一個侯恂，若侯恂在，他便聽他的，其餘的人，都不在他話下了，當年楊昌嗣督師剿賊，便因左良玉不用命而功敗垂成；至於高傑、劉良佐輩，本出身流寇，受撫後，仍然跋扈難制，高傑本是李自成的心腹，因與李自成的老婆邢氏通姦，被發覺後，懼禍逃走；劉澤清本在山東一帶駐防，可北京危急時，崇禎調他北上勤王，他卻帶兵南撤；像這樣的人，割據一方，殘民以逞是他們的拿手戲，但要他們為國家出力，拱衛王室，卻只怕是緣木求魚。這中間，只可惜了這個史道鄰，處此強敵壓境之時，卻面臨權臣掣肘於內，悍將跋扈於外的局面，到時疆圉日蹙，孤城難保，志決身殲，可不悲哉？」

多爾袞說：「既然史可法一身繫南明安危，洪先生何不以孤的名義，向這個史閣部寫一封信，先來個投石問路呢？」

洪承疇領命，便要退下擬稿，多爾袞卻讓他就在此處寫，於是，洪承疇就著王爺案几，援筆疾書，云：

> 大清國攝政王致書史老先生文幾，予向在瀋陽，即知燕山物望，咸推司馬。及入關破賊，得與都人相接見，識介弟於清班，曾託其手勒平安，奉致衷緒，未審何時得達，比聞道路紛紛，多謂金陵有自立王者。夫君父之仇，不共戴天，春秋之義，有賊不討，則故君不得書葬，新君不得書即位，所以防亂臣賊子，法至嚴也。聞闖賊李自成稱兵犯闕，手毒君親，中國臣

民，不聞加遺一矢。平西親王吳三桂，介在東陲，獨效包胥之泣，朝廷感其忠義，念累世之夙好，棄近日之小嫌，爰整貔貅，用驅狗鼠。入京之日，首崇懷宗帝后謚號，卜葬山陵，悉如典禮。親郡王、將軍以下，一仍故封，不加改削，勳戚諸臣，咸在朝列，恩禮有加，耕市不驚，秋毫無犯。方擬天高氣爽，遣將西征，傳檄江南，聯兵河朔，陳師鞠旅，戮力同心，報爾君父之仇，彰我朝廷之德。豈意南州諸君子苟安旦夕，不審事幾，聊慕虛名，頓忘實害……

多爾袞立於背後，看著看著，不由稱讚道：「好，好，開宗名義，立論真是堂堂正正，尤其是這『聊慕虛名，頓忘實害』一句轉得有力。」

洪承疇蒙攝政王誇獎，不由得意，又援筆書道：

夫國家之撫定燕都，乃得之於闖賊，而非取之於明朝也，賊毀明朝之廟主，辱及先王，國家不憚征繕之勞，悉索敝賦，代為雪恥，仁人君子，當如何感恩圖報，茲乃乘逆賊稽誅，王師暫息，即欲雄據江南，坐享漁人之利，揆諸情理，豈可謂平？

這一分析，也很投合多爾袞的心理，多爾袞連連點頭。洪承疇於是信手疾書，把清兵入關，說得頭頭是道，南明擅立弘光，真是不識時務，史可法除了降清，也就別無出路。信寫完後，多爾袞立刻命人設法，將此書送達史可法之手。

信送走後，多爾袞一面調兵遣將，準備西征陝西的李自成，一面卻認真收集有關南明的情報，準備在接待南明的使者時，先給他們一個當頭棒喝。

這以後，南明的使者尚在途中，有關南明的情況，便源源不斷地送達多爾袞的案前。

有消息說，朱由崧接替了崇禎的位置，便也將前明的黨爭和門戶之見也一古腦地繼承下來——帝后殉國的確訊，直到四月中旬才傳到南京。其時，南京的兵部尚書史可法已得知北京危急的消息，他於浦口誓師，調諸鎮北上赴援，得知崇禎已於三月十九日自縊於煤山，太子及兩個世子下落不明後，南京的官員認為，國不可一日無君，應早定國是，擇立新君，這才將史可法勸留下來。

這時，福王和璐王都已逃到了南京。按史可法和高弘圖等大臣之意，立福王有七不可，即貪、淫、酗酒、不孝、虐下、不讀書、干預有司等七大罪，而璐王卻早有賢名。但馬士英卻以福王為萬曆皇帝嫡孫、崇禎皇帝的嫡堂兄弟為由，堅持立近不立遠，立福王不立璐王，且馬上派兵將福王送到南京登基。

這樣，在爭立新君這關鍵的一步中，史可法便落後馬士英了。

這以後，便是入閣之爭。馬士英欲拉同黨劉孔昭入閣，被史可法拒絕，馬士英便千方百計將阮大鋮拉出山，這個阮大鋮本是魏忠賢的死黨，聲名狼藉，名列崇禎帝欽定的「逆案」，所以，此舉遭到出身東林和復社的官員的堅決反對，馬士英為達到目的，便向外放言，說他們欲追究「逆案」，我便要拋出「順案」，原來大順軍進入北京時，很多士林名流都曾在李自成跟前稱過臣，上過勸進表，像史可法的弟弟史可程，還有眼下的復社領袖、那個反對阮大鋮最力的周鑣，就是在勸進表上稱頌李自成「比堯舜而多武功，邁湯武而無慚德」的周鍾的哥哥。

這麼一株連開來，立刻扯爛一塘荷葉，攪渾一池清水——才七拼八湊、粉墨登場的小朝廷，一下就鬧得牛臉對東，馬臉向西了。

而那個已被立為弘光皇帝的朱由崧呢，真是讓史可法說中了，他才當上皇帝，第一件事就是徵歌選美——他讓人把南京城的雛妓都宣召進宮，白晝宣淫，因姦致死雛妓多名；又嫌已有的宮殿不夠氣派，眼下正大興土木，修建宮室。

多爾袞看著這些情報，不由不佩服洪承疇見事之明，立刻將多鐸召進宮來，兄弟二人，促膝密談。

多爾袞一邊將這些情報讓多鐸看，一邊說：「十四弟，所謂南明弘光朝廷，便是這麼個樣子，你看，史可法想與我們劃江而治，能成嗎？」

多鐸匆匆看過，不由笑了，說：「十四哥，這個南明，地少官多，廟小菩薩大，這麼吵吵嚷嚷，還想與我們劃江而治呢，你只要給我五萬兵，看我跨過長江，掃蕩這班小丑。」

多爾袞不置可否，笑了笑說：「那天和你、和十二哥說起江南的事，他說他不耐暑熱，只多得銀子就行；你呢，五萬人馬便可跨過長江，我們可是親兄弟啊，為什麼差距會這麼大？」

多鐸說：「哥，十二哥那話我也聽不下去，只是想起你才和他紅過臉，不便又吵架，多得銀子有什麼用？江山是我的了還怕金銀不是我的？」

多爾袞讚許地點頭，說：「這就對了，宋太祖下南唐時就說了，臥榻之側，豈容他人鼾睡。我們這臥榻之側，不也一樣嗎？就是一個小孩子，你將一個餅掰成兩下，只給他一半，他也要哭鼻子呢？」

多爾袞說完，乃大談下江南的宏圖壯舉，多鐸不由熱血賁張，於一邊摩拳擦掌，躍躍欲試。多爾袞說得興起，乃筆走龍蛇，幾下就在一張白紙上抄錄下一首詩，讓豫王看，並說：「十五弟，那天和你們說起咱們的祖宗金海陵，說他讀了『有三秋桂子、十里荷花』的詞後，躍然而興南征之志，其實，這只是一家之言，據我看，海陵王算得個有雄才大略的人，只要看看他寫的這首詩，便知他興兵下江南，絕不是一時的衝動。」

多鐸一邊接詩，一邊說：「是嗎？」

多爾袞用指頭戳著那張紙，說：「看，這就是海陵王題於自己所畫的江南山水畫上的詩。」

多鐸一看，只見上面寫的是：

萬里車書盍混同，江南豈有別疆封？

提師百萬臨江上，立馬吳山第一峰。

多鐸一邊念詩，一邊點頭，說：「好，好一個立馬吳山第一峰，真是有志氣，有膽量。十四哥，小弟我一定能做到這一步。」

多爾袞笑著點頭道：「十五弟，我知道你的為人，也相信你能做到這一步，十二哥卻遠不能比。」

多鐸也驕傲地笑了，說：「鼠目寸光的人，不配做努爾哈赤的傳人。」

多爾袞連連點頭，表示有同感。接著，又喃喃地念著這首詩，說：「萬里車書盍混同，完顏亮這是說，他要追步秦始皇，做到車同軌，書同文，統一中國。這以前，他弒熙宗自立，又修復燕京和汴京，使大金國國力蒸蒸日上，要說氣魄和膽識，這個海陵王也可與始皇帝比肩了，可惜的是他未能做到慎始慎終，酒色財氣，不能免俗，所以，功虧一簣，最終被部將殺死。我們呢，下江南是肯定的，先不管它雨絲風片，煙波畫船，你不要與江南士人去爭這些，卻要爭統一。」

多鐸說：「哥，你放心，我不會學金海陵的，你就把這重擔讓我挑好了。」

多爾袞說：「不急，吃餅要一口一口地吃，事情也要一步一步地來，等消滅了李自成再議南征，到時，這擔子就交與你。」

5 國難莫做大臣

南明使團一行人終於進入北京城，住進了鴻臚寺，身為正使的侍郎左懋第不由稍稍鬆了一口氣。

北京城的居民，不知是害怕，還是漠不關心，他們對使團的到來很是冷淡。就是鴻臚寺這班官員，大多為前朝留用人員，與使團中人，應是很熟悉的，可見了南來的使者，面上沒有露出半點故國之思，冷冰冰的，如同接待外國使節。

對於這點，左懋第尚能理解，心想，這是處在滿人威逼恐嚇之下的緣故。

此時天色已晚，使團大多數人腹中饑餓，副使陳洪範向鴻臚寺官員要吃的，卻遭到了拒絕，說是用餐的時候已過，而陳洪範派手下一個護衛出外買時，又遭到了阻撓，守大門的清兵操一口滿語，哇啦哇啦，對他們很凶，懂滿語的副使馬紹愉前去交涉，卻被告知，天色已晚，不能隨意出入，這是攝政王的諭旨。

這不是遭到軟禁了嗎？左懋第的心，一下跌到了冰窖裡，看來，原來所最不願看到的情況，終於發生了。

這些年，煙塵四起，烽燧頻傳，身在陪都為官的他，也不曾有一日安逸，但比較起北京來，南都相對要清閒些，可惜好運不長，當帝后殉國的消息傳來時，南京各衙門的官員，除了那班毫無心肝者，一個個無不感到天崩地陷了，但左懋第身為人臣，傷心而不絕望，家貧莫當長子，國難莫做大臣，挽狂瀾於既倒，救絕國於危亡，他無時不覺重擔在肩。

可惜是吳三桂引清兵入關，他們不知個中究竟；北方兵連禍結，消息阻隔，他們對時事的判斷很不準確，到五月中旬，有官員從北京逃出，這才得到流寇已敗往關中的確訊，但清兵卻並未退往關外，神京仍淪入敵手，崇禎靈櫬未安，凡此種種，皆臣子的責任，可要光復大明，談何容易。

說起來，清兵是大明的宿敵，兩害相權取其輕，為了替崇禎報仇，就是向宿敵借兵，也不能顧了。所以，南都諸臣，對吳三桂的行為是能理解的，怕的是請神容易送神難，一旦清兵翻臉不認人，賴在北京不走，則又是前門驅虎，後門進狼了。

眼下，左懋第奉旨為使了，這正是受命於危難之中。朝廷給他們的使命是聯絡清兵，共滅流寇，拉攏吳三桂，將清兵禮送出關，然後廓清寰宇，奉新皇上還都。凡此種種，皆建立在毫無把握的空想之中，能如願嗎，萬一清兵不肯退，多爾袞有亡我之心，那他們這一去，不是羊入虎口嗎？

左懋第以常理推測，後一種情況很有可能。臨行時，已和妻子訣別，他明白，此行無異虎口探食，生還的希望極其渺茫。

他們一路北行，觸目處，廬舍空虛，人民逃散，田園多半荒蕪，甚至上百里不聞雞鳴犬吠。使團一行，幾百兵丁，押著十萬白銀、一千兩金子及上萬匹絹緞，穿梭於土匪、亂兵橫行的途中，個人生命及公家財產皆懸於一線。

但左懋第最擔心的還不是這些，而是清廷的態度。他們一行才進入山東，遭遇清兵時，便受到了極不友好的對待，在濟寧州，地方官不許使團進城，他們只好宿營野外，而城上的清兵還向他們住的地方打炮，擺出進攻的架勢；至德州，清朝的山東巡撫方大猷告訴他們，說已奉攝政王諭旨，南明使者經過的地方，有司不必招待他們，並讓他們自備盤費。

左懋第見此情形，明白這是在故意刁難，但他仍認為這是地方官不明事理，他寄希望於清廷，寄希望於吳三桂。不想到達天津後，清朝的總督駱養性又一次傳達了攝政王的旨意，對使團的人數，進行限制，只許百人進京，其餘皆留在天津。

駱養性原是明朝的錦衣衛指揮使，眼下降清了，就對故國的使者、昔日的同僚，擺出一副可憎的面孔。左懋第忍氣吞聲和他理論，但駱養性也不肯通融，萬般無奈，左懋第只好將人員精簡。就這樣，他們終於到達北京城了，不料到京後，竟是這麼個情況。

此時，馬紹愉仍在和那個守大門的官員爭論。左懋第知道這是無益之爭，此人看來只是奉命行事，多言豈不是白費精神？於是他把兩個副使召到自己住的房間，讓一個心腹護衛守在門口，不許外人進來，然後和兩個副使商議。

左懋第尚未開言，馬紹愉先憤憤不平地說：「真是莫名其妙，我們是使者，又不是囚犯，怎麼可不讓我們出去呢？」

陳洪範卻冷靜得多，他搖了搖頭說：「看情形，虜廷根本就沒有誠意，這分明是要軟禁我們。」

左懋第點點頭，面色十分嚴肅，說：「確實如此，如有半點誠意，也不會這樣怠慢使者，看來，我們這趟差事很艱鉅，很不好辦，為了不辱使命，我們可要有心理準備。」

馬紹愉不由連連點頭，陳洪範卻沒有答言，左懋第留神他的臉色，見他一會兒青一會兒紅的，不由喚著他的表字道：「繼之有何高見？」

陳洪範吞吞吐吐地說：「依我看，這，這事明天就可見分曉。」

明天是何情形，左懋第想到的第一件事就是禮節，明日去虜廷，面見他們的大汗，到時跪不跪拜？他將這個問題提出來，陳洪範立刻說：「依我看，這自然是要跪的，且不說眼下清國是我們的盟邦，幫我們打敗了流寇，就是為了完成我們的使命，我們也應該讓人家高興，不然，只怕不但不能完成使命，且有性命之虞。」

馬紹愉一聽，不由瞪著眼睛大聲道：「這可要思前想後，考慮周全。」

說著，他喚著左懋第的表字說：「蘿石，你是老前輩，這跪與不跪，可關乎個人名節。」

馬紹愉這以前曾任兵部郎官，當年崇禎帝欲祕密與清兵議和，兵部尚書陳新甲奉旨派他出任議和使，後來事機不祕，引起言官彈劾，陳新甲因此被殺，而馬紹愉也被貶官。當時彈劾馬紹愉最力的便是他左懋第，此番左懋第奉使，他本不想讓馬紹愉同來的，無奈缺一個既懂滿語，又悉夷情的人，他才勉強同意，眼下，馬紹愉是在下逼腳棋，想讓他出面擔責任。

左懋第歎了一口氣說：「處此形勢之下，我們何能矜於個人名節？只要有利國家，有利我們完成使命，禮節上不妨稍從委曲。」

陳洪範聽他這麼一說，連連點頭，可馬紹愉卻冷笑著說：「既然正使這麼主張，本人我從命就是，不過，話要說在前頭，將來萬一言官提起彈劾，本人可不願代人受過。」

還才到北京，尚未見到清廷一個正式官員，使節三人，便如此頡頏不下，左懋第的心，不由更加沉重起來，雖耐心和兩位副使把可能出現的事，細細地擺談了一遍，也商議了應對的方案，但在他們離開後，他卻一直睡不安寧。

•

得知南朝使者到達後，多爾袞不由得意地笑了。

眼下，在他的御案上，放著一張奏疏，這是山東巡撫方大猷奏報上來的。這個方大猷是個鬼靈精，他已把正副使者的資歷、北行的目的，及國書內容打探得清清楚楚，眼下細細奏報上來，多爾袞拿著奏報，看著看著就想笑。

小小的南明，烏煙瘴氣，竟還做著與大清分庭抗禮的美夢，他們使者齎來的國書上，竟稱我大清皇帝為可汗；議及割讓土地，竟只限於山海關外的甌脫之地；議及歲貢，要等三年之後，大清沒有匹馬犯邊才酌量增加三成。

多爾袞想，這不是白日做夢嗎？「大清沒有匹馬犯邊」，眼下我就要大舉「犯邊」呢。

就在這時，豫王多鐸前來辭行了。

經過兩個月的休整，八旗健兒一個個精神抖擻，都想南征一顯身手。為此，多爾袞派英王阿濟格為靖遠大將軍，率軍征討李自成，平西王吳三桂、智順王尚可喜各以所部隨從，由山西攻陝西；又派豫王多鐸為定國大將軍，恭順王孔有德、懷順王耿仲明隨同，率大軍渡黃河南下，準備收拾弘光小朝廷。阿濟格已於三天前出發了，多鐸今天來請訓，明天正式出發。

多爾袞正想與人說笑話，於是先不談南征的事，卻把南明使者到京，及其目的說與多鐸聽。多鐸也覺有趣：這不是一個垂死的人，還在想洞房花燭，還在想抖闊顯擺嗎，真是自不量力。於是，他將方大猷的奏疏一丟，說：「十四哥，不要為這事花費精力了，他送來了金子銀子，我們照單全收，人呢，肯降便罷，不肯降砍他的狗頭。」

多爾袞搖了搖頭說：「不行不行，當官不打送禮的，人家送金子銀子來了，我們怎麼還要殺他呢，再說，你這麼做，有些人口雖不說，心裡會以為我們理虧，怕說不過他們。」

多鐸明白，十四哥口中這「有些人」是指洪承疇等漢官。我朝雖打心眼裡看不起這個南明小朝廷，看不起他們派來的什麼使者，但十四哥是個事事不願示弱的人，口舌之爭，也不能拜下風，得折服他們。多鐸於是說：「那，你打算接見他們？」

多爾袞嘴巴一癟，露出一絲冷笑，說：「接見？不，我若接見，必接受他們的所謂國書，接受他們使者的朝拜，那麼，不等於承認了這個小朝廷嗎，承認了人家，怎麼好出兵去打人家呢？」

多鐸不解地說：「那，那又如何處分他們？」

多爾袞果然胸有成竹地說：「十五弟，據我所知，這班漢人自恃口才，特注重舌辯，所謂回翔壇坫，樽俎折衝，是他們的拿手好戲，此番我想去領教領教他們的口才，看他們能不能說過我。」

多鐸一聽，不由興趣盎然，說：「十四哥，你想去和他們辯論嗎？」

多爾袞笑著點頭說：「對的，我想不在正式場合接見他們，卻想化妝成一般官員去看他們，和他們舌戰一番，看到底誰能說過誰，你願陪我去嗎？」

多鐸當然願意去。

6 凌逼南明使者

左懋第他們用完早餐，立即準備正事，可鴻臚寺的官員卻說不急，說已代他們奏明攝政王，但還沒接到何時接見他們的旨意，只能耐煩等著。

等著就等著，總不會不見，就不相信夷人連銀子也不要。可一連等了兩天，仍然沒有動靜，左懋第不耐煩了，心想，就這麼晾著，不乾不濕，不是成心作弄人嗎？轉念一想，攝政王見不著，我就去見吳三桂吧，我們的使命中，不是還有一項是冊封吳三桂為大明的薊國公嗎？

陳洪範和馬紹愉也同意他這一方案，認為吳三桂不能躲著不見。

可等他把這個意思告訴鴻臚寺的官員時，那個官員竟哈哈大笑起來，笑畢竟說：「什麼，你們才封吳三桂公爵？他可是我朝的平西王呢，眼下攝政王爺正在燈市口附近，為他大造平西王府，有誰會這麼傻，放著現成的王爺不當，去當你們這個公呢？」

左懋第皺了皺眉，說：「你別管這麼多，我要去見見他，到時便清楚了。」

這個官員抿嘴一笑，說：「你讓我不管我就不管嗎？也罷，你就讓人去通報一下，看平西王爺願不願見你們？」

左懋第喚來一個熟悉京師街道的心腹，讓他持自己的名片，去吳三桂的府上通報，說奉旨冊封，讓他前來接旨。這個心腹出去整整一個時辰，結果垂頭喪氣地回來了，說吳三桂不願見面，連名片也不願接受，他於是等在府外，等吳三桂出來時，遞上名片，不想卻被吳三桂的侍衛用馬鞭子抽了一頓。

左懋第聽他如此一說，氣得嘴唇發烏。就在這時，只見一人，身著便裝，貿貿然走了進來，一見左懋第，立刻躬身一揖，道：「大哥別來無恙？」

左懋第一聽聲音便知，此人是自己的親弟弟左懋泰，不由吃了一驚——左懋泰是崇禎十年中的進士，一直在翰林院任編修，兄弟一南一北，書信往還不絕，但自大順軍進入北京後，他們之間便不通信息了，在他想來，懋泰身為儒臣，忠孝節烈常不離口，此番崇禎殉國，他一定也是殉君了，所以，他打算辦過大事後，再向熟人打聽懋泰的下落，如果死了，也一定要找到他的遺骸，歸葬祖塋，不想眼下他竟站到了自己的眼前，左懋第以為是眼花了，又再次將眼前這人細看一遍，果然是懋泰不差，不由警覺起來，乃大聲喝問道：「你是何人，竟敢來闖使者公館？」

懋泰不由大聲哭道：「哥，我是左懋泰呀，你怎麼不認識了呢？」

懋第說：「什麼左懋泰，我不認識你，不錯，我確有一個弟弟，可他在國變時，追隨大行皇帝去了，忠臣烈士，無人不景仰的，你是何人，竟敢冒充他的名字？」

懋泰大哭道：「哥，你不要再提什麼大行皇帝了，吳三桂不是世受國恩嗎，可他眼下已是大清國的平西王了；洪承疇還不受恩深重嗎，可他眼下已是大清國的太子太保、兵部尚書兼都察院右副都御史了，小弟才吃了幾天的皇恩奉祿呢？也仍被留用在翰林院，今天，我是特來勸你的，眼下大清兵強馬壯，就要兵發江南，你不要回去了，那裡已是兵凶戰危之地了，不如就在這裡，跟著小弟同為一殿之臣，攝政王一定不會虧待你。」

左懋第一聽這話，又羞又急，不由抽了懋泰一個嘴巴，大罵道：「胡說，我是什麼人，你是什麼人，怎麼能同為一殿之臣？你滾吧，我不認識你！」

陳洪範一見，立刻上來勸阻道：「蘿石，這又何必呢？」

左懋第怒髮衝冠地吼道：「不用再說了。我等奉旨前來，國書未交，照例不能與外人私相交結，來人啦，將這人趕出去！」

說著，逼著左右，將懋泰趕出去。左右無奈，只好推推搡搡，把懋泰推了出來。

不想懋泰走後不到一盞茶久，左懋第尚未從無限傷心和憤怒中醒過神來，忽見大門外，突然來了一隊兵丁，有一二百人左右，一個個神情肅穆，動作整齊，他們驅散閒雜人員後，分兩排站在大門外，一個騎馬的軍官，在指揮左右警衛，陳洪範見此情形，嚇得臉都白了，說：「不好，只因拒降，他們便要逮捕我們了。」

左懋第見此情形，反而鎮靜起來，說：「不慌不慌，兩國交兵，不斬來使。再說，我們又不是來下戰表的，而是來修好的，怕什麼呢？」

正說著，只見大門外又來了一溜騎馬的官員，一個個雄赳赳、氣昂昂的，直進到二門才下馬，有五人旁若無人，竟筆直走上大堂，領頭一人，更是十分魁偉，丹鳳眼、臥蠶眉，威風凜凜、儀表堂堂，緊跟在身邊一人，雖略矮略胖，但面目卻更凶狠。此二人一上來，立刻走到大堂上的座位上坐了，旁邊這人大聲道：「誰是南邊來的貢使？」

眾人立刻拿眼來看左懋第。左懋第不由一驚——這是一句極不禮貌的話，雖只短短的八個字，卻有兩處不能讓人接受，一是他只稱「南邊來的」，而不稱「大明國來的」；二是他們是來犒勞盟邦的，或者說是來送謝禮的，感謝清兵幫大明趕走了流寇，而不是什麼「貢使」。堂堂大明，怎麼能向原來的守邊小夷「進貢」呢？再說，對方在堂上坐著，自己卻在堂下站著，這不是在受審嗎？

但處此突發情形下，他又無可奈何，看此人排場，單憑這大隊衛士，諒必也是個人物。只好上前一步，先駁正他的問話道：「本人乃奉大明國弘光皇帝陛下之旨意，前來致謝清國的，稱勞軍使可，稱議和使也可，稱貢使則大不可，請問閣下何人，有何貴幹？」

矮個子一怔，馬上說：「我們是何人，是你能問的嗎？」

這是什麼話？左懋第正要駁他，堂上端坐的那人卻笑了笑，用較為平和的口吻說：「何物弘光，我們怎麼不知道？」

說著，他又問左右道：「你們可曾知道？」

左右皆說：「我們從未聽說過。」

左懋第明知對方是在侮弄他們，但仍忍氣吞聲將福王被眾臣擁立的過程，向堂上這人說了一遍，話才說完，堂上這人竟質問道：「弘光之立，可奉有崇禎遺詔？」

左懋第不慌不忙地回答說：「崇禎皇上殉國，事起倉促，哪能事先立下遺詔？眼下太子及永、定二王不知下落，今上為神宗嫡孫，論序當立。」

堂上這人一聽，竟哈哈大笑道：「想當初流寇犯闕，北京危急，你們在南邊不發一兵一卒勤王，卻像老鼠一樣藏在洞中；眼下崇禎殉國，並無遺詔，你們卻不顧大仇未報，逆賊未擒，擅立皇帝，你們不是開口閉口就說正名嗎，所謂名不正則言不順，言不順則事難成，這個弘光，分明是個亂臣賊子，你們所奉為亂命，還有什麼臉稱使者？」

左懋第沒料到這個夷人居然如此善辯，正要據理駁他，一邊的馬紹愉卻先開言道：「要說名不正言不順，應該是你們夷人，你們乘人之危，深入內地，擅據禁中，竊攘神器，應及早退兵，才是上策。」

旁邊的矮個子一聽，不由指著馬紹愉的鼻子大聲喝道：「胡說，我們是乘人之危嗎？我們可是你們的平西伯痛哭流涕請來的，這北京城是我們從流寇手中奪來的，流賊也是我們追到陝西去的，要說名正言順，再也比不過我們了。試問，當流寇肆虐時，你們卻坐視不救，眼睜睜望著那個崇禎皇帝去自殺，這又該當何罪？我們為你們代為剿滅流賊，你們不好好謝我們，卻私立弘光，這又該當何罪？」

左懋第說：「當時大江阻隔，消息遲緩，就在我們史閣部聞訊後，正欲督師討賊時，神京已經淪陷了，怎麼能說是坐視不救？就是眼下，我們奉旨前來，也是要與你們商量，要在萬壽山覓一地方，重新厚殮先帝。」

堂上這人又冷笑道：「哼，流賊與我們並無仇恨，我們是本著守望相助之義，才來幫你們剿滅的，你們的先帝也已由我們代為埋葬了，豈用你們這時來厚殮？眼下流寇仍然猖獗，你們不去剿滅，卻來這裡饒舌，真是恬不知恥。若不取消帝號，便是天有二日，這就怪不得我們要來討伐你們了。」

左懋第說：「怎麼能怪我們不剿流寇呢，使者此行，就是要與你們聯合，共同剿滅流寇的。」

堂上這人說：「剿滅流寇？流寇馬上就要被我們消滅了，眼下江南百姓，正仰望王師，不日我們大軍就要順承民意，去解民於倒懸。」

邊上這矮個子也說：「對，別再多言，我們馬上就要兵發江南，就讓那個弘光皇帝快快投降罷。」

左懋第聞言吃了一驚，他已看出這兩個人有些來頭，且絕非等閒之輩，得認真對待，不由說：「什麼，你們還要南下？我們大明何曾虧負你們女真人，你們賴在北方不走，放著流寇不剿，反要打過長江去，這不是無理犯邊嗎？」

矮個子哈哈大笑說：「無理犯邊，這是什麼話？古人說得好，天下者，非一人之天下，乃天下人之天下，大明的江山，也是朱元璋從蒙古人手中奪來的，我們女真與蒙古是兄弟，難道不能讓我們奪回去？你們姓朱的坐江山也坐了二百多年了，也該讓我們愛新覺羅氏來坐坐了。」

左懋第說：「我們太祖起兵，是因蒙古人無道，殘害百姓，眼下大明皇上並無失德之處，怎麼能容你們取而代之？」

堂上這人說：「哼，你們忍令崇禎自殺，坐視不救，其罪一；沒有遺詔，擅立福王，其罪二；諸將擁兵，殘害百姓，諸臣相攻，各立門戶，其罪三。有此三罪，人神共憤，王法所不能容，我們整頓六師，發兵討伐，真正是上承天命，下順民心，你們快投降吧，投降免死。」

說著，拂袖下堂，準備離去，左懋第趕緊攔住他說：「請問，你們安排我們幾時覲見你們的大汗，幾時遞交國書？」

那人止步，望著左懋第連連冷笑說：「什麼大汗，應稱大清皇上；什麼國書，只能稱表文，稱奏章，你這人一點規矩也不懂，還充什麼使節？」

說著轉身就走。他這一走，那個矮個子馬上凶相畢露，說：「你們的貢物呢？快快如數交我。」

左懋第心想，既然清廷如此不講理，我們不能將金銀交與他們，但處在這種情形下，不交行嗎？他望了陳洪範和馬紹愉一眼，他們也正惶然無計地望著他，只好說：「我再說一遍，是禮品而不是貢物，既然有旨交與你們，我們當然會交，但要見過你們的大汗，遞交了國書後才能交禮品。」

矮個子怒聲道：「還在說大汗，告訴你們，眼下我們大清的皇帝尚在盛京，當國的是攝政王，攝政王有旨，我們不承認什麼弘光朝廷，你們可將貢物交與我，然後滾出北京。」

說著，手一揮，手下的兵丁便走向庭中裝著金銀的車輛。

左懋第此時仍不想和他們徹底翻臉，只好走上來，指著其中一口木箱說：「此中有白銀三千兩，是犒賞薊國公吳三桂的，你們不能拿走。」

矮個子哈哈大笑說：「我們大清待吳三桂恩重如山，他連你們的面也不肯見，豈要你們的銀子，你們也太小氣了，我們封吳三桂為平西王，你們卻只封他一個公，他豈在乎這個公呢？」

說著，對旁邊的一個官員下令道：「統統帶走。」

這班兵丁上前，不由分說便要將大車趕走。左懋第一個護衛欲上前攔阻，被左右一推，竟推出好幾尺遠。於是，三個使節就眼睜睜地望著金銀及緞匹被拉走了，連收據也沒有一張。

第二天，大隊清兵擁進鴻臚寺，宣布攝政王旨意說，貢使不宜久留京城，你們必須立刻回去，傳語弘光，宜識時務，削號歸藩，肉縛請降。不然大兵到日，小小金陵，玉石俱焚。

說完，便有兵丁上來推搡他們，他們就被押著，僅帶著個人行李，狼狽地走出北京城。

左懋第一行才走到滄州，副使陳洪範就叛變了——他上書攝政王，建議扣留左懋第和馬紹愉，由他一人去江南招降福王。多爾袞接受了他的建議，傳旨將左懋第、馬紹愉扣留，放陳洪範一人回南。

這以後，豫親王多鐸下江南，迅速滅亡南明，左懋第終因不肯降清而被殺，這當然是後話。

7 小皇帝的惡作劇

大清國終於遷都北京城了，這一切全是由多爾袞安排進行的。

紫禁城的修復雖尚待時日，但多爾袞認為，國事蜩螗，他無法兩頭兼顧，所以，不能等到完全修復後再遷都。八月初，他終於下旨，命內大臣何洛會統兵為盛京留守，盛京隨扈各王大臣及六部九卿官員人等，一律做好遷往北京的準備。這時，欽天監擇定八月二十日乙亥為黃道吉日，於是，在這一天，大清的順治皇帝在兩宮太后、各王大臣貝勒、貝子的陪護下，從盛京起駕了。

小皇帝福臨對終於能進行一次長途旅行感到非常高興，尤其是聽皇額娘說，去的地方是無比美麗的中原，那裡的人很多很多，地方好大好大，從此，他們就要告別寒冷蕭瑟的東北，去那花花世界南面稱孤，他雖不明白自己的身價，不清楚南面稱孤的意義，但能到外面的世界走走他就高興。

他乘坐的是六匹馬拉的御輦，陪同他的是皇額娘孝莊皇太后。但他仍不時跑到他的大伯代善的車上去，代善乘坐的車雖沒有御輦寬敞、豪華，但坐在大伯的身邊，小皇帝自覺能得到很多知識。在御輦上，他指著外面的景物問皇額娘，或是到了一處城鎮問到了哪裡，皇額娘十有九回答不上來，或說不出所以然；但大伯卻有問必答，不但能說出這些關隘險要的地名，且能說出有關此地的故事，說，為了奪取這處地方，皇祖努爾哈赤或皇父皇太極曾經花費了好多心思，且戰死了好多八旗健兒。

小皇帝對這些故事很感興趣，聽得很認真，每聽完一個故事，他總要問道：這些地方眼下屬不屬我們大清管呢？在得到肯定的回答後，他便哈哈大笑。代善乘機誘導他，說這些地方來之不易，你今後執掌政權後，一定要珍惜它，不但要愛護這裡的百姓，且要認真考核這裡的地方官。小皇帝雖對「執掌政權」的含義不甚明白，但總是認真地點頭。

就這樣，一路款款行來，走了一月光景，他們終於要到達目的地了。這天，車隊經過一處大城鎮，那裡的城牆雖不及山海關的高大，但熙來攘往的人，卻比山海關要多得多。

前一天，小皇帝便從大伯口中得知，這裡是通州，距北京城不到一天路程，他牢牢記在心裡，今日一見，京畿果然氣象不凡，不但人多，就是兩邊的店鋪也比關外氣派。過了一條大河後，只見前面紮起了一座十分雄偉高大的彩牌樓，兩邊的大路上，到處是全副武裝的兵丁，或三五步站一個，或一小隊一小隊在路邊巡邏，神態都極其嚴肅緊張。

車隊走近城門時，只見前面擁上來一大群紅頂子官員，為首的，正是睽違已久的十四叔多爾袞。

小皇帝一見多爾袞，立刻有了幾分戒備心理。在眾多的伯伯叔叔中，小皇帝最不喜歡的，就是這個十四叔，因為他在小皇帝面前總是扳著面孔，開口便是教訓，只能這樣，不能那樣，不是要查他寫的字，便是讓他背書，口氣嚴厲，從不假以詞色。小皇帝想，好容易盼到這個十四叔離開我了，想不到才過了幾天輕鬆日子他又出現了，北京雖是個好地方，但這個十四叔若時刻出現在身邊，便是有天大的樂趣也沒有心思了。所以，他一路上就在想，到了北京後，可不能事事受這個十四叔挾制，要給他點顏色看看。

看看離十四叔越來越近了。眾臣面前，皆有一塊小小的氈子，那是供跪拜用的，代善早已交代過他，此番十四叔為奪取中原，立下了大功，沒有這個十四叔，他們便不能來此地，所以，見了十四叔後，應該先傳旨免跪拜，且要多說幾句慰勉的話。小皇帝一一記在心中，卻並不想照辦。

此刻，他望一眼身邊的皇額娘，孝莊太后此時正在攀帷觀看兩邊的街道，沒有發現多爾袞已率眾臣迎候在道旁。於是，他忍住笑，端坐車上，不發一語。

一邊的多爾袞也在尋思。早在新皇帝登極時，他和濟爾哈朗、代善就已蒙恩上朝免跪拜，今天，他本可不跪，但望一眼城廂兩邊，只見焚香恭迎的百姓成千上萬，心想，眾目睽睽，萬民仰視，這可不是一般的日子，是大清皇帝第一次出現在新的臣民面前，自己作為攝政王，應該率先垂範，讓這班新歸化的漢民，一睹大清皇帝的威嚴，讓他們知道對皇權的敬畏，只有皇上傳旨免跪，我才能不跪，如果小皇帝不傳旨免跪，還得委屈自己——只可惜來時沒有想到這層，連氈子也沒有準備。

然而，眼看車隊已近，卻仍不見小皇帝傳旨，跟在後面的代善不由著急，可此時此刻，代善又不可能跑到前面來請旨。代善的苦衷多爾袞不能理解，此刻他只想，這是怎麼搞的呢，按說，這事代善應該早有安排的，一定是哪個環節出問題了，他心中有氣，可又無可奈何。

眼看身後的大臣們都已跪下去了，他也只好跟著跪了下來，朗聲奏道：「臣多爾袞，恭請母后皇太后、聖母皇太后及皇上萬福金安。」

直到這時，小皇帝似乎才明白過來，他一掀車簾，露出那個滿臉稚氣的娃娃頭，竟連連揮著手，喊道：「免跪免跪！」

可此時此刻，多爾袞已拜倒塵埃，且一連磕了三個頭了，聽了這道恩旨，真有些哭笑不得。這時，小皇帝終於開金口、動玉牙了，但故意拉長音調，從從容容，把平日學的一些用在諭旨上的套話背出來：「朱明失德，內亂頻仍，流寇蜂起，凌逼至尊。多爾袞奉旨入關，救萬民於水火，仰賴昊天眷佑，太祖高皇帝、太宗文皇帝在天之靈，終於成此大功，雖說眾將士用命，艱苦備嘗，但多爾袞知人善任、宵旰憂勞，功不可沒——」

孝莊太后此時似乎明白了什麼，她見多爾袞和眾臣仍跪在黃天焦日之下的黃土地上，靜聽綸音，心有不忍，乃於一邊悄悄拉了兒子一下，小皇帝這才把後面的話省下來，換了個口氣說：「十四叔，您辛苦了啊，辛苦了，快起來吧。」

多爾袞終於「謝恩」，並站了起來。這時，禮親王代善和鄭親王濟爾哈朗及諸王、貝勒、貝子已從後面車上下來，一齊擁到了前面，待小皇帝傳過旨意，車駕繼續向前，代善和濟爾哈朗便走上來，拉住了多爾袞的手，代善先是一臉的歉意，搖了搖頭說：「十四弟，沒辦法，二哥我啟沃無方。」

代善此說，顯然是指小皇帝沒有傳旨免跪拜的事。多爾袞嘴角掛著一絲笑，他撣了撣膝蓋上的灰塵，寬仁地說：「沒什麼，沒什麼，我倒是覺得福臨一天比一天懂事了。」

接下來，相互道乏。多爾袞此時顯得異常嚴肅，說：「二哥，這半年的罪，可讓人受的，十四弟我是巴不得早一天卸擔才好。」

代善一怔，不由與濟爾哈朗對望了一眼，說：「這個二哥能理解，二哥常和鄭親王說，真正虧了十四弟，他不愧是個全挎子，文也文得，武也武得，要不然，哪能到今天這地步呀。」

多爾袞雙手一拱，朝天一揖，只說了三個字，道是：「再說吧。」

然後不再作聲，翻身上馬，緊跟在車駕後，向北京城進發。

代善一怔，只好和濟爾哈朗同時上馬，追了上來。

8 二王掣肘

順治皇帝終於由正陽門入宮，進入已修復的乾清宮，多爾袞處理公務雖仍在前面的武英殿，但入夜則回到他的私第──紫禁城邊上的南池子。

一連好幾天，多爾袞都進宮伺候皇帝。

先是行定鼎登基之禮；接著，護車駕至南郊，祭告天地，讀祝文，宣告正式即位，仍用大清國號，順治紀年，並頒布明年的時憲曆；接著，封孔子的第六十五代孫孔允植衍聖公兼太子太傅，其餘孔允鈺、顏紹緒、曾聞達、孟聞璽──四配的後裔，仍襲封五經博士，此事在皇帝動身的第二天，即八月二十一日孔子誕生日便宣布了，這是正式用皇帝名義頒發詔書；接著，又奉皇帝於皇極門頒即位詔，宣示全國，共有五十五款，如：加封功臣；察敘降順的文武官紳；除十惡以外，赦免十月初一以前的所有罪犯；加恤出征的將士，赦弁兵隱匿無主財物罪；凡地畝錢糧，俱照前朝會計原額，自順治元年五月初一日起，按畝徵收，凡加派遼餉、剿餉、練餉等苛捐雜稅，悉行蠲免，直至山陝軍民，「昔被流寇要脅，今悔過自新者，概予赦宥」；並禁土豪重利放債，等等等等。

這些全是多爾袞安排好的，連祭天地的祝文，也是他令前明大學士馮銓撰寫好的，只等小皇帝來後，用他的名義發布——人情留給小皇帝做。當多爾袞把這些一一送達小皇帝面前時，小皇帝此時當然看不出明堂，虧孝莊太后明理，她看到加恩有功將士的條文中，沒有多爾袞兄弟仨的份，不由說：「這怎麼行呢，論功勞，十四叔第一，他雖自己不能加恩自己，你可不能疏忽呀！」

於是，傳旨宣召禮親王與鄭親王，讓二王商議，代善與濟爾哈朗商量來商量去，最後議定，加封多爾袞為叔父攝政王，阿濟格為和碩英親王、多鐸為和碩豫親王。

真正是改朝換代，萬象更新，覃恩普敷，皆大歡喜。

濟爾哈朗、代善於一邊，看著多爾袞朝堂之上，指揮倜儻，自己身為皇帝的伯父，卻凡事都難以置喙，幫忙不上，待這些大事辦完，他們終於親自來到了多爾袞府中。

代善一見多爾袞，臉上堆滿了笑，寒暄過後，他先開口說：「十四弟，這些日子，大事一樁接著一樁，我們於一邊見了，都有些眼花，真是難為你了。」

濟爾哈朗則連連點頭說：「不容易，真不容易，十四弟辛苦了。」

多爾袞微笑著，說：「哪裡哪裡，眼下家大業大，小弟也是初經大事，一定有不周全的地方，或者說，沒有想到的地方，二位哥哥可要悉心指教。」

一聽這話，代善不由矜持起來。沉吟半晌才說：「十四弟，登基詔書中的五十五款，我看是應有盡有，面面俱到了，包括加封衍聖公及五經博士、議敘歸降的漢人等等，依我看，這一班南蠻子也應該知足了。」

濟爾哈朗趕緊附和說：「是的是的，還有減免錢糧，赦免罪犯，真比他們自己的皇帝還要好，聽說他們還不肯剃髮表示歸順，真是忘恩負義。」

多爾袞見二王連袂而至，便知他們一定是有事，眼下仔細玩味，似有一些弦外之音，想一想，就全明白了，於是說：「二位哥哥，這些日子，小弟累是累，為了不負先帝，累一點我也高興。就是還有一些說不出的苦衷，叫人無處訴說，就說一些大政方針，本是大行皇帝手上就已定下來的，可一旦執行起來，卻又有人說三道四，像對這班漢人的處治，急不得，慢不得，稍不留意，便進退失據，寬嚴皆誤，其難其慎，真是一點也不敢掉以輕心。」

代善說：「我明白，我明白。依我看，你眼下已是叔父攝政王，代天攝政，便可總攬乾綱，獨運威福，也就是說，你願意怎麼幹，你就可怎麼幹，別人的話，你聽也罷，不聽也罷。」

濟爾哈朗也說：「對對對，這話對極了，你眼下已是一人之下，萬人之上了，判令行權，全在乎你，你又何必顧及別人說什麼呢？」

多爾袞一聽，覺得兩個哥哥的話，雖然句句是順著自己來的，但聽後總覺有些言不由衷，什麼總攬乾綱、獨運威福，什麼一人之下，萬人之上，這分明是不滿嘛，他明白，他們不滿自己什麼地方，心想，自己千辛萬苦、宵旰憂勞，才有今天這局面，他們跑來，坐享現成，居然還享有德高望重的名聲，竟然放著這個富貴閒人不做，卻聽信他人之言，棉裡藏針地對付自己，真是牛耕田，馬吃穀，馬卻不知牛辛苦。越想越有氣，於是淡淡地一笑，說：「二位哥哥，方才小弟說，辦事有不周全的地方，要請你們不吝賜教，你們怎麼就不能指出一二呢，有話明著說多好。」

代善說：「依我看，你眼下所作所為，已遠勝周公輔成王故事了，既已盡善盡美，我們又何必指手畫腳，多此一舉？」

濟爾哈朗說：「是的，不在其位不謀其政，我們能說什麼呢？」

多爾袞笑著搖頭說：「小弟不信二位哥哥今日專程前來，就是為了說兩句恭維我的話。」

代善一怔，不由望著濟爾哈朗，吞吞吐吐地說：「是的，不不，我們只是來看看你，十四弟，你可別誤會。」

多爾袞說：「二哥，小弟誤會什麼呢，有道是智者千慮，必有一失，又何況小弟我呢。你們一定是有話不說，成心要等在邊上看小弟的笑話了。」

代善和濟爾哈朗齊聲說：「真的沒有說的。」

多爾袞於是鐵青著臉，說：「真的？」

二人說：「真的。」

多爾袞連聲冷笑著說：「我看未必，就說此番的加恩眾將士吧，本是皆大歡喜的事，為什麼要遺漏一個不該遺漏的人呢，有道是一人向隅，舉座不歡。」

二人同時問道：「誰？」

多爾袞說：「我的好哥哥，你們真的那麼健忘嗎？小弟說的這人，就是原肅親王豪格啊，他本是先帝長子，雖說沒有良心，把個親叔叔作仇人殺，但他不要我這個叔叔，我能和他一樣，也不認這個親侄子嗎？為什麼不能給他一個改過的機會呢，國家用人之際，連過去與大清為仇的漢人我也要重用，何況他還是先帝長子，且是個將才呢！」

代善一聽這話，似有難言之隱，半天沒有作聲——其實，他二人就是為豪格之事來的，豪格在高牆內圈禁，人瘦得只剩一個空殼，皇族中有不忍者，乃趁著遷都之機，悄悄向代善及濟爾哈朗代為陳情，代善知豪格罪孽深沉，不敢作主，今天邀濟爾哈朗同來，卻一直不便開口，不想多爾袞一下就猜到了。眼下代善見多爾袞自己提起，因不知他葫蘆裡賣的什麼藥，乃把眼來瞧濟爾哈朗，不想濟爾哈朗口雖快，卻不會說話，竟說：「十四弟，若是你能捨棄個人恩怨，放豪格一馬，可真是大恩大德了。」

多爾袞一聽這話，不由頭一偏，緊追問道：「我捨棄個人恩怨，放豪格一馬？這麼說，是我與豪格有私仇了？」

濟爾哈朗話才出口，代善便覺不妥，趕緊駁正說：「豪格有罪，罪該萬死；十四弟懲辦他是為了申國法，肅皇威，今天也是為了國家，為了先帝的面子，法外施仁，怎麼是放他一馬呢？」

濟爾哈朗知道自己說漏了嘴，趕緊點頭說：「是的是的，看我這嘴竟這麼笨，好話說成了反話，十四弟，你不要見怪。」

多爾袞歎了一口氣說：「又說錯了，我見什麼怪呢？我只求二位哥哥能體諒我的苦心罷了。」

代善和濟爾哈朗於是都來撫慰多爾袞，好聽的話說了一筐籮。

多爾袞當下留兩個哥哥在府中用餐，飯桌上，代善和濟爾哈朗說話更小心翼翼了，只是扯南山，塞北海，淨說些不相干的事。

9 何不自己當了

代善和濟爾哈朗一走，多爾袞不由浮想聯翩。

他明白，代善和濟爾哈朗都是老好人性格，庸庸碌碌，無所作為，但人前人後，總怕別人把他忘了，為此，遇事便要出來充好人，說一說公道話，以此表示自己的存在，有人看準了這點，便加以利用。此番二人一定是受他人指使，像譚泰、新力、鼇拜等不知飽足的人，見此番一大批漢人被重用，心中火氣難平，見了這兩個好說話的世襲罔替的鐵帽子親王，豈肯輕易放過？

沒辦法，只有重新起用豪格，才可塞住兩個德高望重的哥哥的嘴。心想，不就是一個豪格嗎，此時起復豪格，不會於自己地位有半點動搖，還可加深這一派人的矛盾，讓他們內爭更激烈，至於自己與豪格的帳，有的是清算的機會，正所謂「趙孟所貴，趙孟能賤之」。

想到此，立刻坐下來草擬詔書——這事非同小可，他不想讓別人代筆。詔書專對豪格而寫，先對他的種種悖逆之舉嚴加指斥，明確指出，他所犯之罪，應是殺無赦，但念他能悔過自新，因國家用人之際及遷都大喜，才赦其罪，恢復他的爵位，最後，「著豪格速來京聽用」。

寫完自己念了一遍，覺得義正詞嚴，無懈可擊，發布出去，可收一石二鳥之功。自己滿意，但不知什麼原因，心裡總像仍有些不滿足的地方，什麼地方不滿足呢？終於想起來了，這就是小皇帝對他的態度。

那天讓他當眾下跪，後來他從孝莊太后那裡得到證實——代善事先確千叮嚀、萬囑咐，讓他先傳旨免跪，再說一些慰勉之詞，可小皇帝偏偏「忘了」。他明白，小皇帝根本不是忘了，他能把詔書上常用的字眼湊攏來，當眾來一段洋洋灑灑的「天語褒獎」，就證明他的能力，可他為什麼要這樣做呢？

千百年來，殘酷的宮廷鬥爭，充滿血腥。熟讀歷史的多爾袞，能背出許多父子反目、兄弟相殘的宮廷慘劇。眼下，他雖不把這個背上背著搖窠草，口中還帶奶花香的小皇帝放在眼中，但今後呢，須知自己是一天天在衰老，而他卻是一天天在茁壯成長啊，在無休無止、你死我活的爭鬥中，有時勝負在須臾，有時卻又是漫長的等待，身體比你好，壽命比你長，可是令政敵無可奈何的一大優勢——多爾袞在年僅六歲的小皇帝面前，可真是無可奈何。

要知前世因，今生受者是；要知來生果，今世種者是——自己為了大清國，已是種盡荊棘了，將來小皇帝當政時，又會如何呢？

想來想去，他不由想起阿濟格、多鐸在皇太極死時，勸他自立的話，自己這麼宵衣旰食，鞠躬盡瘁地去扶持一個長大後、很可能反目成仇的小皇帝，何不自己就當了？

是啊，何不自己就當了？

多爾袞沒有自己就當了，個中大有原因，為了不負皇兄的囑託，為了不使愛新覺羅氏家族內訌，這不是心裡話；皇太極的臨終託孤，多爾袞不是傻子，未必看不出他的矯情之處？說到底，更深一層的原因，是多爾袞尚無子嗣，且自己明白，眼下已是暗疾纏身，今生今世，是不可能再有兒子了。

人生的悲劇，莫如無後；傷人最痛，也無過罵人斷子絕孫。春秋時，楚國那予智予雄的令尹子文，生前便看出了侄子越椒的狼子野心，可他已無可奈何了，只能感歎「若敖氏之鬼，不其餒而！」

聽明的多爾袞已經看出來，就是真的「自己當了」，若干年後，他仍只能交與侄子，那麼，該如何還是如何。

心雄萬夫的叔父攝政王，能奈命何？

然而，說起來，他本是有子的，就因為豪格而失去了，他與豪格因而紮下了深仇大恨，這也是他始終不能原諒豪格的地方——熱心的十五弟多鐸哪裡知道，阿憐與他早已相愛，就在她到睿王府任漢文教習時，便已懷上了多爾袞的孩子，他急於為她贖身。

那一回，他騎著白雪去盛京參加御前會議，在宮門口遇上了豪格，他本想就這事和豪格談，又怕豪格作難，不想就在這時，豪格一眼看見白雪就兩眼發直，多爾袞明白，豪格愛馬，他的後院馬廄中有不少千里駒，可豪格貪心，好馬不嫌多。想到此，他不由心中一動，說道：「怎麼，看上它了？」

豪格毫不掩蓋自己的貪心，馬上說：「十四叔，你說吧，換給小侄，你看上小侄什麼，小侄給什麼。」

這白雪是多爾袞的心愛之物，它不但全身雪白，沒有一根雜毛，且十分通人性，不管多遠，只要一聽見多爾袞的聲音，便會發出長長的嘶鳴聲，踩著碎步跑過來，多爾袞愛白雪，把它看作自己最好的寶貝，可是今天，多爾袞為了換回心上人，他決定忍痛割愛了，於是，他望豪格笑了笑，說：「真的？」

豪格拍著胸脯說：「十四叔，小侄幾時說過假話？」

多爾袞說：「我怕你臨時又反悔。」

豪格於是對天盟誓，說：「若反悔便不得好死。」

多爾袞立刻阻止說：「大侄子，十四叔是跟你說著玩的，不就是一匹馬嗎，值得發這樣的毒誓？」

接著，他提出，讓他任意在豪格的奴隸中，挑選兩名女奴，這白雪便歸他了。豪格一聽，立刻笑得兩眼眯成了一條縫，立刻就答應了他。

於是，豪格牽走了白雪。

多爾袞因有事，在盛京多耽誤了兩天，不想往回趕時，賴塔氣急敗壞地迎了上來，一見他忙說：「王爺，出事了，快回去。」

他一驚，忙問何事。賴塔說：「就是為了丁拱辰的女兒，豫王爺和肅王爺打起來了。」一聽是為了阿憐姐妹，多爾袞立刻圓睜雙眼，說：「怎麼啦，那阿憐已是我的人了。」

賴塔說：「一時說不清，您回去就知道了。」

於是，他和賴塔匆匆趕到炮廠。

原來豪格用兩名女奴，換了多爾袞的名馬，他自認為得意，不想回到府中，遇見了心腹譚泰，他向譚泰說起這事，譚泰卻說他上當了，並告訴他說：「聽說睿王在炮廠，與丁拱辰的女兒關係曖昧，這女娃兒有才有貌，是百裡難挑一的角色，眼下睿王爺肯用名馬與您換，更可見她們不同凡人。」

豪格一聽，不由恍然大悟，乃趁著多爾袞尚在盛京，急忙趕到炮廠來，想先一步將阿憐弄到手。

此時，阿憐和阿黛正在多爾袞的住所讀書。豪格將她們喚來，一見果然是天姿國色，立刻令人帶走，丁拱辰攔阻不住，只好來尋多鐸，多鐸急忙趕來與豪格論理。

豪格自恃是皇上長子，眼中哪有他這個豫親王，三言兩語不合，竟喝令手下動手，多鐸也不是省油的燈，於是兩下便打了起來，因豪格帶的人多，幾下就將丁拱辰打倒，眼看就要把阿憐搶走了。

就在這時，多爾袞趕來了。多爾袞說：「豪格，你怎麼出爾反爾？」

豪格一見多爾袞，不由心虛，但仍硬著頭皮說：「十四叔，這可真的對不住您了，這女子小侄早已留意到了，只因有事，一直沒來得及收拾她，她可是無價寶啊，您如果是要換她，那可不成。」

多爾袞不由怒火填膺，他瞪著豪格說：「虧你也是男子漢、大丈夫，你說話還算不算話？」

豪格也硬梆梆地回答說：「可您也沒說是她呀？若說是換她，您用一百匹白雪小侄也不會換。」

多爾袞氣得胸膛起伏如蛙鼓；賴塔也把護廠的兵丁調來了，多鐸手按腰刀，指揮手下將豪格包圍起來，兩下相持，豪格始終不肯將阿憐交出來。這樣相持著，終於鬧到皇太極那裡去了。皇太極不是護短的人，在多爾袞、豪格叔侄經常鬧磨擦時，皇太極每次都是袒護多爾袞，可這回他卻沒有支持多爾袞——只一句話，便讓多爾袞自動退出了。

這就是：滿漢不通婚。

皇太極當下喝退眾人，將多爾袞召進內室，說為了保證高貴的皇室血統的純正，當年太祖特立下章程，這就是滿漢不准通婚，嚴禁皇室貴族娶漢女，尤其像你墨爾根，這種將來極有希望繼承大統、或掌握大權的親王，可不能不防範於未然。滿人絕不能成為漢人的女婿，大清的皇帝或親王更不能是漢人的外孫——但凡傑出的政治家，他們的思想原本是相通的，努爾哈赤居然也想到了「嚴夷夏之大防」！

他說：「墨爾根啊，如果你要娶下這個女子做你的側福晉，如果你要讓這女子將腹中孩子生下來，那麼你就要宣誓放棄和碩睿親王的尊號，永遠只做一個庶民。」

皇太極是清楚這個十四弟的秉性的，知道他對權力的看重，在理想的婚姻與權力不可兼得的情況下，多爾袞最終選擇了權力。

於是，可憐巴巴的阿憐終於被豪格拖進府了，豪格可沒有立阿憐做他的側福晉的打算，他只是為了玩玩，何況還有太祖的禁令呢，所以，回到府中，當夜即要強姦阿憐，阿憐是個有志氣的烈性女子，她已愛上了多爾袞，且為他懷上了孩子，怎麼能再跟豪格呢，她知道無法逃脫豪格的魔掌，竟趁人不備，一頭撞在牆上自盡了。

多爾袞得知消息，一連好幾天都心神不安，他明白，是自己辜負了她。

此事過後經年，多爾袞心中始終沒有忘記阿憐，只要一閉上眼睛，面前便出現了阿憐那一雙意孜孜、情默默的大眼睛，那裡面充滿了無窮的怨艾……

豪格終於蒙恩大赦了。

跪聽了從北京趕來的欽使宣讀的詔書，圈禁在高牆內的他，有些不相信自己的耳朵，他不相信眼下正代天攝政的叔父攝政王會不殺他，更不相信這個攝政王還會恢復自己的爵位，他曾經寄希望於多爾袞的身後，但轉念一想，多爾袞比自己小三歲，自己的壽命若比不上多爾袞，那麼這一輩子也別想走出這高牆。

豪格彼時已絕望了。萬不料叔父攝政王竟然赦免了他，驚喜之餘，只有深深的愧疚——他是個渾蟲，胸無城府，更不知道權術。

豪格快馬加鞭地趕到了北京，一進京，先去看望伯父代善，很想知道自己此番起復的過程。代善似早知他會有此一舉，竟沒有讓他進府門，而是傳語門官：請肅王爺速去攝政王府謝恩。

代善讓豪格先去見多爾袞，有他的深意：他們是叔侄，他們有私仇，最重要的是眼下這個叔叔是叔父攝政王，代天攝政，口含天憲，難得的是他不念舊惡，反沛新恩，這是代善的苦心。

可多爾袞也像早知他會來，竟也傳語門官：明日早朝，請肅王爺朝堂上見。

豪格只好快快地回到行館。第二天，正是大朝之日，他早早地進宮，在武英殿正殿，只有攝政王昂然上坐，左右列坐的是一副呆相的鄭親王濟爾哈朗和齒髮搖落、老氣橫秋的禮親王代善。

豪格進門便一頭跪倒，先恭請叔父攝政王聖安，再請議政王及禮親王萬福金安。多爾袞待他請安畢，立刻傳旨讓他起來。

這時，鄭王和禮王仍扳著臉，只有多爾袞和顏悅色，豪格垂手立於匹前，眼望著多爾袞，那一種感激之情，已是溢於言表了。多爾袞卻像什麼事也沒發生一樣，將豪格以前的戰功大大地誇獎了一遍，但又指斥他不該聽讒言、損骨肉，鑄成大錯，眼下國家正用人之際，經鄭親王、禮親王多次代為陳情，故給他一個改過自新的機會，先賞還他的爵位，然後帶兵去山東平亂，希望他能奮勇勤勉，戴罪圖功。

這些話立論公允，語氣平和，擲地有聲，沒摻雜半點私人意氣。豪格只能連連稱是，又請兩個伯伯訓示，代善和濟爾哈朗也說了一些慰勉的話，於是，豪格跪安退出。

代善和濟爾哈朗一直目送豪格離去，當時無話，但退下後，代善竟連連點頭嘆服地對濟爾哈朗說：「縱觀十四弟處治豪格，真是滴水不漏——這樣做，才顯得國家名器，不是私相授受，不然，受職公堂，謝恩私堂，有人會有話說的。」

十二
大順皇帝

1 土崩瓦解

不可一世的大順軍，終於到了土崩瓦解的地步。

就在吳三桂和阿濟格停止追擊後，在汝侯劉宗敏的指揮下，山西境內的大順軍，曾組織過一次反攻，且一度打出固關，直入河北，號令遠近州縣起兵抗清；劉體純也取代李岩，率軍三萬反攻河南懷慶，兩路大軍雖取得一些勝利，但強弩之末，勢不能穿魯縞也，在吳三桂和阿濟格再度進攻下，終於節節敗退。

此番吳三桂乘勝進入山西，直取太原，李自成派陳永福留守省城，給他的兵不滿五千，陳永福臨危受命，憑五千人馬，苦苦支撐，直至太原淪陷，以身殉職——大順軍只花了兩個月的時間便把偌大的山西佔了，此番也只有兩個月時間，便把偌大的山西丟了，真是其興也速，其敗也勃。就在山西全境不守時，清兵對陝西的進攻也開始了。

涼秋九月，塞外草衰。以往這個季節，正是秋高馬肥，胡人大舉入侵，邊關吃緊之時，眼下胡人不用破邊牆了，綿亙九塞，無一兵一卒之防，阿濟格在唐通的引領下，從保德州過黃河，不到兩個月功夫，就席捲了綏德等州縣，且去李繼遷寨，將李自成的祖墓再次搗毀，李錦、高一功、郝搖旗等節節抵抗，卻無奈兵敗如山倒；至十一月底，北邊阿濟格一軍南下，直指延安；吳三桂由山西過黃河攻向韓城；東邊多鐸一軍則從河南懷慶府一路馬首向西，至臘月初，清兵終於逼近潼關了。

李自成先是自守潼關，在得知延安告急後，乃將堅守的責任交與部將、三品制將軍馬世耀，自己則退守長安，做下一步打算。馬世耀守了不到半月，見清兵勢大，便採用詐降之計，迎清兵入關，想伺機突襲，不想此計被多鐸識破，馬世耀被多鐸俘殺，潼關不守，華州、渭南能是銅牆鐵壁嗎？此處距長安不到三百里路程，一鞭可即。

可氣的是張獻忠到了這個時候還來趁火打劫——他派義子李定國來攻漢中，漢中守將馬科在大西軍的進攻下，連連敗退。

百二秦關，一天天被鯨吞蠶食、豆剖瓜分，困守長安的大順皇上，終日愁眉難展，束手無策。他悉心盤點自己的本錢，應該說，眼下的大順軍，仍不下五十萬之眾，但散處各地，其中能戰之兵不多，精銳大部分帶到了北京，早已消亡殆盡；剩下的星星點點，一時也集中不起來，潼關一破，留守長安只剩下劉體純、黨守素等殘部，集合起來不到三萬之眾。小年前夕，李自成終於將劉宗敏從渭華前線召回，商討反攻延安的計畫。

自山海關兵敗，自己心愛的女人又被迫交出，劉宗敏對李自成是越來越不滿了，認為他眼中只有牛金星這樣的佞臣，卻把過去共患難的兄弟當成了賊，左防右防，眼下一聽讓他領兵去救延安，且牛金星就坐在一邊，想是已經商量過了，心想，救延安無非是放自己的祖墳不下，這個時候了，還有什麼祖墳不祖墳的呢？於是把頭一偏，望著李自成就像望一個陌生人，且用平輩的口氣說：「自成，你怎麼這麼糊塗，東邊辮子兵已拿下了潼關，距長安才幾里？眼下去救延安有什麼作用？」

李自成對他這稱呼先是一怔，立刻又若無其事地笑了笑，說：「有用，據我所知，東邊這支清兵自攻下潼關後，再無西進的模樣，大概是怕孤軍深入會上當，我們正好利用這點，分兵去救延安。」

牛金星也於一邊幫腔說：「大將軍，我看皇上這主意不錯，辮子兵兵鋒雖銳，但畢竟遠來，對我軍不摸底細，他們裹足不前，要麼是怕，要麼就是在等，等北邊的南下，好與之在關中會合，若我軍能先將北邊這支擊潰，東邊這支便更不敢貿然西進。」

劉宗敏一見牛金星插話便不受用，不由瞪了他一眼，訓斥說：「你真是書生之見，紙上談兵，信你的只能亡國！你可知道，東邊的清兵殺了馬世耀，佔領了潼關，能不從我軍俘虜口中得知長安虛實？一旦分兵，他會立刻來攻，到時首尾不能相顧，偷雞不著反蝕一把米！」

自得知姜瓖、唐通叛變的消息，李自成便也明白，關中遲早是守不住了，眼下見劉宗敏如此一說，也覺得有理，心裡雖惦記著老家，卻也無可奈何，只好向牛金星使個眼色，示意他不要爭，自己用十分和緩的語氣問道：「那依你的呢？」

劉宗敏連連冷笑說：「依我看，局勢已很明顯，長安是守不住了，只能往襄陽退。我軍若讓出長安，南邊口子便敞開了，清兵必經漢中南下攻四川，張獻忠不是自稱大西皇帝嗎，也讓這個大西皇帝嘗嘗辮子兵的厲害。」

李自成一聽，這倒確實是移禍於曹的好主意，於是，連連點頭，就是牛金星也無話可說。

商議已定，李自成馬上做撤離長安的準備。他一面下旨讓北邊的李錦、高一功率部迅速南撤，一面讓大將田見秀安排將一應物資裝車打包，準備南撤，由劉宗敏指揮御營兵馬，隨營護駕。

剛剛安排停當，不想就在這時，侄子李錦從陝北狼狽逃歸，不等通報便一頭闖了進來。

米脂的李家祖墳，明朝的邊大綬挖過了，清朝的阿濟格又來挖，想起先人地下受辱，李自成心中不安，可一見親侄子又一次負了傷，手臂上吊著繃帶，渾身盡是血污，且見了李自成，馬上垂手直立，默然無語，眼眶裡淚水盈盈，李自成就是想責備一番，也於心不忍了。他抬手指指身邊的座位，示意李錦坐下來，李錦卻仍怯怯地站著，說：「侄兒是回來請援的。延安已破，鄜州危在旦夕，小侄失守陝北重鎮，連祖墳也沒有保住，罪該萬死，請皇上處分。」

說著，便跪地不起。望一眼血染征袍的侄子，李自成不由仰天一聲長歎，搖了搖頭，強自鎮定地說：「唉，勝兵如虎，敗兵如鼠啊，眼下連長安都守不住了，又怪誰呢，姜瓖、唐通終究不是我們一條路上的人，只怪我們當初看走了眼，現在怪誰都晚了，你還是起來吧。」

聽皇上這麼一說，李錦始謝皇上恩典，站了起來。他尚不知潼關已破，皇上已決定放棄長安了，仍說：「皇上，請再給臣三萬精兵，只要三萬就夠了，臣一定要把延安奪回來。」

李自成搖了搖頭，喚著李錦的乳名說：「算了，雙喜，潼關已失守了，再守延安還有何意義，我正準備將你們都召回呢。」

說著便將棄守長安的打算向李錦說了一遍，又悄聲說：「雙喜，眼下我們走麥城了，你可要多留一個心眼啊。」

此刻，在大順皇帝心中，甚至想到了黃巢的末路，黃巢受困虎狼谷時，不是連親外甥也在打他那顆腦袋的主意嗎？可話說得太囫圇，肚子裡墨水並不多的李錦聽不明白，李自成見狀，率性把劉宗敏的跋扈向他訴說了一遍。李錦一聽，不由氣憤地說：「哼，他劉鐵匠不跟我們走能有今天？您放心，我和他，還有一功一道斷後，與他寸步不離，他若動歪主意，看我收拾他。」

這裡叔侄在商議如何防劉宗敏，不想深受皇上信任的牛金星也在謀退路。

還在回丞相府的路上，牛金星就在想，長安不守，襄陽就能守嗎？若清兵南下窮追，大順軍向何處去呢？為陳圓圓的事，劉宗敏已把自己恨入骨髓了，他算是朝廷的第二號人物，眼下皇上雖然防著他，但憑他的功勞，他的威望，在這憑刀把子說話的地方，自己就是丞相又如何？

想到此，他一回府，馬上令人去將兒子牛銓叫來。

牛銓雖然連秀才也沒有中，卻做丞相府長史。前些日子跟父親在北京，牛銓很是得意一陣，不料好日子還才開頭，大順軍便兵敗山海關，他跟著父親往回撤，一路上頗多怨言。出身書香門第的牛銓，頗有些公子哥兒派頭，雖勉強跟著父親投了李自成，卻對這班人能否成氣候心存疑慮，所以，早就在留退路，還在北京時，他便令心腹在京郊隱蔽處私藏金銀，且暗中放走過不肯投降的前明大臣，這些日子，更是天天在父親耳邊叨嘮，勸父親脫離李自成，另謀出路。

眼下牛銓一聽父親召喚，馬上趕回來，他見父親面色凝重，情知有事，堂上不便深談，父子倆走進密室。一進門，牛銓便急不可耐地說：「爹，是守還是走？」

原來牛銓也已得到潼關失守的消息了，料定李自成召父親去是商議戰守的事，所以，見面便直奔主題，牛金星搖搖頭，憂心忡忡地說：「已是兵敗如山倒了，能守嗎？真想不到才短短幾個月時間，這個不可一世的大順皇帝就要完了。」

牛銓卻沒有父親那一份心事，且十分輕鬆地笑著說：「完了有什麼，是李家的天下完了，又不是牛家天下完了，您急什麼？他們凌逼帝后、拷掠百官，我們可沒有，我們清清白白的，沒做什麼傷天害理的事，就是降賊吧，崇禎的臣子好多人都降了，他們可是幾代人封妻蔭子，吃了崇禎皇帝的俸祿的，我們沒有，我們只是布衣降賊，再說，眼下又不是朱家復辟，誰還來追究你？」

牛金星說：「話不能這麼說呀，你眼下已與他們攪在一起了，你就是想脫身也不是易事。」

牛銓又輕鬆地笑了，說：「真要走還不容易，說書的都曉得說，何立從東來，我往西方走，我只怕您老人家還捨不得這當朝一品呢。」

牛金星說：「走，走，我已下定決心了，再跟下去，不說自己有性命之憂，他們就是不殺你，你也只能跟著他們去當土匪，像他常說的，在商洛山時如何如何，還不就是山大王行徑，順利時大秤分金銀，大碗吃酒肉，不順時，風餐露宿，餓一頓飽一頓的，你我是何等之人，那樣的日子怎麼過得？」

說著，就把今晚與劉宗敏發生衝突的事，向兒子細說了一遍，牛銓一聽，不由吃驚，說：「這個劉鐵匠是個殺人不眨眼的魔王，雖說李自成已在忌他，可他根深柢固，一時半刻動他不了；可劉鐵匠要動您可就容易極了，您今天算是省悟了，行，只要您打定了主意，就一切都交給兒子吧，他若是硬要死守，我們想脫身便難，至於他也想走，那就另當別論了。」

牛金星緊盯著兒子，說：「瞧你說得這麼輕巧，這班人都是人尖子，一個個心狠手辣，你若不留神，像李任之那樣，讓他那隻獨眼盯上了，疑忌上了，可是滅門之禍。」

牛銓想了想說：「不用怕，李任之的教訓兒子明白，他那是禍從口出，您老人家雖沒有過去紅了，但還不黑，且沒有說什麼犯忌的話討他嫌，怕什麼，再說，他們眼下事多，也顧不上咱們。」

牛金星還有些憂心忡忡，他說：「咱們脫離了他們，又往何處去呢？」

牛銓胸有成竹地說：「爹，你放心，有道是此處不留爺，自有留爺處。天下大著呢，我敢說，他們那班人除了一條道走到黑，再無出路；我們可不同，眼下人家正是用人之際，我們若到了那邊，我包您雖當不到宰相，但一生富貴不會少。」

說著，他便湊上來，在父親耳邊低語幾句，牛金星連連點頭。

2 風雪走襄京

李自成原本要等高一功等各部從鄜州、慶陽退下後，一道往南邊撤的，可東邊一支清兵來勢甚猛，他們攻下華州後，迅速地逼近渭南，長安已是風聲鶴唳了。正月初，李自成終於在風雪交加之際，率領他的文武大臣、眷屬及御營兵馬，共若五萬餘人，戀戀不捨地撤離了長安城。

早處在惶恐不安中的長安百姓，此時大多攜家帶口，挾在隊伍中往外逃，隊伍中，本就有大批眷屬，被這班難民一衝，一下就亂了，一時人喊馬嘶，兒啼母哭，滿兵未來，自己先亂了。

李自成騎馬出宮，隨隊伍出城，立馬灞橋，展現在眼前的，分明是一幅亂世流民圖，長安可是他的故鄉啊，此番離別，再要來該是何年何月呢？想到此，心中那一種無依的悽惶，難以言說。

不錯，此番的心境，比幾個月前撤離北京時更不濟，那時，不但在他心中，就是在很多文武大臣心中，也認定滿韃子充其量只能佔領北京或黃河以北，自己至少也可坐鎮關中，連接晉、豫，憑崤函之險，與南明、滿韃子三分天下，若經營得法，仍不失秦始皇的業績。可才短短的幾個月時間，局面便急轉直下，不但河南、山東不守，晉、陝大片河山也一齊淪陷，關中危急，車駕如此狼狽地奔往襄京，襄京乃四戰之地，又能守多久呢？

他不由又想起已出走的宋獻策。昨晚李錦告訴他，說宋獻策曾在軍中散布謠言，說大順皇帝是馬上天子，只有三年天下。直到此時，他才恍然大悟，該死的宋矮子，當初獻圖讖時，什麼十八子主神器、十八孩兒兌上坐，全是他編出來的、哄人的鬼話，現在看來，雖蒙哄了不少人，可最終蒙哄的還是自己，自己為什麼就偏聽偏信呢？

他想，此時宋獻策若落到朕手中，朕會立刻殺了他。

由長安去襄陽，必經商州走龍駒寨。綿綿秦嶺，巍巍終南，這條路他太熟悉了，七年前，潼關一戰失敗，他便被困在商洛山中，在竹林關一帶被追剿，惶惶不可終日，那時，他只想如何能逃出商州地界，出走河南，當時的河南遍地饑荒，災民成群結隊，就如一堆堆的乾柴，只要有一點火星，便可爆發出燎原烈火，他們若能到河南，便如龍游大海，這局棋就活了，後來終於如願了，他們到了河南後，隊伍果然就如滾雪球一般，越來越壯大，直至殺回長安。眼下，他又由此地奔河南走襄陽了，且也是失敗之後，那麼，是死棋變活，還是越走越黑呢？

這時，在後面擔任護衛的李錦派人來傳話說，那支攻潼關的滿韃子，眼下果然派出一支隊伍直奔藍田，看樣子是得知我軍南撤的消息了，想來截住我們，請皇上不可在藍田城停留，過了嶢關之後再安營。

嶢關即為藍田關，從藍田城南下還有一段距離，此時的李自成，已走了差不多整整一天了，帶的乾糧已被凍成了冰坨坨，啃也啃不動，雖坐在馬上，卻已是饑寒交迫了，他本想在藍田城休息的，可軍情緊急，只好繼續前進。

不想此時的嶢關風雪瀰漫，道路泥濘，行走十分艱難，他們的騾馬本就不夠，好些眷屬是步行，處此情形之下，有些人乾脆一屁股坐在崖下不走了。李自成把這些情形看在眼中，卻也無可奈何，只好揚鞭走馬，掩面而過，直到過了嶢關他的心才安定下來，這時，劉宗敏已從後面趕上來了。

李自成已駐蹕嶺下一大戶人家，這家顯然是個大財主，早已逃往別處，留下一幢空房子，眼下堂中生起了一堆大火，李自成正擁著火堆和一群妻妾在飲酒，一見大將軍來了，高氏帶著兩個妃子避入內室。

劉宗敏一邊接過他遞過來的酒杯，一邊坐下來，輕輕歎了一口氣，也不看李自成一眼，自顧自地說：「這哪像一支作戰的隊伍呢，這麼拖家帶眷的，就像逃難的難民，且不說難以擺脫敵人，就是拖也會被這些人拖垮。」

李自成半晌沒有接言，還在路上時，他便也在考慮這個問題。按說，他應該趁滿韃子滯留關中時，迅速趕到襄京布置，爭取站穩腳跟，不然，若滿洲鐵騎踵至，則又窮於應付。但是，要將這些眷屬丟下，可不是一件容易的事，他們不像從北京撤退時，載在馬背後的婦女，那些人多半是普通士兵從北京擄來的，是半道夫妻，被追急了時，一刀殺了或推下馬便得了，而眼前的這班女人，卻是有些地位的將士的結髮妻，或親生兒女，若把他們扔下，就說這班人能答應，也寒了眾將士的心啊。

這時，劉宗敏又說：「我知道，你是怕眾人不答應，不過，到了這個時候，捨不得也要捨，丟不得也要丟。男子漢，大丈夫，當初造反時，連滅九族都可不顧呢！北京那樣壯麗的宮殿，說燒不就燒了嗎，陳圓圓那樣漂亮的婆姨，你說丟我不就丟了嗎？自己的腦袋也別在褲腰上了，管不得妻室兒女，丟下來牽掛更多，只有統統宰了，天天看戲文，就不能也來個吳漢殺妻？」

李自成仍鐵青著臉，沒有接言。劉宗敏可不管這麼多，他喝下一大盅酒，臉也開始發紅了，額上青筋鼓暴，就像爬著一條條蚯蚓，說：「你下不了這個手，由我來下吧，奶奶的，老子先把自己的婆姨宰了，別人就無話可說了。」

說著，酒杯一砸，立分八瓣，「沙」地一下，抽出佩劍，就要出門。就在這時，背後突然有個女人尖聲叫道：「宗敏，慢來。」

劉宗敏知道這是高皇后，但不知她這時出來幹什麼，回頭說：「怎麼，你怕自成也要殺你？」

高皇后此時已是淚眼濟濟，說：「夫妻本是同林鳥，大限來時各自飛。眼下形勢如此緊迫，我們也不想拖累你們，死又有什麼可怕呢？若真是敵人來了，我們不待你們動手，自己會尋那條道的，可是，就說我們這班婆姨該死，娃娃們卻不該死啊，你就放他們一條生路罷。」

劉宗敏說：「眼下這形勢能放嗎？拖兒帶女，一天走不了幾十里，滿韃子的騎兵只要少抽一袋煙就可追上來。」

高皇后冷笑著說：「眼下就嫌我們拖累，當初何必要愛快活啊？世間也有你們這樣的男人，算我們瞎了眼了。」

說著，她轉過身子望著李自成說：「皇上，這樣吧，騾馬全讓給你們，你只給我少量的護衛和糧草，我們自己慢慢地走，萬一敵人追上來，我們不跳河就跳崖，沒有河沒有崖就往石頭上撞，反正不給你們大男人丟臉。」

這時，李自成的兩個妃子和李錦的夫人都出來了，李錦的夫人還牽著兒子李來亨，她們一齊跪在李自成面前，痛哭不止。李自成一眼望見才十來歲的侄孫子李來亨，心不由軟了——這可是李家叔侄兩代人的唯一的一根苗，能忍心下手嗎？再說，若把這些患難與共的親人都殺了，自己就算逃出一條命，今後還有誰會跟著你呢？想到此，李自成手一揮說：「好吧，我們先行，你們慢慢地跟著來，不要怕，雙喜、一功、田見秀、郝搖旗他們還在後面呢。」

劉宗敏見狀，仰天歎了一口長氣，把腳一跺，自顧自地走了出來。

望著這一群仍在痛哭的婆姨，李自成心中很不是滋味。

其實，高皇后並不是他的結髮妻，崇禎七年，他的原配邢氏被他的心腹愛將、鑽山鷂子高傑拐跑了，當時他氣得不行，闖王高迎祥於是將自己的侄女高桂英嫁與他，結婚十年，夫妻恩愛，因是高闖王的親侄女，所以被立為正宮，高氏雖未能為他生下兒子，但這些年來，跟著他風風雨雨，什麼苦難沒有遭受過？今天，劉宗敏要殺掉所有的家眷，他明白，劉宗敏眼下這個婆姨也不是正路貨，她是河南人，曾在洛陽當過妓女，性情古怪，劉宗敏不喜歡她，要一刀砍了也容易，可自己與高氏卻是患難夫妻啊，若將她也殺了，九泉之下，怎麼去見高闖王？想到此，他揮手斥退眾女人，只將皇后留下來，一邊將一條絲帕子遞與淚眼婆娑的皇后，一邊說：「也不能怪劉鐵匠心狠，今後這仗又會像從前那樣打爛仗了，到處奔波，怎麼能允許有拖累呢？他若不被逼到這一步，也不會出這個主意。要知道，眼下我們的對手不是崇禎，不是孫傳庭，是滿韃子，他們的騎兵行動迅速，若讓追上了，我們可都完了。」

高皇后點點頭說：「臣妾知道，可為什麼會形成這局面的呢？皇上可能沒想過，但這些日子，臣妾一直在想，當初攻下長安時，我們的隊伍好紅火，真是兵多將廣，要糧有糧，要錢有錢，連紅衣大炮都有許多尊，擺在一起好威風。可自從打進北京後，皇上變了，這班大將們也變了，變得自己不認得自己了，自己是從哪裡來的也不清楚了——」

李自成此刻心焦火躁，不想皇后倒來埋怨他，且打的是弱點，戳的是痛處。不由瞪她一眼，沒好氣地說：「這是什麼時候了，還用你來嘮叨我嗎？」

高皇后見皇上發火，才揩乾的眼眶立刻又濕潤了，竟抽抽嗒嗒地說：「你不要發火，這個時候了，你也聽我幾句，從此以後，各奔東西，我不一定能再看見你了，你想聽還不一定能聽到呢。」

李自成不耐煩地說：「說什麼呢，你們婦道人家，頭髮長，見識短，只會打醋罐子，不外乎是怪男人多討了幾個婆姨，可此番失敗，不是敗於這班婆姨，而是敗於辮子兵，要不是吳三桂引清兵入關，就是每人多討一百個婆姨，我們也不會敗呢！」

高氏說：「看，看，我還才開口，就說我潑醋，我幾時又在乎這些呢，我還巴不得你多討幾個，看能不能為李家生個兒子呢。」

李自成獨眼一瞪，說：「那你要說什麼？」

高皇后說：「我聽好多人講了，你千不該萬不該，就是沒有聽李任之的話，不該這麼早就北伐，去與崇禎爭皇帝做，若等自己位子坐穩了，後方也鞏固了，再遣兵北伐，結局就不是這樣。其實，你一個士夫子出身，能混個什麼王當當也很不錯了，再說，你不是已在長安當皇帝嗎，何必硬要爭去北京當皇帝呢？現在好了，一個李任之被你殺了，紅娘子下落不明；一個宋矮子也離你而去了，能進忠言的人不多了，所以，這一走，我更不放心你，望你在夜靜人深，一人獨處時，多想一想，凡事三思而後行，第一，你是苦出身，得志時，不要忘了自己姓甚名誰；第二呢，下手也不要太絕，殺曹操、殺賀一龍，還有殺袁時中，我不說你狠，但殺李任之，是不是太過了呢？」

李自成乘她說完一件事後略停片刻時，插嘴說：「好了好了，你說了這麼多，也容我說幾句。」

高皇后說：「我知道，我是說中了你的痛處，你就不耐煩了，要是別人，今天這條小命又完了，我反正也是在往死路上奔，你要殺就殺。」

李自成氣得連連跺腳說：「我的好娘娘，你還有完沒完？」

高皇后說：「完了，你要走就走吧。」

李自成說：「我們走了，你帶著這一大幫子人往哪裡走？」

高皇后說：「我們跟在你們後面慢慢地挨唄。」

李自成搖了搖頭說：「那不行，跟在後面走，不等於是一路走？」

高皇后說：「那要如何走呢，怎不成又往回走吧？」

李自成說：「那倒不必，不過，我們走後，滿韃子必跟著追，你們若跟在後面，豈不是替我們當了墊背的？這樣吧，我派張鼐帶一千精兵保護你們，後面的一功、田見秀、郝搖旗來了，你也可傳我的命令，跟著你們走。你們要筆直往南，走鎮安、洵陽，旁漢中府的邊上進入湖廣，這樣可分散滿韃子的注意力，讓他們搞不清，我們到底去了哪，我們則東南走龍駒寨往武關，進入河南南陽地界後再轉往襄京，到時我們在襄京會合，你看好不好？」

高皇后歎了一口氣，又深情地望著自己的丈夫，說：「什麼好不好呢，就是前頭有刀山火海，我們也只能硬著頭皮往前闖了，誰讓我當初嫁了你這闖王呢？」

夫妻商量已定，一宿無話。第二天，果然就各奔東西。

3 父老兄弟

李自成領著一班人馬撤走後，長安城一下變得冷清清的，城裡的百姓，凡有一些力量，或有親朋在外的，都紛紛往外逃，去投親靠友，留在城內的幾乎全是老弱病殘和一些無牽無掛、死了就死了的窮光蛋。這些人也明白，大順軍一走，滿韃子馬上就會來，來了只怕會要殺人放火，無處可逃的他們，算是遇上劫數了，但是，像他們這班人，離閻王殿也只差一步之遙了，死又有什麼可怕？眼下這麼多人都走了，留下大片空房和什物，還有大批未運走的糧食，萬一滿韃子來了不殺人呢？那麼，這些東西不就都歸我了嗎？留下的人，都抱著這樣一份希望，於是，隨即便是一場聲勢浩大的搶劫。

此時，城內還有負責留守的、大順軍二品權將軍田見秀。皇帝交與他的任務是暫時負責長安城的治安，等御營撤走後像燒北京一樣，把這座原來的秦王府，眼下的皇宮「盡付丙丁」，至於那些糧食，未運走的物資，也一概燒毀。

田見秀領命後，卻一直猶豫著，沒有執行。

田見秀混名「鎖天鷂子」，得這樣混名的人，大多凶猛，但田見秀卻心慈手軟。陝西是他的老家，這裡一草一木，對他來說，都散發著濃濃的鄉土味，就是這些百姓，只要一聽他們那一口鄉音，田見秀就忍不住熱淚潸潸。苦啊，我的父老兄弟，這些年戰亂頻仍，帶兵的有幾個真正想到過你們？他們為了讓你們送子弟當兵，送糧草養活他們，送出婆姨讓他們快活，話說得十分好聽，什麼敬天愛民，替天行道，其實，心裡最想的，還是紫禁城內，那把皇帝的龍椅，眼下他們打不過人家，便屁股一拍走人了，留下你們去面對嚴寒饑餓，去面對即將到來的滿韃子，想到這些，身為大順軍將領之一的田見秀能無自責？這時，手下偏將田華來提醒他了，田華躬身行禮，然後說：「田爺，幾時動手？」

此時，田見秀正立馬宮前，望著一群百姓在往宮外搬東西。宮中值錢的東西還很多，但大多是一些銅器或笨重的木製用具，這班老人搬不動便幾個人抬一件，田見秀想，怎麼這麼蠢呢，處此亂世，要這些家具有什麼用，有道是人是鐵，飯是鋼，能儲存一點吃的才是正經。他正想勸一勸這班人，讓他們快些搬糧食，一聽田華的話，不由吃了一驚，立刻用手抹去臉上不自覺流出的淚水，回過頭對田華說：「動什麼手？」

田華以為主將果然忘記了，便提醒說：「皇上的旨意，不是要燒宮殿，燒糧食嗎？」

田見秀頭一擺說：「好好的宮殿，金燦燦的糧食，為什麼要燒？燒著宮殿引燃民居怎麼辦？糧食燒了這班人吃什麼？」

田華一怔，說：「這——假如皇上責怪起來怎麼辦？」

田見秀說：「皇上已走了，他還能回來查看嗎？你想燒，就去把東關那座城門樓子點著吧，皇上還沒走遠，只要在他回望時，能望見長安城有火便行。」

田華對燒自己的家鄉，其實也是一百個不忍，眼下見主將這麼說，忙高興地答應著，並去執行了。

這裡田見秀卻跳下馬，去說服眾人，讓他們不要搬這些無用之物，而是去搬能救命的糧食。

忙乎了整整兩天，接到從東邊來的探報——從潼關一路殺過來的滿韃子，早過了華州，眼下前鋒已到達渭南一線，另有一支輕騎已直接南下藍田，看來是去追擊御營。

田見秀得報，馬上下令撤退。心想，滿韃子直下藍田追趕皇上，但不知皇上清楚不，汝侯劉宗敏是否有布置？

想到此，他下令部隊疾走藍田，想截住這支清兵，好讓御營安全撤退。第二天，一行人馬趕到藍田，尚沒有御營蹤跡，又追了五十里，忽然聽到前面隱隱傳來喊殺聲。田見秀急忙策馬上前，來到一處高崗上，手搭涼篷往前面看去，果見不遠處的終南山下，一條溪流邊，一支大順軍的騎兵正與大隊清兵糾纏在一起，殺得難解難分。這支人馬人數雖少，卻很頑強，他們似是想拖住清兵，因為看形勢，他們完全可以脫離接觸，從容退走，但他們卻堵住一座木橋，憑險據守，任清兵箭矢如雨，他們中箭的不少，就是不肯後退半步。

田見秀一見這情形，什麼都明白了，於是手一揮，馬上將人馬分成幾隊，發一聲喊，突然從後面衝來。

這邊的清兵是懷順王耿仲明的隊伍。他們隨多鐸出征，從孟津渡河後，便直取潼關，一路十分順利，待潼關攻破後，耿仲明料定李自成會放棄長安，南下襄京，所以，他建議多鐸派一支輕騎東走藍田，截住李自成，他已算定，就是不能生擒李自成，至少也可截獲大批物資，或活捉大順朝的高級文武官員。

果然，他們追過藍田，從抓獲的掉隊的大順軍家屬口中得知，李自成就在前面。能捉到李自成可是天大的功勞，於是，他加快了速度，不想大順軍這支殿後的軍隊十分頑強，竟堵住一座大橋就是不退，更沒有想到還有一支十分精悍的人馬，從他們背後殺來。

眼下田見秀這一衝，立刻將耿仲明的隊伍衝得七零八亂，他們不知後面還有多少人馬，怕被包圍，於是立刻退了回去……

田見秀直到見了張鼐，才知皇上早已安全撤往商州，這裡只是高皇后率領的將士們的眷屬，因多是步行，所以被清兵追上了。一聽高皇后就在前頭，他立刻讓張鼐帶著來見皇后。此時高皇后知清兵已退，於是傳旨，隊伍就地停下來，她則在路邊一家荒村小店接見田見秀。田見秀走進來，立刻就地跪倒，說：「臣救駕來遲，險些誤了大事，請娘娘恕罪。」

高皇后一見田見秀，十分歡喜，立刻說：「見秀，快起來，快起來，地下涼著呢，你是幾時開始撤的，後面還有我們的人嗎？」

田見秀一連拜了幾拜，這才起來，躬身叉手道：「稟娘娘，臣是昨天得到滿韃子快到臨潼的消息後，才開始撤的，後面雖還有高一功、劉芳亮、郝搖旗等部，但臣估計他們可能走的是另一條路。」

高皇后聽說自己的侄子高一功還在後面，立刻問道：「你估計一功他們會走哪條道呢？」

田見秀說：「延安府失守後，一支滿韃子兵從山西平陽府橫插過來，立刻佔領了鄜州，截斷了我軍退路，所以，一功被迫退往慶陽。眼下他們應該是從邠州插乾州，再由鄠縣往鎮安這邊走。」

高皇后一聽鎮安二字，眼睛立刻亮了，說：「看來，皇上早已知道他們會這麼走，所以，他叮囑我們，也走鎮安、洵陽，那我們快去那裡，等一功他們來了便會合一起下湖廣。」

田見秀一聽是皇上的安排，不由連連點頭稱是。議過了前進的路線，接下來高皇后便問撤走的情況，她說：「見秀，你們走時，長安城裡還有多少百姓呢？」

田見秀見問，心裡發虛，硬著頭皮說：「城裡百姓大多在大軍撤走時，便也跟著出城，四處逃生去了。」

高皇后是苦出身，這些年隨著丈夫征戰，見識也不少，田見秀憑一句話是打發不了她的，她想了想，又問道：「這麼說，就剩一座空城，那些老的、病的、殘疾人走不動的、還有一些沒有地方去的人呢？」

田見秀說：「這些人當然只能留下了。」

高皇后又問道：「皇上走時，他是怎麼交代你的呢，可有讓你放火的旨意？」

田見秀說：「娘娘聖明，皇上確有旨意，不能留一點有用的東西給滿韃子。」

高皇后冷笑著說：「那麼，你們一定又是謹遵聖諭了。」

田見秀見娘娘在冷笑，嚇得「撲通」一下跪倒，說：「臣稟娘娘，臣有罪，請娘娘恕罪。」

高皇后歎了一口氣說：「見秀，不是我說你，你跟著皇上，也不是一年兩年，而是整整十六年，他為君來你為臣，那是你們客氣，推舉他上來，其實，誰當也是一樣的夠格。這些年鑽草窠，睡馬廄，誰不是一樣的受苦？所以，你們名為君臣，其實是兄弟，他說的話可聽的便聽，不可聽的，不聽也罷。」

田見秀連連磕頭說：「娘娘可不要這樣說，這樣說，就是讓臣死一千次也不夠贖罪的。」

高皇后說：「見秀，你不要這樣，快起來，我並無責怪之意，我只問你，此番你放火沒有？」

田見秀卻跪地不起，並淚流滿面地說：「娘娘，臣該死，臣實在不忍心。」

高皇后一聽這話，才鬆了一口氣說：「這麼說，你們沒有放火？」

田見秀說：「臣有罪，臣這回沒有聽皇上的話。」

高皇后趕緊親自下座，將田見秀扶起來，說：「見秀，你若是遵了旨，果然將長安燒了，那我就不願見你了。那是什麼亂命啊，兔子也知道不吃窩邊草呢，長安是我們的老家呢，就說我們這一世可能不會再來了，我們的鬼魂也要來辭鄉啊！若來了是一片白地，我們不成了野鬼了嗎？再說，好好的長安，為什麼要燒，好好的穀子，就不能讓百姓們吃一餐飽飯嗎？」

田見秀見娘娘這麼一說，一塊石頭終於放下了，他又一次跪下，且連磕了幾個頭，說：「娘娘真是個通情達理的人，我這裡替長安的百姓謝你了。」

第二天，他們繼續趕路，因多是步行，速度很慢，直至二月中旬，他們才走到鎮安。到鎮安的第三天，高一功、劉芳亮、郝搖旗等將領果然來了，幾支人馬會合在一起，總人數還有二十多萬。

三月初他們來到漢中府的洵陽。這時，也得到前方的消息了——那支從口外打過來的滿韃子兵，由英王阿濟格率領，直到正月底才進入長安，而那支從潼關打過來的兵，眼下已開往河南，去打南明小朝廷了；但關於皇上的消息，卻眾說紛紜，莫衷一是。有的說，李闖王在龍駒寨直待到二月初才去武關，二月底進入河南；但有的又說，李闖王率部早已到達湖廣，但滿韃子跟蹤追擊，眼下他們正與滿韃子在襄陽大戰。

4 雪擁藍關

其實，高一功他們這支軍隊到達鎮安時，李自成確實早已離開了龍駒寨。

龍駒寨以出項羽的坐騎烏龍駒而得名。它座落在商洛山下，地形險要，易守難攻。儘管他們丟下了眷屬，但還是掉隊不少，因滿韃子距他們尚遠，而手下將卒一個個筋疲力竭，於是，李自成下令就在龍駒寨休整，但一共才待了三天，後面掉隊的人尚未到齊，便又接到消息，說有一支清兵從長安南下，向這邊追來，於是，李自成又下令開拔。

不想就在這時，牛金星卻病倒了。

此番南撤，李自成考慮到牛金星上了年紀，為了保護他，不使掉隊，特撥出了幾個精幹的護衛與他，且把御廄中，一匹最馴服、且腳力又好的桃花馬送給了他，不想牛金星仍然「病了」。

雨雪霏霏，上了年紀的人，不勝風寒是常有的事，李自成對丞相之病很是關心，除了派出隨軍的郎中前來看視，煎熬湯藥，又親自來探問病由，牛金星躺在床上，不吃也不喝，哼哼唧唧，樣子十分難看，李自成見此情形，束手無策，眼看隊伍不能久留，於是勸丞相留下來，待病好了再前往襄京相見，牛金星不答應，說無論如何也要跟上隊伍，死也要死到襄京去，李自成對此很是感動，不想等到隊伍開拔時，牛銓前來報告，說父親剛上馬就坐不穩鞍韉摔下來了。

牛銓沒有再往下說，但李自成一聽就明白。於是，他讓已整裝待發的隊伍先行，自己卻下了馬，走進了牛金星住的那間屋子。這時，牛金星正在炕上大聲的哼哼，李自成闊步走了進來，望了一眼雙眉緊蹙的牛金星，說：「丞相，不是已服過藥了嗎，怎麼還不見有成效呢？」

牛金星嘴角流著涎，望著皇上，哆嗦著說：「皇上，臣，臣本是要隨軍行動的，沒，沒想到一病至此，看，看起來，臣只怕不能再為皇上效忠了。」

李自成蹙著眉，上前拉住牛金星的手說：「丞相怎麼就說這話呢？眼下滿韃子雖然勢大，但我們大順朝還不是毫無希望，不說到處是打著大順旗號起兵反清的義軍，就是我們自己，也還有幾十萬人馬，豈能就會一蹶不振呢？所以，丞相可不要灰心，要看遠一些，好日子還會有的呢。」

一直緊隨的李錦也跟著說：「皇上對丞相可是寄予了厚望，丞相可不要辜負了皇上一片好心。」

牛金星手抖了起來，眼眶裡也充滿了淚水，哆嗦著說：「臣，臣明白，陛下大，大有可為，大順朝廷也，也正蒸蒸日上，就是重新殺回北京，也是指日可待的事。臣幾時就灰心過呢，陛下待臣，恩重如山，可，可就是這病，病體實在難以支撐啊。」

李自成說：「丞相還才過半百，正春秋鼎盛、精力健旺之時，朕指望撤往襄京後，還要靠丞相贊畫軍政大事，待光復河山後，共用富貴，怎麼就病成這樣，這真是讓朕看著痛心啊。」

李自成與李錦又說了好些勸牛金星振作精神、將來富貴與共的話。牛金星手抖得更厲害了，只說：「臣，臣也是這麼想的，可，可這身體卻實在不行，這只怕是天意——臣與陛下君臣緣份盡矣。」

李自成說：「事在人為，說什麼天意不天意的呢？咱們今後日子還長著，這緣份只怕也還長，丞相可要思量輕重、好自為之。」

就這麼反反覆覆說了話多，牛金星只好說騎不得馬，等牛銓找好轎子，坐轎子跟在後面走。李自成見狀，也就不好再說什麼，手一甩，轉身走了出來，來到屋外，李錦悄聲提醒說：「叔，丞相這病只怕有假，才五十幾歲的人，病了幾天，怎麼就會連講話也困難呢？」

李自成點點頭，冷笑著說：「病是病，但不是感冒，是心病，你不知道嗎，他早在我們回到長安時，便把家眷悄悄安排回盧氏老家了，眼下他夫人只怕已在老家圍爐向火享清福哩。」

李錦氣憤地說：「他那天還勸您，說要防有人打小算盤，原來自己早就有了小九九，真是知人知面不知心啦。」

李自成微笑道：「所以，我才提醒你，不要忘了黃巢的故事。」

李錦一聽，立定腳跟，按劍道：「此人無情無義，且又掌握了我大順軍許多機密，豈能留他，一刀砍了，一了百了。」

說著，轉身就走。李自成一把拉住侄子，說：「算了算了，捆綁不能成夫妻，何必又多結一層怨。再說，後面不是還有一個劉鐵匠嗎？他可是光棍眼裡揉不進沙子。」

李錦無奈，只好朝牛金星住的屋子吐了一口唾沫，連罵幾句沒良心的東西，然後翻身上馬。李自成卻仰天一聲長歎，猶豫好久才慨然上馬。

隊伍離開長安時，前明的一班降官降將又出現了一次大逃亡，吏政府尚書顧君恩先走，戶政府尚書宋企郊、兵政府尚書喻上猷、工政府尚書李振聲接著也走了。李自成得知消息後，並不感到意外，這班人都是在去年大順軍攻下長安後，才投入大順朝廷的，那時的大順朝，如日中天，紅火得很，他們因此趨之若鶩，屁顛屁顛。他想，這班人雖戴著儒巾，卻長了一雙狗眼，有道是人跟勢走，狗跟屁走，看清了這點，就會對他們的投降與出走淡然視之，但牛金星的變化對他來說，卻多少有些震驚，因為牛金星畢竟跟了他六年，且不說自己待他不薄，就是官至丞相，位置僅次於自己，又還要如何？

一塊石頭在懷中捂六年也能熱哩！

由此想開來，不由又想起了李岩，這個卓爾不群的亂世公子，高皇后說我不該殺他看來是說對了，當初他投我可是一片忠心，幾次進諫也句句都是金玉良言，若是信了他的，大順朝根本不會有今日。可惜有眼不識金鑲玉，不但沒有採納他的良言，且讓他落了個身首異地的結局，今天，一向視為心腹的牛金星也要棄我而去了，這難道不是上天對我不視賢愚、不納忠言的報應？

想到此，予智予雄的大順皇上，竟然也灑下了一行悽惶的老淚。

李自成再不走，牛金星嚇得就要尿褲子了，李自成一走，他立刻爬起來，對一旁的牛銓說：「準備好了嗎，快走，再不走就會來不及了。」

牛銓一怔，說：「準倒是準備好了，可就走嗎，他們一行還沒有走多遠呢。」

牛金星眼一瞪，說：「你沒聽剛才他們叔侄都說些什麼嗎，他分明已看出來了，只是一時下不了手，再不走，我怕他會後悔呢。」

牛銓一聽，不由心慌，但仍哆哆嗦嗦地走出來，招呼眾護衛備馬出發。

原來牛銓與這班護衛早已密商好了，到時尋機會脫離李自成，眼下見李自成已率大隊走了，於是，立刻將牛金星扶上馬，蜂擁出門。

牛金星是河南盧氏人，盧氏屬河南省的河南府，與陝西的西安府是緊鄰，如果由藍田走洛南，順洛水不要一天便可到達盧氏。但他怕李自成後悔，且一旦發現他出走，一定會往盧氏方向追，追上了一定是個死。於是，他令牛銓抄小路去藍田，仍回長安府，盡量不走官道。

一路上，牛金星不由浮想聯翩。本是一介書生，中舉後，原指望平步青雲，玉堂金馬在望，不想文運不佳，不但三試禮部不第，且遭人陷害，身陷囹圄，後來雖得脫身縲絏，卻被削去功名，他是在走投無路的情況下，才投奔李闖王的，闖王確待他不薄，無橫草之功，而晉位輔；以削籍舉人，竟執掌樞筆。那麼多文壇領袖，齊拜門牆；冠蓋京華，趨奉左右。那時，誰不以能交結牛丞相為榮？想起在北京城的威風，真不啻神仙歲月，可惜這樣的日子太短暫了，就如白駒過隙，一瞬即逝，眼下，終於與闖王分道揚鑣了，一旦脫離了大順朝廷，便什麼也不是，只是一名逃兵，一名被通緝的反賊，過去的一切，成了一枕黃粱，自己就像在西方極樂世界轉了一個圈，又回到原來的阿鼻地獄了，搔首回望，卻只是風雪迷茫。

可牛銓卻似乎徹底解脫了，才走了一程，就在馬上舒了一口氣，說：「好了好了，只要到了藍關，便可望見長安府了。」

是的，只要到了藍關，李闖王就是想追也不敢追了。過了藍關向北走，便可望見西安城樓那高挑的杏黃大旗，可西安府已不是大順朝廷的長安城了，我這個背主私逃的牛丞相，到了西安府後孰吉孰凶？

巍巍秦嶺，殘雪尚未消融；古道盤腸，放眼叢生蓁莽。他呆呆地望著這一切，直感到坦途之難尋，而危機無所不在，不由一聲長歎。

牛銓似看出了爹爹的心中的彷徨，忙安慰他說：「爹，不要急，兒子早打聽好了，大清的攝政王有旨，為速定天下，用人不必拘於小節，像我們這些雖然投過流寇的人，但能毅然來歸，一定會既往不咎。」

兒子說得雖好，牛金星也想到了這層，用人之際，滿人不會在乎他的小節，但是，到了滿人那裡，一切得從頭做起，年過半百的自己，身背惡名，能適應新朝的那一套嗎？但開弓已是沒有回頭箭了。

雲橫秦嶺家何在？雪擁藍關馬不前——觸景生情，牛大學士不由想起了韓文公這句詩，但詩未吟完，卻見彎彎山道一轉，把一彪人馬轉了出來，為首一人，正是大順軍的第二號人物、殺人不眨眼的二品權將軍劉宗敏，緊隨其後的，是三品制將軍劉體純。

原來牛金星也明白，劉宗敏尚在後面，為了避免和這個大將軍碰面，乃叫牛銓走小路。不想連日行軍，有意掉隊的文官很多，他們多是趁大軍不注意時，溜到小路上，抄近路往回走，去投降新朝，謀個一官半職。劉宗敏恨透了這班人，所以，今天斷後時，有意走小路，不想果真碰上了大魚。

眼下，待牛丞相看清了前面正是不願見到的劉大將軍，就只差眼前一黑，從那桃花馬上栽了下來。

「姓牛的，哪裡去？」劉宗敏也看見了牛金星，且立刻猜出了他這是想去哪裡，不由一聲怒喝。

牛金星不由硬著頭皮說：「大，大，大將軍，鄙人奉皇上諭旨，欲去將私逃的六部官員追回來。」

劉宗敏不由冷笑著說：「哼，追私逃的六部官員？只怕是追隨私逃的六部官員吧？你這背主私逃的叛賊，你這巧嘴利舌的黑烏鴉，看刀！」

說著，拍馬舞刀，衝了過來。

牛銓尚想指揮眾護衛上前抵擋，可這一班護衛一見劉宗敏，還有他率領的大隊斷後的人馬，早一個個嚇得尿滾屁流，一齊下馬請罪，劉宗敏不管這些人，卻直衝到牛金星父子面前，一刀一個，乾淨俐落。

十二

豫親王爺

1 躍馬虎牢關

和碩豫親王多鐸終於躍馬虎牢關了。

虎牢關眼下早已不是什麼名關要塞了，但在滿人心裡，卻是他們景仰不已的聖地。是的，從他們認識漢字起，便知道虎牢關前，「三英戰呂布」的故事，那一仗，不但是成就桃園兄弟的英名，也是為以後的三分天下造勢。眼下，他，和碩豫親王終於率領大軍，兵臨虎牢關下了，而南明小朝廷能從何處尋得「三英」，來戰呂布呢？

他攤開一捆輿圖，把中原及江南各府一張張輕輕翻過。

據探馬報告，當大順軍全盛時，中原各州縣早已易幟歸順，李自成不但在那裡分兵守土，且設官安民，至我大清入關，流寇西走，河南州縣，又紛紛殺偽官而反正——所謂反正，是重奉南明正朔。

多鐸想，這不是瞎折騰嗎，李自成那麼強大，都已土崩瓦解，南明那小朝廷能蹦跳幾下呢？

「提兵百萬臨江上，立馬吳山第一峰。」

多鐸又一次想起了十四哥抄下的、金主完顏亮的那首詩，想起了自己即將飲馬長江、去掃蕩江南的雄圖霸舉，心想，那裡不但是六朝古都，且是中國最美、最富的地方，雨絲風片，煙波畫船，多麼富有詩意啊，這樣的地方，應該統歸大清皇輿，豈能讓它另立一國。

多鐸霎時熱血賁張。他詳細地審視著輿圖，先是河南彰德府，再看下去，衛輝、懷慶，開封、南陽，都一晃而過，接著他的眼光在歸德府停了半天，又瞄上了江南的徐州和鳳陽，徐州是江南的門戶，而鳳陽是朱元璋的老家，接下來才是淮安和揚州，若拿下了這幾處地方，金陵城便在掌握之中了。

這時，正白旗固山額真拜尹圖進來了，揚著手中一個蠟丸說：「豫王爺，喜訊，天大的喜訊。」

多鐸眼睛立刻離開了輿圖，望著這個正紅旗的統領說：「是北京來的，還是江南來的？」

拜尹圖說：「是從歸德府遞來的，送信的人自稱是冒著天大的風險呢。」

多鐸一聽，眼睛立刻亮了起來。

他自率兵到河南，河南八府一直隸州紛紛投誠，北邊的彰德、衛輝、懷慶最先降，接著，開封、河南、汝州、南陽部分州縣也跟著遣使通款，只有最東邊的歸德府和最南邊的汝寧府沒有動靜，據探馬報告，據守歸德府的有睢州衛總兵許定國，他的後面還有駐守徐州的興平伯高傑。

多鐸早已成算在胸，下歸德府是早晚的事，據諜報：許定國在眾多的南明將領中，是個無名之輩，手下兵不多，且沒有打過硬仗；但不可小覷的是高傑，高傑混名「翻山鷂」，不但長得一表人才，且英勇善戰。他最先是跟著李自成造反的流寇，因與李自成的老婆通姦被發覺，萬不得已之下，只好帶著這個米脂的婆姨投降了明朝，先是隸賀人龍部，因戰功一步步升至總兵，此番福王即位，大封諸將，他與劉澤清、黃得功、劉良佐等四將都加官晉爵，劉澤清封的是東平伯、黃德功封的是靖南伯、劉良佐封的是廣昌伯、高傑封的是興平伯。史可法督師揚州，遣四將分防各地，劉澤清駐廬州、黃得功駐儀真、劉良佐駐穎州、高傑先是駐瓜州，眼下移兵徐州，

十天前，多鐸已遣人持書去歸德府勸降，寫信人是許定國的父執，信中向許定國闡明了形勢，南明小朝廷已處在風雨飄搖之中，不如棄暗投明，歸順大清。今天歸德府終於有消息了。

多鐸急不可耐地坐下來，接過拜尹圖遞上來的蠟丸。他用三個指頭拈著蠟丸，拇指與無名指用力一搓，蠟丸成了兩半，裡面靜靜地躺著一個小紙團，他將小紙團取出來，在案上輕輕攤開，一行小字立刻顯現在他眼前：

來書盡悉。本當謹尊台命，及早將貨物發來，不期行情突漲，出乎意料，一時難以踐約，望寬展時日，定有佳音。

這封書信上面沒有稱謂，下面沒有落款，這是可以理解的，因為一旦落到他人手上，沒有把柄可抓，但信中詞語較含混，很多事，不知何指，多鐸反覆看了兩遍，仍有些不知所云，於是，他問拜尹圖道：「下書的人呢？」

拜尹圖說：「標下讓他在後營帳中休息，並已派人監視。」

多鐸點點頭說：「你讓他來見孤。」

拜尹圖出去，不一會引來一個個頭較矮小的南人，雖是商人打扮，但只要看他那一雙滴溜溜亂轉的眼睛，便知是個十分機靈的人。他走進中軍大帳，見了豫王，立刻跪倒，重重地磕了幾個響頭，口中朗聲稟道：「小民許正福，叩見豫親王爺千歲千歲千千歲。」

多鐸威嚴地一揚手，說：「起來吧。」

許正福先謝過王爺恩典，然後爬起來，垂手侍立一邊，靜等王爺問話。多鐸輕言細語地問道：「從歸德府來的？」

許正福點點頭，說：「是，小人是三月初一上午領了家主爺之命，初一傍晚從歸德府西門出城的。」

多鐸又問：「你家主寫的信，可讓你看了？」

許正福又點點頭說：「回王爺的話，小人家主爺的信，已讓小的看過，並背熟了。」

多鐸不由驚訝，又問道：「為什麼要背熟呢？」

許正福說：「因為怕萬一信掉了，或落到別人手上了，而小的又逃了出來，小的便仍可前來通風報信。」

說著，他果然將信中內容，一字不差地背誦了一遍。多鐸不由嘉許地點頭，說：「嗯，看來，你是個會辦事的人，怪不得你家主爺要派你來。那麼，孤問你，信中那行情突漲，出乎意料是什麼意思？而寬展時日，定有佳音又有何指？」

許正福一聽，立刻原原本本將許定國的本意講了出來。原來自清兵南下後，許定國已有降清的打算，接到多鐸勸降的信後，正準備約降，不想就在這時，駐守徐州的高傑，突然領精兵五千，前來歸德。高傑手下這班人能征慣戰，且奉有弘光帝的手諭，這一來，許定國可不敢輕易造次了，只能等待機會，所以，他信中有「行情突變」和「定有佳音」的話。

多鐸一聽，先不說什麼，只揮手讓許正福下去，待許正福一走，多鐸便對一邊的拜尹圖說：「你看，此人之言，能信嗎？」

拜尹圖說：「這事看來不假。因為眼下我們已是整裝待發，經歸德去徐州是遲早的事，他許定國降也罷，不降也罷，絕不能阻擋我軍馬蹄，若是想行緩兵之計，我們能相信嗎，豈不是枉費心機？」

多鐸點點頭說：「孤想也是。高傑既然已到徐州，我們可不能輕敵，不過，據我所知，南明四鎮，只有這翻山鷂最凶，只要擊潰了他，其餘便不可畏了。」

說著，他便沉吟不語。

拜尹圖於一邊見多鐸在沉思，知他有些猶豫，便試探地問道：「師行在即，不知王爺有何打算？」

多鐸睃他一眼，頗費躊躇地說：「攝政王不久前有密旨，謂河南各州縣已土崩瓦解，可分兵取之。所以，孤擬兵分三路，一路出虎牢關，一路出龍門關，一路走南陽，虎牢、龍門這兩支兵直指歸德，再趨徐州、宿遷，南陽這路可由汝寧而逕取鳳陽，一齊在揚州城下會合。不過，前兩路有可能遭遇南明主力，要打惡仗，而後面這路據探報，南明並未布置重兵，所以，這支兵有些出其不意，很可能不要費多少力氣，便能由新蔡而穎川，並直取鳳陽府。」

拜尹圖望一眼多鐸，遲疑地說：「王爺這一安排，當然是好的了，只不過南邊這一路可是孤軍，帶兵的統帥應是個膽大心細的人。」

多鐸也望了拜尹圖一眼，說：「誰說不是呢，眼下孤正左右為難呢。」

說著，便不願再深談下去了。拜尹圖見狀，只好告辭出來。不想這裡拜尹圖剛走，輔國公尼堪便一頭撞了進來。

尼堪一見多鐸，只躬身行了個禮，便坐了下來，開口就說：「十五叔，這回你可不能食言了吧？」

多鐸早知來意，卻仍裝作不解地說：「大侄子，你這是什麼意思？」

尼堪冷笑著說：「十五叔，你既然裝糊塗，我就明說吧，此番南下，我可要打頭陣——由南陽直取汝寧，穎川、鳳陽包打。」

多鐸一聽，先不作聲。原來，他們之間的確有過承諾。李自成退出他的長安後，豫親王多鐸並沒有立即進入長安城，而是在華州、渭南一帶徘徊。多鐸並非畏懼——潼關一戰，所謂大順軍的實力，他已領教了，驚弓之鳥，敢戀舊巢？取長安就如探囊取物，他還有什麼怕的呢？但他必須等那顢頇老大、動作遲緩的十二哥，得為他留面子。

和碩英親王阿濟格實在太窩囊了。想當初，他以靖遠大將軍名義，率吳三桂、尚可喜沿長城口進攻陝西，師行尚在多鐸之前，但他卻率主力繞道口外，過土默特、鄂爾多斯蒙古王爺處大率犒勞；然後再轉攻榆林、延安一線；這一來，不但誤時，且誤事——這裡多鐸由孟津渡黃河，一路直攻潼關，才一個月功夫便逼近長安，若他這支兵能迅速從延安南下，說不定可將大順軍的主力聚殲於關中地區，畢其功於一役，可是，這個哥哥眼睛卻只看到錢。

多爾袞得知阿濟格的情況，對這個十二哥的責備毫不留情，多次傳旨申飭，諭旨中，並有「爾等自京起行在先，定國大將軍和碩豫親王等起行在後，今豫親王等已至潼關，攻破流寇，克取長安，爾等之兵，未知尚在何處。」

處此情形之下，多鐸只好下令暫緩進兵，理由是流寇勢眾，不可低估，待和碩英親王兵到，克期進剿。後來，他終於得到十二哥已克服榆林、延安，正麾兵南下的消息，正準備在長安和十二哥會師，就在這時，有諭旨傳來，攝政王令他轉攻南京。

由他率兵攻取南京，這本是十四哥多爾袞的既定方針，但就在長安城已唾手可得的情況下，卻掉轉馬頭往東，把一座傳說中，有金山銀海的流寇都城，讓與出力並不多的哥哥，他能做到不皺眉頭，但將士們卻有些放不下心頭，在跪聽諭旨後，他才站起來，就聽見身邊的恭順王孔有德在低聲嘀咕：「有人說，流寇攻破北京後，把那裡的金銀財寶都往長安運，長安城的金銀比北京城還多得多呢。」

這隻鳥兒叫，那隻鳥兒應，懷順王耿仲明立刻說：「不說那些好處唄，就是攻下流寇的京城，也是功莫大焉。」

這兩個漢人的王，有話只能在背後嘀咕，而手下那班固山額真、總兵什麼的，可要大聲嚷嚷了，貝子尼堪是努爾哈赤長子褚英的兒子，努爾哈赤眾多的孫子中，以杜度為老大，但早已戰死，眼下尼堪為長，受封為輔國公，他可沒有半點顧忌，馬上站起來，氣呼呼地說：「十五叔，這可不公平，長安已是我們的囊中之物了，為什麼要讓與他人？兩支大軍，分頭並進，他們有本事，先我們一步拿下長安，我們沒有話說，可把到手的東西做人情，你肯吃這個虧，我可不吃。」

有他帶頭這麼一說，眾人也跟著起鬨。

多鐸一見這形勢，心裡明白，尼堪這鬧大有來頭。他的身後，其實就是譚泰、新力、鼇拜等人，他們對多爾袞的執政不滿，但又找不到由頭，便利用阿濟格、尼堪這種皇子皇孫，眼下尼堪似是出頭爭功，其實是為了發洩不滿，弄不好便又鬧到上頭去，他已聽說了，皇帝遷都後，鄭王、禮王都有怨言，說十四哥總攬乾綱，獨運威福，搞得十四哥有些窮於應付，自己可不能再為十四哥添麻煩，想到此，只好把滿腔火氣壓下去，換上一張笑臉，先安撫住這個比自己還大三歲的侄子，他把尼堪拉在一邊，悄聲說：「大侄子，你看，要說公平呢，你十四叔心裡可有一把秤，長安雖說是流寇的都城，雖說流寇把北京的金銀財寶運了不少到長安，但它畢竟只是一座省城，才巴掌大的地方，就是有點黃白之物，流寇能不統統運走？可十四叔卻把金陵城讓與我們了，你可知道，金陵城是南蠻子的陪都，地處江南，不但富庶是有名的，就是其他好處也不是一下能說完的，兩座都城，你願佔哪座？總不能好處都由你得了，讓十二叔在一邊說十四叔不公平吧？」

尼堪低頭一想，這個十五叔明明白白是要照顧他那十二哥，卻又說出這麼一番理由，心有不甘，但也不好戳破，便說：「十四叔，小侄子可把話說在前頭，眼下流寇已被我們打跑了，他們是順順當當進的長安城；若我們打開南下通道後，他們又來揀現成，那就打死我也不會依。」

多鐸連連點頭說：「那當然，金陵城由我們兩黃旗、兩紅旗包打，讓過了長安，英王他們怎麼也不好再來爭金陵了。」

尼堪得了這個諾言，這才沒有話說。

眼下，他們十多萬人馬終於又回到河南了。多鐸自率一軍已下虎牢，固山額真拜尹圖一軍已下龍門，只有尼堪一軍仍在南邊的嵩縣，且不說多鐸有過承諾，就按兵分三路的計畫，自然也應讓他們走南陽，但多鐸對尼堪有些不放心，因為尼堪性情暴虐、嗜殺，讓他跟著自己，尚可時刻提醒他，一旦讓他自領一軍，便怕他會毫無顧忌地殺人，剛才看拜尹圖的意思，他有請纓之意，多鐸也想讓拜尹圖去，但考慮到尼堪的存在，多鐸有些猶豫，不想這裡尼堪得知消息，便自己找上門來了。眼下他見多鐸不作聲，忙催促道：「怎麼不說話啊，這以前，你已許了小侄的，可不能說話不算數。」

多鐸說：「大侄子，按說，只有你一軍靠近南邊，自然應該讓你下南陽，但是——」

尼堪說：「十五叔，你有話就一直說下去罷，但是什麼呢，這又不是什麼美差。歸德府南明守將已在接洽投降，而南陽這一路尚無消息，孤軍深入，惡仗有的是打，小侄又不想揀便宜，你是信不過我嗎？」

多鐸見他這口氣，知道此番拗他不過，只好說：「得了得了，讓你去南陽還不行嗎？不過，十五叔有話在先，這一路因流寇滋擾不多，人口較他處稠密，只要他們肯迎降，你便不能妄殺無辜，」

尼堪說：「怪不得你這麼猶猶豫豫，原來是怕我多殺了人，怎麼會呢，只要他們肯降，我還巴不得不動刀子呢，但話說回來，他們若不肯降，那可怪不得小侄子了。」

多鐸說：「話雖是這樣說，總以不戰而屈人之兵為上策。」

2 窩裡鬥

多鐸兵分三路，浩浩蕩蕩殺向江南，左右兩軍才走到開封府的杞縣、太康一線，便有好消息報來——駐守歸德府的南明總兵許定國，竟誘殺興平伯高傑，舉睢州城來降。多鐸聞報，不由大喜過望，一邊向北京報捷，要重賞許定國，一邊將許定國召來，聽他講斬高傑的經過。

原來自高傑帶兵到達歸德府後，許定國十分不安，因為他深知四鎮中，只高傑強悍，連弘光皇帝也要籠絡他，許定國既怕自己的降清意圖暴露，又怕高傑要將他吞併，每日誠惶誠恐，忐忑不安，在接到豫親王的回書後，他更堅定了降清的信心。

就在這時，高傑逼上門了。此時，許定國紮營睢州，高傑來看他，僅帶了五千兵作為護衛，許定國出城至五里廟迎接，二人相談甚歡，並在廟中歃血為盟，結為異姓兄弟。第二天，定國在城中大擺宴席，約高傑共飲。有人勸高傑不要赴宴，可高傑眼中根本就沒有許定國，竟說：定國不過一老妮妮，我怕他嗎？

老妮妮是他們陝西話，意即老太婆，龍鍾顢頇，毫無作為。說過便欣然而往，絲毫也不戒備。席間，高傑說，有人說，老兄有降清之志，皇上有旨令為兄的前來察看。許定國笑著說，既然如此，大哥可將小弟抓起來好了。高傑也笑著說，我要抓你，便不是今天這陣勢了。但又說，不過為老弟你著想，確不宜駐兵此地。許定國問為什麼。高傑說，你離開此地，人言自息。許定國說，這麼說，我只能交出兵權，並退歸林下了？高傑說，若能這樣，小弟便是個明白人。

許定國當時聽了，不由火往上升，但仍強忍住氣說，要我讓出兵權是可以的，但要再過幾天後，我才能離開此地。高傑問為什麼？許定國說妻子有病，暫不能離城。

這高傑急於奪軍，竟然說，老兄真是太沒見識了，不就是一個女人嗎，何不殺了，我賠你一個美人。許定國這時再也忍不住了，乃指著他的鼻尖說，你以為我像你一樣，別人的老婆也可拐帶嗎？

高傑大吃一驚，正要拔劍。不想這裡許定國早有安排——他已令侄子許四安排酒宴，將高傑與護衛隔離開了，眼下席上全是許定國的人，高傑一人勢孤，雖武藝高強，畢竟寡不敵從，竟被許定國手下亂刀砍死，他那五千精兵因失去主將，竟被許定國殺散。

許定國致豫王信中所說「寬展時日，定有佳音」，今天算是有個交代了。

多鐸聽了經過，心想，洪承疇不愧是個好嚮導，他對弘光的文臣武將，真是個個洞徹表裡。佩服之餘，又想，這班漢人真是無恥極了，強敵壓境，已如燕巢幕上，卻還醉心於內鬥，這樣的國家不亡，也是無天理了。想到此，他不由忍住心中的鄙視，勉強裝出一副笑臉，對許定國的「識時務」之舉，美美地誇獎了幾句。

過了幾天，多鐸已完成集結，正要發兵東指時，又有消息報來，說原來據守武昌的南寧侯左良玉，因不滿馬士英的跋扈，眼下以「清君側」為名，率本部大軍八十萬，號稱一百萬，浩浩蕩蕩殺奔金陵，眼下已下九江了。

多鐸一聽這個消息，往輿圖上去尋九江。一看九江在長江邊上，距金陵比歸德距金陵要近得多，且是高屋建瓴，順流而下。心下著忙，口中不由自言自語道：這真是莫道君行早，更有早行人。

接到許定國殺高傑降清的報告，在淮安督師的史可法真是五內俱焚。

去年九月，朝廷派出以左懋第為首的使團北上後，不久，他便得知使團受辱的消息。這時清兵南犯的跡象越來越明顯，為此，他多次上疏朝廷，請迅速徵集糧餉，增加河防兵力。不想弘光帝置之不理，卻仍一個勁地徵歌選美。年底，他進駐淮安的鶴鎮，這時，清兵自山東入侵海州，攻宿遷、邳州，淮北已是朝夕不保了，他將上述情形上奏，馬士英仍說這是因為到了年終歲末，他史可法想援例敘功，虛報軍情。

馬士英弄權於朝，諸將跋扈於外，史可法至此，已是黔驢技窮了。

這天黃昏，他在營中批閱文報。高傑被殺害後，史可法奏請弘光皇帝，厚恤高傑家屬，並升任高傑舊部李成棟為總兵，接統高部，仍駐徐州。這份軍報，就是李成棟報來的。據李成棟說，這以前進攻潼關的那支清兵，是由清國的豫親王多鐸率領的，日前已在河南滎陽、鄭州等地完成集結，眼下兵分兩路，在許定國引導下，直攻歸德，請速派援兵，不然只怕孤城難守。

清兵有許定國為嚮導，東下歸德、徐州本是意料中事，但他們行動竟如此迅速，卻是史可法沒有料到的。他想，歸德、徐州為金陵門戶，若這兩處不守，金陵城可就危險了。就在這時，總兵劉肇基輕輕地走了進來。史可法於是把這份軍報與他看，並喚著他的表字說：「始初，流寇自關中竄走，滿韃子不在後尾追，卻分兵攻歸德，圖我之心，已是十分明顯了，馬瑤草難道還可說是謊報軍情？」

瑤草是首輔馬士英的字。

劉肇基看完文報，狠狠地說：「大人，眼下朝廷綱紀敗壞，全是馬士英造成的。我看此人心術不正，一開始便打歪主意，立一個昏君，好從中弄權，國家危在旦夕，他們還要盡翻逆案，陷害忠良，不到一年時間，壞事已是做盡了，依末將主意，只有殺了馬士英，這東南半壁可能還有希望；不殺馬士英，我們南明便只有死路一條。」

史可法連連搖手說：「始初呀始初，眼下說這些沒用了。國難當頭，可不能再起內亂，再說，君臣名份已定，你再這樣說，傳出去可是大逆不道，你我性命都難保了。」

劉肇基朝四下裡望了望，放低音調說：「大人，您何必瞻前顧後呢，武昌左昆山有書來，您願看一看嗎？」

原來左良玉的清君側之舉，早有預謀，之所以遲遲未舉，一來是年老多病，但於繁劇；二來也是對史可法有所顧忌，不想此時，李自成敗於長安，殘軍直指湖廣，左良玉首當其衝，他是領教過大順軍的厲害的——崇禎十五年夏，朱仙鎮一戰，他曾被李自成殺得大敗虧輸，至今尚未恢復元氣，所以一聽流寇東來，他在武昌便不安了，加之巡按御史黃澍從中鼓動，說武昌難守，而東南富庶，不如藉清君側之名，東下金陵。良玉於是心動了，他先寫信與史可法的部將劉肇基，請他探一探史可法的口氣。

史可法一聽左良玉有信來，不由疑雲頓起，說：「左昆山有書信給你？」

劉肇基點點頭，吞吞吐吐地說：「不錯，左昆山對東林一向仰慕，尤其是對劉宗周、黃道周等骨鯁之臣，更是十分欽佩。眼下朝綱錯亂，奸臣當道，忠臣受氣，左昆山實在看不下去了，有起兵清君側之想。他很想請大人出面號召，因不知大人意下如何，故先致書標下，欲請標下代為致意——」

劉肇基話未說完，史可法卻連連揮手，並打斷他的話說：「始初，快不要說了，我不聽，我不聽，眼下流寇自關中溢出，正向湖廣流竄，左昆山坐鎮武昌，他不去圍堵流寇，卻想出什麼清君側的花招，這，這，這不是反了嗎？」

劉肇基見史可法態度這麼堅決，不由淚流滿面，說：「大人，左昆山此舉，固然欠妥，不過，眼下這朝局也是太不堪了。處此存亡危急之秋，這個弘光沒有半點振作的樣子，全不想想先帝死在誰手，自己的親生父親死在誰手，卻日日與小人為伍，排斥忠良，選用奸惡，像您這樣正直的大臣，為什麼被排擠出朝，不就是因為您不主張立弘光嗎？阮大鋮那樣的小人，為什麼得到重用，不就是他會溜鬚拍馬嗎？眼下前方將士無糧無餉他不管，警報頻傳他不信，卻大造宮殿，強徵民女，醉生夢死，荒淫無恥已極，有道是：奸臣弄權於內，大將不能立功於外，不將這些奸佞之徒掃地以盡，這個國家遲早要亡。」

劉肇基接著歷數馬士英的倒行逆施之舉，說著說著，竟哽咽著說不下去了。史可法雖然再沒有反駁，卻仍說過激之舉，他是絕不贊成的。

劉肇基說了半天，見史可法絲毫不為所動，只好忍氣退下。

劉肇基一走，史可法顯得更加心緒不寧。他明白，劉肇基說的都是事實，但國家已處在這個時候了，還能打內戰嗎？這些年來，諸將擁兵，自立門戶，他以書生掌兵，卻沒有自己的親軍，為了維持這個小朝廷，幾個月來，他不得不奔走在各路諸侯之間，就像一個補鍋匠，到處補苴罅漏。兵連禍結，江南也已是哀鴻遍野，可一班驕兵悍將，卻望著稍好一些的地方，或是富庶的州縣口中流著哈喇子——先是黃得功、劉澤清、高傑都爭著駐軍揚州，高傑先至，竟縱兵大掠；劉澤清在淮安更是肆無忌憚，為爭奪富庶之地，與劉良佐欲兵戎相見。朝廷令他從中調解，他諄諄誘善，苦口婆心，好容易將這幾個擁兵自重的悍將安撫住，不想高傑被許定國殺了，北方重鎮徐州一下成了危城，他正想如何補上這個口子，西邊又出現要清君側的左良玉，他想，這個小朝廷還能經幾下折騰呢？

左思右想，寢食難安。過了幾天，果然傳來左良玉揮師東下的消息，諜報上說，左良玉焚武昌東下，自漢口達蘄州，列舟二百餘里。

不怕清兵下江南的馬士英，卻怕左軍下金陵了，他以皇帝的名義，一連給史可法下了好幾道詔書，令他火速督師抗擊左良玉。

史可法最不願看到的事，終於發生了……

3 哀揚州

左良玉軍東下九江之日，也是多鐸督率清兵南下之時。

左良玉陷九江，連下湖口、建德、彭澤；多鐸也連陷穎州、太和、毫州、碭山，直入徐州，南明總兵、高傑部將李成棟降清。

面對如此嚴峻的局面，坐守金陵的馬士英卻認為，寧可君臣同死於清兵之手，也不能讓左軍得逞。當群臣都說唯淮泗最急時，馬士英竟當殿揚言，有議守淮者斬，於是召三鎮大兵入衛南京，三鎮撤防淮泗，清兵更是順利南下。史可法上疏嚴正地指出：上游不過清君側，而若讓清兵南下可是要亡宗社。

可他的話誰信？

內戰不能打要打，淮泗的兵不能撤要撤。待劉良佐、劉澤清以「入衛南京」為辭，撤兵南逃，泗州守將李遇春投降後，史可法這個督師已是無師可督，只能退保揚州了。

四月二十日，風雨飄搖中的揚州城。

南明的逃兵走得太快了，清兵連接收也來不及，有的地方，連聞風而逃也說不上，因為清兵實在還離得太遠，根本就無「風」，江北的百姓不願做亡國奴的，紛紛攜家帶口往江南逃，一時道路上難民充塞，兒啼母哭之聲，不忍聽聞。

史可法策馬在揚州城外視察，他穿著一品文官的袍服，戴進賢冠，由總兵官李棲鳳陪同，騎在馬上，用憂鬱的眼神，望著紛紛南來的百姓，目光中，滿是悽惶與無奈。

揚州古為九州之一，明改為府，轄江都、寶應、高郵等縣，自唐時起就是海運貿易的中心，又是淮鹽總匯，商業十分繁榮。這些年，中原地區兵連禍結，應天、鳳陽等府都一度為高迎祥、張獻忠等部攻陷，揚州卻未遭兵燹，所以，較之以往，它似乎更繁華。可惜好景不長，眼下的揚州城，那名揚天下的瘦西湖和江都古景，終於要接受戰爭的考驗了。

早在三天前，清兵已在距揚州城不遠的上官橋、邵伯鎮紮營了，為清兵嚮導的，便是南明的前總兵許定國、李成棟。得到這些消息，史可法只長長地歎了一口氣。一陣急驟的馬蹄聲傳來，他抬頭望去，見是總兵劉肇基，一人騎馬急馳，像是有什麼急事。他忙和李棲鳳策馬迎了上去，並喚著劉肇基的字說：「始初，什麼事？」

劉肇基滾鞍下馬，幾步走到他跟前說：「大人，標下已有破敵之策，請大人回城，容標下一一細稟。」

史可法一聽，頗壯其言，於是，一邊回頭招呼李棲鳳同回督署，一邊讓手下去將監軍副使高岐鳳、副將史得威、知府任民育一齊請來共議。督署正廳，眾文武齊集一堂，史可法開了一個頭，便聽劉肇基談他的破敵之策。

原來劉肇基已派人將清兵的底細打探得十分清楚——多鐸一軍，連下寶應、高郵，日前兵分兩路，直指揚州與儀真，前鋒雖已達上官、邵伯一線，但後軍主力尚遠在天長、高郵一帶。劉肇基認為，滿韃子南來，人地生疏，對我軍虛實，很不了解；加之這以前，因抵抗不力，滿韃子是長驅直入，勢如破竹，幾乎未與我軍正式交過手，所以眼下十分驕縱，紮營之處，既不掘壕，也不築壘，防範十分鬆懈。所以，劉肇基建議我軍，乘其主力未到，立營未穩，連夜突襲，打他個措手不及。

一聽此言，史得威、任民育都連連點頭，可也有不少人在搖頭。史可法心想：眼下許定國、李成棟、李遇春等都已投降，滿韃子對我方情形應是瞭若指掌，什麼「滿韃子南來，人地生疏」已是靠不住了，不過，防範鬆懈一說，倒是合實情的，他正在考慮是否採納，這邊李棲鳳卻耐不住了。

李棲鳳本是高傑部下，一同造反起家，高傑一死，他便失去了依靠，平日所關心的是勢力，認為處此亂世，勢力便是本錢，且管他這個國亡不亡呢？眼下他一軍勢力最強，且駐城北，若出戰，便首當其衝，豈不吃虧？於是，趕緊說：「劉將軍其志可佳，不過，據標下看來，此計切不可行。」

劉肇基不滿地瞪了李棲鳳一眼，喚著他的表字說：「桐孫兄說得那麼肯定，一定是另有好主意，不妨說出來，大家商討。」

李棲鳳說：「始初，你是沒有和滿韃子交過手，對他們的勢力不了解，才如此出言輕率。據小弟所知，這以前就有『滿兵上萬，天下無敵』一說。而眼下滿兵已不下十萬，加上新降的許定國、李成棟、李遇春等部，人數已達二十萬，我軍才區區四萬五千人，勢力相差太懸殊了。兵法上說，十則圍之，五則攻之，倍則分之。我軍莫說倍之，連他們的四分之一也不到，能勉強守幾天已不錯了，還想出城去打他們，那能成嗎？」

一聽李棲鳳史只打算守幾天，下面顯然還有未盡之言，主持會議的史可法及坐於下首的任民育不由吃了一驚，史可法還想正言勸誡李棲鳳幾句，劉肇基卻冷笑道：「兄弟我確實還未與滿韃子交過手，不過，你又幾時與滿韃子交過手呢？勉強守幾天，請問，你打算守幾天呢？守過這幾天之後又如何呢？」

李棲鳳自知失言，但他也不是省油的燈，仍針鋒相對地說：「我不跟你咬文嚼字，不管守幾天，反正你們能守我也能守，只是你若想出戰，帶你的人馬出戰便了，我才不拿雞蛋往石頭上去碰呢。」

說完，他便拂袖而去。

同是守城，竟分彼此，這是什麼話呢？而且，會議還才開始，怎麼就拂袖而走？於是，史得威、任民育等紛紛發言，指責李棲鳳無心守土，動搖軍心，應上奏朝廷，將他免職，而疾惡如仇的劉肇基竟「忽」地站了起來，說：「督師大人，看來，姓李的已變心了，不如殺之，可免後患。」

史可法見此情形，趕緊將劉肇基按住，說：「始初，快坐下，強敵壓境，若起內訌，揚州馬上就完了。」

看到這一切，副監軍高岐鳳卻不動聲色，偶然發出一兩聲冷笑。史可法明白，這個太監有話要說，不由說：「高大人，不知你有何高見？」

高岐鳳長長地歎了一口氣說：「閣部大人，也不能全怪李鎮台。眼下這形勢，左軍西來，清兵南下，都已是火燒眉毛了，我們的弘光皇上卻還在大造宮殿，大選美人，這情形，明眼人都清楚，這個小朝廷是不可救藥了，我們急有什麼用呢？你史閣部就是諸葛再世，就有回天之術嗎？」

太監雖然討嫌，但高岐鳳這個太監說的話，倒是一語中的，史可法只急得直搓手，連連說：「話雖如此，可做臣子的總不能束手待斃呀！」

高岐鳳說：「這樣吧，下官與李棲鳳有同鄉之誼，下官去說一說他，讓他振作精神，不管如何，總要與各位同進退。」

史可法一聽，不由點頭說：「那就拜託了。」

高岐鳳走出督署，來到李棲鳳的大營，李棲鳳一見高岐鳳，忙說：「高公，我一看見這班不知死活的傢伙就頭痛，不知你心裡如何想的，你還要猶豫，可不要怪小弟一人走了。」

高岐鳳說：「別，別，我這不是來了嗎？」

李棲鳳說：「那麼，我們就走？」

高岐鳳說：「急什麼呢？許定國降，獻了睢陽；李成棟降，獻了徐州；我們就這麼走，連見面禮也沒有，到了新朝，人家怎麼說呢？」

李棲鳳心一動，說：「你是說，我們還須殺了史道鄰？」

高岐鳳搖搖頭說：「莫說殺罷，這麼一個好人，在軍中又如此有威信，我可不忍言殺，還是勸他跟我們走看行不？」

李棲鳳忙說：「好我個高大哥，你別指望這個史道鄰能跟我們一條心了，告訴你，他來揚州之前，就連遺囑也立好了的，你若去勸他，他必生疑，到時別說你我走不動，只怕還有性命之虞呢。」

高岐鳳沉吟半晌，道：「既然如此，那只能是鴨子過河——各顧各了。」

望著高岐鳳的背影遠去，劉肇基不由說：「大人，這個監軍平日就與李棲鳳沆瀣一氣，此時此刻，只怕靠不住。」

史可法點點頭，無可奈何地說：「始初，此事鄙人未嘗不清楚，可此時此刻，天要下雨，娘要嫁人，只能各人保各人了，誰也無法強迫誰，就是你要走，鄙人也絕不攔阻。」

劉肇基一聽，不由淚如雨下，說：「大人何出此言，我劉肇基雖讀書不多，但君臣大義還是知道要放在心頭，大人若決計與城共存亡，標下一定跟隨大人到底，絕不退縮。」

一邊的知府任民育也動情了，說：「大人，處此存亡危急之秋，做臣子的還有什麼說的？文丞相的正氣歌上說得好，時窮節乃現，一一垂丹青。下官雖不能多多殺賊，但以一身殉國，絕不皺眉。」

史可法見狀，忙說：「既然各位與鄙人同心，那就好說了。」

當下，他讓劉肇基派人去監視李棲鳳負責守衛的北城，一有風吹草動，立刻報告；又派人持他的血書，去南京告急，請派援兵。

不想他們才布置完，忽聽外面喊殺聲大起，史可法正要派人打探消息，副將史得威匆匆跑來報告說：李棲鳳和高岐鳳帶了本部人馬約兩萬餘人，拔營向北走了，他們的軍中，因有人不願北去降清，發生衝突，這喊聲便是因此而起。史得威問要不要派兵追趕，史可法默然良久，說：「剛才不是說了嗎，天要下雨，娘要嫁人，還是各人顧各人吧。」

第二天，在多鐸的指揮下，大隊清兵開到揚州城下了，為了便於活動，他們在運河上架起了浮橋，又在城的東西兩面的小山上修築炮台。劉肇基又一次向史可法提出派兵出城偷襲，可史可法卻怕一旦有失連本城也不能保，竟勸阻劉肇基不要出城。

炮台修成了，清兵的紅衣大炮炮口指向了揚州。這時，有人在西門叫關，史可法其時正在西關，他探頭朝下一看，認得來人是原泗州守將李遇春。此時的李遇春，雖仍是明朝武將衣冠，卻手持一支和碩豫親王的令箭，大聲叫道：「請史閣部答話。」

史可法一見，眼中不由冒火，他探身出來答道：「李遇春，你這不知羞恥的東西，居然還有臉來這裡見我，你趕快走吧，不然，小心你的狗命。」

李遇春在城下看到史可法，不由大聲喊道：「史大人，你要認清時務啊，眼下馬士英當道，閹黨專權，東林黨人都被他們殺光了，弘光真是個扶不起的劉阿斗啊，你值得為他盡忠嗎？」

史可法怒聲道：「李遇春，你快住嘴。這種不知羞恥的話，本督不愛聽！」

史可法開了頭，左右一齊跟著罵，什麼夷狗、雜種、滿韃子都罵出來了，李遇春卻仍在下面苦勸。

史可法不耐煩了，退在一邊，下令道：「放箭！」

李遇春仍在城下招降，不想城上忽然萬箭齊發，他手臂立刻被射中一箭，幸虧身披重鎧，才傷得不深，只好退了下來。

史可法在城上見李遇春退走，明白清兵馬上就要進攻了，一場惡戰，在所難免。李棲鳳、高岐鳳投降了，帶走了不少戰士，眼下城中守軍不到三萬人，雖然有百姓自願上城助戰，但他們未經訓練，武藝不精，雖敵愾同仇，畢竟難以勝敵。想到這裡，他不由做了最後的準備。

果然，李遇春才退下，多鐸指揮的大炮便響了，這尚是試炮，不是正式進攻。只聽一聲驚天動地的吼聲，就像是平地響起一個悶雷，西關的城樓立即被掀去一角，在城上助戰的百姓，不由一齊發出驚恐的叫聲，就是守軍也有些驚慌失措。但史可法卻端坐西城，雖然衣服上落下許多塵土，眾人一再勸他下城，他卻歸然不動。

幸運之神無微不至地照看著多鐸——和碩豫親王真是太順利了，幾乎沒有打過一場惡仗，便直下河南、陝西、安徽三省。雖然這三省的兵加起來，總數要超過他的兵幾倍，但所有州縣，都沒有抵抗，哪怕是小小的抵抗也沒有，文武百官，大開城門，捧著圖冊，焚香恭迎，他和他的兵，就像是來遊玩江南山水的。還在北京，他就聽洪承疇說了，在睢州，又聽許定國說了，都說史可法是人中的佼佼者，鐵中的錚錚者，別人都有可能投降，獨史可法絕不會投降。多鐸聽在耳中，記在心裡，到了揚州後，他還是讓李遇春持他的令箭，去城下做了一番試探，史可法果然態度堅決，毫不動搖，特別是還罵他們是夷狗、雜種、滿韃子，多鐸不由生氣了。

你史可法要做明朝的忠臣，犯不著要罵我們的祖先；小小的揚州城，不過彈丸之地，又怎能阻擋孤的馬蹄？一氣之下，血管中，那素不服輸的愛新覺羅氏的血開始沸騰了，東北原始森林中養成的野性復活了，他拔出了鋼刀，揚了揚，對一邊的貝勒尼堪說：「大侄子，你不是說，十五叔沒有給你立功的機會嗎，這下可看你的了。」

尼堪說：「十五叔，小侄子早就嫌這仗打得不過癮，今天你開了口，可要放手讓小侄幹啊！」

這時，等在一邊，早已不耐煩的貝勒博洛、貝子吞齊、尚善、和托、公圖賴等戰將，都一齊扎手捋腳地說：「對，豫王爺，這回我們可要殺個痛快啊！」

「殺狗日的南蠻子！」

「活剮了這個史可法！」

多鐸一時興起，忙點頭說：「好，好，好，他南蠻子不投降，就殺他個十天八天不封刀！」

有了他這一道命令，眾將個個奮勇，多鐸終於下了總攻之令。

清兵本來只善野戰不善攻堅，自從有了紅衣大炮，凡攻城便藉助紅衣大炮。這時，多爾袞已下旨，將十多門紅衣大炮，裝在船上沿運河運到了揚州，此刻就安放在揚州城北的小山上，這裡總攻令一下，十多門大炮一頓猛轟，打得城樓大火沖天而起，城垛上碎石橫飛，城上守軍尚未接敵，便傷亡不少。

一連轟擊了三天，揚州城已被大炮炸得殘破不堪了，城上守軍的傷亡也越來越多，史可法焦灼地立在城頭，眼巴巴地望著南方，可卻看不到援軍的影子。

他何嘗不明白，劉澤清掠淮安西奔，可能已投降了敵人；黃得功、劉良佐奉旨阻擊左良玉，只怕是無暇顧及揚州了，看來，就是朝廷有心救援，也已是無兵可派，何況眼下主政的是馬士英呢？

到四月二十五日這天，清兵的紅衣大炮，終於將城牆轟塌了數處，大隊清兵從缺口中爬上來，史可法、劉肇基、任民育、史得威分守四城，與清兵苦戰，但仍然無法阻擋越來越多的清兵，到正午，清兵終於將東、西、北三座城門全控制了，城門大開，大隊清兵蜂擁而入。

史可法仍率領眾將士，與清兵進行艱苦卓絕的巷戰，喊殺聲直薄雲天。

這是清兵南下後，打的第一場硬仗。這班東北大漢，一個個能征慣戰，身手不凡，三天不在馬上馳騁便屁股脹，三天不殺人就手癢。可這些日子，他們一路暢通無阻，城門大開，漢人見了他們，一個個皈佛皈法，點頭哈腰，殺他們沒有理由；何況王爺軍令森嚴，不准殺害無辜百姓，所以他們早就盼著，能肆無忌憚地放縱一回，揚州城不是出美人、出文士的名城嗎，倒要領略一下文士和美人的風韻。

史可法於城破的當日被執，多鐸曾勸他投降，但早已抱著與城共存亡的史閣部，勸他投降豈不是徒勞？於是，多鐸揮了揮手，手下即將史可法殺害，他的部屬劉肇基、史得威、任民育等，一個個無不戰鬥到最後。

因為他們的頑強，清兵終於找到宣洩的機會了，他們就像一群紅眼睛的公牛，張著兩隻犄角，見人就頂上去，不見腸肚開花不抬頭。

有傳說：凡一次殺人一萬，便有一人是舉著手的；凡一次殺人十萬，就有一人是站立著的——據說，揚州之屠，有八人是站立著的。

當然，那只是傳說。據史載：清兵自四月二十五日攻入揚州城，到五月初二日多鐸南下，殺了八天才封刀，史稱「揚州十日」。劫後據焚屍簿載，全城死亡人數達八十萬，落井投河及閉門焚縊者尚不在內。

二十四橋明月夜，玉人何處教吹簫——此時的揚州人，竟然能從這首詠揚州的古詩中，體會出森森鬼氣，霎時毛骨聳然。

4 哀金陵

萬事不如杯在手，一生幾見月當頭——元暉殿上，《燕子箋》的戲文正演到情濃時，悲歡離合，悱惻纏綿。弘光帝朱由崧由馬士英、阮大鋮陪著邊飲著美酒，邊聽著優伶那銳耳的戲文，一時忘情，竟情不自禁地跟著哼了起來。

就在這時，司禮監捧著一個小黃匣子走了進來，裡面有兩份塘報：一份是多鐸兵破揚州，史可法慷慨殉國；一份卻是靖南伯黃得功，大敗左良玉之子左夢庚於板子磯。

朱由崧一見黃匣子就皺眉。這些日子，警耗噩音，一日數傳。不是說清兵南下，就是說左良玉又攻佔了哪處；不是催糧，就是要餉。他因此不願視朝，不願與百官見面，也不願接看奏章，不願打理這些令人心煩的事——國事糜爛至此，就如一鍋臭魚爛蝦，越翻動越糟，就讓它擺著罷。

眼下，不識相的司禮監王忠，終於把緊急塘報送到戲台前了。他接過順手放在一邊，連打開也不願。

阮大鋮正為皇帝講解戲文，自己寫的戲，能受到皇帝的賞識，阮大鋮十分高興，講解時，如對知音，入情入理，頭頭是道。皇帝聽得入迷，更不想去開那黃匣子，倒是馬士英留神，他見皇帝不看，便順手打開來，不想放在面上的，竟是一份捷報——黃得功大敗左夢庚於板子磯。

馬士英幾乎不相信自己的眼睛，這個時候了，竟然有捷報傳來，他不禁拜伏於地，連連向皇上磕頭道賀：「皇上，大喜，天大的喜訊！」

朱由崧開始還不信，他傳旨讓戲班暫停，讓馬士英把奏章從頭至尾念了一遍，這才笑顏逐開，說：「好，好，好，這個黃得功該好好地獎賞。」

說著，又回過頭，準備傳旨讓戲子繼續唱。這回倒是馬士英提醒，說：「皇上，左軍雖敗，還有大事未了呢。」

朱由崧不解地說：「左良玉死了，左夢庚敗了，這不萬事大吉了嗎，還有什麼大事未了呢？」

馬士英說：「左良玉雖死，可朝中那一班東林餘黨還未除盡，不是這班人為左軍張目，左良玉能如此大膽嗎？」

阮大鋮也於一邊說：「皇上，應乘此良機，徹底將東林黨人殺盡。」

朱由崧是最恨東林黨的。不是東林黨人的苦苦勸諫，皇祖萬曆爺或許就立他的父親福王爺為太子了，此番自己差點不能立為皇帝，從中作梗的也是一班東林餘孽。想到此，舊恨新仇，齊上心頭，竟然連連點頭，並傳旨召輔臣上殿議事。

其實，馬士英已將黃匣子內的第二份奏章也看了，那便是史可法揚州殉節，多鐸渡江的消息。揚州都不守了，南京還能久長嗎？他有意藏起這份奏疏，卻暗暗告知了好友阮大鋮——揚州到南京，一葦可渡！

阮大鋮早已成竹在胸，想了想，低聲說：「你我當務之急，莫過於先穩住這個活寶。」

馬士英一怔，故作不解地喚著阮大鋮的字說：「圓海，這是什麼意思？」

阮大鋮小眼一瞪，冷笑著說：「瑤草兄若想做史道鄰也不難，明日北兵就有可能進入南京，羅雀掘鼠，攖城死守，何等地慷慨悲歌。」

馬士英不由輕鬆地笑了笑說：「你真是門縫裡看人，把我看扁了。今國家多難之日，正我輩得意之秋，士林中，有一個史道鄰就誤盡蒼生了，何必要兩個？」

阮大鋮說：「這還差不多，多爾袞要統一中國，少得了你這樣的前明輔臣、醫國聖手嗎？」

馬士英也回報一個含意雋永的笑，說：「聽說，這個多爾袞忒喜歡漢文，我想他應該也喜歡聽戲。」

於是，就在輔臣的值房，距帝座不到十丈之遙，他們二人竟對今後的設想，高談闊論起來。

朱由崧還沉浸在板子磯大捷的夢幻裡，準備和輔臣們分嘗這一份快樂，他令人宣旨，召輔臣上殿，可等了大半天，竟沒有來一人，就連本來坐在一邊的馬士英，和不是輔臣的阮大鋮也不見了。

朱由崧覺得不可思議，於是，令人敲響雲板，召群臣上殿。可是，雲板響了半天，仍不見一個大臣來。

朱由崧這才慌了起來。他走入輔臣的值房，看見剛才被馬士英打開的黃匣子，揀起來一看，裡面還有一份奏章，他不由翻看這份奏章，這才知揚州丟了，史可法死了。朱由崧是明白揚州與南京之間的距離的，去年也是這個時候，他就由揚州到南京，被立為皇帝。他想，揚州說丟就真的丟了，這個史可法也太不中用了，眼看北兵渡江，朕向何處去呢？

唉，該來的，終於來了，還大捷呢，捷個鳥！

這時，那個司禮監王忠慌慌張張地跑來，跪倒奏道：「皇上不好了，北兵前日夜間已乘霧渡江，眼下鎮江失守，群臣正商議迎降，馬士英與阮大鋮欲劫皇上迎降，爭立頭功呢。」

朱由崧不由大吃一驚，說：「啊，馬士英他敢？」

王忠磕頭如搗蒜，說：「皇上，此時此刻，他們有什麼敢不敢的，還是速走為妙，遲了就著人家的道兒了。」

朱由崧心裡清楚，大臣們已不奉召，他這個皇帝便成了真正的孤家寡人了，三十六計走為上，可往哪裡去呢？

王忠說：「眼下靖南伯黃得功在蕪湖，兵強馬壯，不如先去蕪湖。」

朱由崧此時方寸已亂，只好聽王忠安排。

多鐸終於督率八旗鐵騎進入南京城，時在順治二年（一六四五）五月十五日。

江南五月，柳綠桃紅，才過三十的多鐸，做夢也沒想到關內河山，是如此遼闊，江南山水，是如此美麗。這以前，他和十四哥多爾袞曾多次化妝深入內地，但最遠也就是在山東、河北一帶，雖廣袤數千里，遠勝東北多多，可沒想到，那還只是在關內走了一個小圈，十三行省，才走了不到六分之一。不想一到江南，眼界為之一新——這裡雖新遭戰火，可就從那些殘垣斷壁中，也能看出當日的規模，從片片餘燼中，也能想像出昔日的繁華——如此花花世界，為什麼才為我有啊！

但他轉念一想，自家愛新覺羅氏出身東北一守邊小夷，穴地而居，茹毛飲血。太祖爺從明朝一邊將的家奴做起，後來雖然發跡了，也不過一部落酋長，雖屢次與明朝構兵，但屢次想與明朝媾和，甘願稱臣，只求地位略高於蒙古酋長，就是這樣，明朝皇帝仍不答應。想不到今天，他們朱家的子孫被我們趕盡殺絕了，整個江山也是我們的了，我們愛新覺羅氏臥薪嘗膽，不也才四五十年嗎？天下事，真是不怕做不到，只怕想不到啊！

堂堂大明，擁有如此廣袤的土地，如此富饒的城市，如此多的能人，竟然被我一守邊小夷滅了，其實，他們只要稍稍認真一些，稍稍清醒一些，不要如此作踐自己的臣民，不要如此暴殄天物，我們哪是他們的對手啊！

此時此刻，多鐸真是心雄萬夫，目空一切，「吾可取而代之」的壯志有了，「立馬吳山第一峰」的豪情也有了。

早在多鐸一軍的前鋒下丹陽，西趨句容，於十四日抵南京城下時，南明的忻城伯趙之龍、魏國公徐允爵、大學士王鐸、禮部尚書錢謙益，就冒雨至清兵駐紮的郊壇門迎降，以攝政王多爾袞、豫親王多鐸名義發布的告示，便張掛通衢。

多鐸定在十五日正式進城。這天，南明的文武百官都迎候在城外，他們焚香頂禮，拜伏道左，計有勳戚、大學士、尚書、侍郎等三十一人，都督十六人，提督一人，副將五十五人。

看著面前這班降臣，密密麻麻地跪著，說著十分動聽的恭維話，多鐸很是厭惡。這也是所謂「衣冠之士」啊，他們平日口談忠孝，什麼主憂臣辱，主辱臣死。可眼下呢，你們的主不是死的死了，受辱的受辱嗎，你們為什麼不能死呢，像史可法那樣，雖不成對手，也拼到最後一人呢？真是好話說盡，壞事做絕啊！

他想跳起來罵人，狠狠地罵，罵得這班人狗血淋頭，但又找不到由頭。

恰在這時，忽然發現迎降的人群中，有一人竟然也剃了髮，蓄了辮，不覺好奇，乃在馬上用鞭子挑起他的髮辮，問道：「你是何人，為何也剃髮蓄辮？」

此人正跪著，戰戰兢兢的，一聽頭上有人發問，趕緊抬頭一看，見是一個身穿蟒袍、頭戴三眼花翎的王爺，不由連連磕頭道：「臣乃前明左都御史李喬，今日迎降，為表誠心，特剃髮蓄辮，以示區別。」

多鐸一聽，不由揚起鞭子，劈面將這個李喬猛抽一鞭，又用鞭梢指著他的鼻尖大罵道：「李喬，聽說你們南蠻子是最講禮義的，就是寡婦改嫁，急不可耐，起碼也要夫死百日方可，眼下弘光不是還未死嗎，怎麼就等不及了呢？真是無恥已極！」

罵著，不由又一連抽了李喬兩鞭，打得這個李喬面紅耳赤，不敢作聲。

接著，多鐸立刻令隨軍記室，發布一道告示，略謂：

剃頭一事，本國相沿成俗。今大兵所到，剃武不剃文，剃兵不剃民，爾等毋得不遵法度，自行剃之。前有無恥官員，先剃求見，本王已經唾罵，特示。

多鐸進入南京的第七天，傳來黃得功在蕪湖戰死，朱由崧被俘的捷報，十天後，這個弘光帝被押解到南京。

進城時，他乘一頂無幔小轎，雖蒙著頭，身穿藍布衣，用油扇遮面，但還是被南京城的百姓認了出來，百姓們恨他主政不到一年，卻做了不少壞事，特別是還姦死不少幼女，於是爭相唾罵，且有投瓦礫者。

弘光朱由崧完了，又是一個由字輩的。接下來，還有璐王、唐王、魯王以及永曆帝朱由榔等，他們仍被先後擁立，盤據一方，撐起殘明的破旗，想延續朱家帝脈，但明眼人都看得出，朱家氣數已盡，這班姓朱的，一蟹不如一蟹，像隨風的落葉、泛起的沉渣，能飄浮得幾下？但江南的衣冠士族，又怎能因此而抹去胸中那民族情結？於是，鄭成功、張蒼水、陳子龍、夏完淳等等等等，一個個前仆後繼，「毀棄身家，上滅宗祀，斷頭碎骨，浩然不顧」，許許多多驚天地而泣鬼神的悲劇故事還才開始。

爝火燃回春浩浩，烘爐照徹夜沉沉——以天下為己任的讀書人啊，好癡呵！

5 哀大順

在武昌城一座破敗的小廟裡，李自成仰望著樑上的蛛網，輕鬆地歎了一口氣——幾個月來，他今天算是美美地睡了個好覺。

左良玉擁兵東下，雖使金陵的馬士英驚惶失措，卻也便宜了一個人，這就是從襄陽逃出的李自成。

李自成由武關出河南，從南陽、鄧州南下，乃棄新野，走樊城，由浮橋直入襄陽，會合了沿途的殘餘大順軍，仍有五、六萬之從，滿以為阿濟格在長安一定會逗留不進，就是要進也會先攻四川，讓那個「大西皇帝」嘗嘗厲害，他也可藉此機會，在「襄京」喘一口氣。不想阿濟格心中只有他李自成，且一個勁窮追，前腳套後腳，銜尾緊隨，從南陽、鄧州一路跟蹤；而吳三桂則自率一軍直插鄖陽府，連下竹山、房縣、保康，大順皇上再不走就要背腹受敵了，只好又放棄「襄京」南下，就在惶惶不可終日之際，傳來左良玉棄武昌東下的消息。

這真是山窮水盡疑無路，柳暗花明又一村——湖廣已經糜爛，武昌卻是九省通衢，既可東下江寧、南下粵桂，也可遠走閩浙，他想，在北方爭不過滿韃子，說不定在南方能尋到一處樂土。可惜的是武昌先遭張獻忠的荼毒，後又被左良玉劫掠焚毀，早成了一片廢墟，人民逃散，廬舍一空。

眼下，他只好把自己的行宮，安置在一所破廟中。這破廟只有前後兩進，兩邊廊舍皆已焚毀，唯大殿猶存。江南的四月，熱時蚊蠅叮咬，涼時寒氣襲人，他擁著錦被，就著地上的一堆稻草，居然一覺到天明五鼓才醒。

睜開雙眼，樑上蛛網密布，陽光從牆上破洞中射入，照在他的臉上，他伸了個懶腰，坐起身子，摸著鬍鬚碴碴的雙頰，竟沾了幾根稻草，這才想起幾個月來疲於奔命，沒有好好地洗過臉，修過面，眼下這形象已無復登極時那大順皇帝的「聖相尊嚴」了，倒真像個名副其實的「草頭天子」。

想到「草頭天子」，不由又想到了宋獻策散布的、只有三年富貴的謠言，想到被劉宗敏殺掉的牛丞相。

那天，劉宗敏提著牛金星父子的頭，前來向他報告時，他望著那顆血糊糊的「牛頭」冷笑了——區區一削籍舉人，無一箭之功，大順朝以天佑閣大學士相酬，進入北京後，牛金星無比風光，坐著八抬大轎，手持大紅灑金扇子出門拜客，廣認同鄉，廣收門生，大順朝何曾虧待過你，可你在我李自成走背字時，卻只想背主私逃，投降清虜，不義之人啊，你也有今天這結局？

由此及彼，他想了很久，越來越感到希望的渺茫和身心的疲憊。心想，滿韃子入關，兵強馬壯，自己一步走錯，滿盤皆輸，重整旗鼓、捲土重來只是畫餅充饑，能擺脫後面滿韃子的跟蹤，在南方找一個安身立命之所，便是如天之福。

然而自藍田與高皇后一別，眼下音信全無，就是高一功、田見秀、劉芳亮他們也無消息。在襄京時，他曾派人打聽過，說是有一支幾十萬人的、打著「順」字大旗的隊伍，從鎮安下漢中，進入四川地界了。看來，這一定是高皇后帶的人，說不定高一功、田見秀、劉芳亮他們也在其中，心想，要是他們能來武昌多好，高氏那樣的女流，李來亨那樣的孩子，這些年跟著自己到處漂流，他們為什麼要吃這麼多的苦呢？若不是劉宗敏苦苦相逼，他們夫妻父子又哪能分開呢？

轉念一想，眼下滿韃子步步進逼，自己身後便拖著一大幫子清兵，李來亨他們不跟在自己身後也好。滿韃子步步追殺，咬住不放，順字大旗太招人顯眼了，李自成三字太炫人眼目了，自己與他們已結下血海深仇，只要自己存在一天，這一班對頭絕不會輕易放過，自己終究有一天會落入他們手中，就是有意淡出江湖，從此隱姓埋名，做一個自耕自食的老土百姓也不可能，你縱能發誓與世無爭，別人也不能相信，再說，如何發付身後這一班追隨者？如何保證他們不想圖你？要知道，滿韃子為購得我這顆人頭，已懸下重賞了，難道又要重演一回黃巢命喪狼虎谷？

——亂世英豪，有勢力時，多少腦袋也被他砍了；一旦失勢，自己的腦袋便也時刻擔心被別人砍，至此，大順皇上李自成算是及身領會到「人在江湖，身不由己」的滋味了。

「娘的，偌大的武昌城，百姓都死光了。」劉宗敏罵罵咧咧地走了進來，往他對面一坐，頭偏過一邊，沒頭沒腦地說，「看來，這武昌也不是久留之地。」

李自成歎了一口氣說：「這也難怪，武昌雖為湖廣首府，但幾經兵燹，先是張獻忠一燒，接著又是左良玉一燒，都是空前絕後，不留孑遺，活著的不走又待如何？你就不想想，眼下的長安，只怕和這裡也好不了多少。」

劉宗敏說：「那，我們打算在這裡待多久呢？」

李自成仰頭望著樑上的蛛網，心中盤算，要是能守個十天半月，高皇后和高一功他們或許就趕到了。但是，據探馬報導，自己撤離襄京後，滿韃子便跟著來了，承天、安陸、德安等府縣都陸續失陷，眼下大概連孝感也危險了，若有十天半月的耽擱，到時可就脫不了身了，想到此，他用商量的口吻說：「你看最多能待多久？」

劉宗敏知他想等高皇后，想等高一功合兵，但高皇后、高一功來了，與自己有什麼好處呢？想到此，不由沒好氣地說：「你問我嗎，我是一天也不想待，這形勢，走到哪裡都是死路一條。」

一聽這話，李自成不由深感震驚。自從棄守北京後，劉宗敏在他面前就再也沒有稱過皇上，有時是稱他「自成」，有時乾脆就沒名沒姓，李自成把這一切都看在眼中，心裡早生出十二分悔意。他想，當初就是劉宗敏極力主張要走，什麼我們一走，清兵便會南下攻四川，他是不打算走的，當時他本有個想法，這就是留在陝北，雖說重兵壓境，但陝西畢竟是自己的老家，天時地利人和，一一佔盡，且連著河西數十州縣，分散活動，迴旋餘地大得很，他佔東，我往西；他南來，我北往，相互呼應，相互救援，玩一回貓抓老鼠的遊戲，說不定誰吃了誰。可劉宗敏偏偏不信，不守陝西要往湖廣，眼下又說出這麼洩氣的話，這不是成心要亂軍心嗎？想到此，他不由責備道：「你怎麼這樣說呢？眼下滿韃子雖然厲害，但天下大得很，只要我們能捆緊把子，齊心協力，就不與他們爭天下，佔山為王，稱霸一方總還行吧。」

劉宗敏心想，時至今日，再談齊心協力有什麼意義？當初若不對老子生疑心，阻止老子帶兵去山海關，能有今天嗎？越想越氣，乃不望他，只死死地盯著大門，長長地歎了一口氣說：「哼，齊心協力，眼下說齊心協力不是太晚了嗎，早知今日，何必當初？」

李自成一聽這話，雖然怒火攻心，卻盡量裝出笑臉，仍用平日開玩笑的口吻說：「哎呀呀，鐵匠哥哥，你今日怎麼啦？是不是又在想那個陳圓圓呢？」

劉宗敏一聽陳圓圓三字，胸中的氣更加不可抑制了，他猛地站起來，連連冷笑說：「你不要再來這一套了，我已看夠了！」

說完轉身就走。這時，李錦剛好從外面進來，與劉宗敏撞個滿懷，李錦見他氣色不對，正要問他，不想劉宗敏卻只「哼」了一聲，便頭也不回地走了。

「哼！」李自成此時仍氣得胸膛起伏如蛙鼓，他望著劉宗敏的背影，吐了一口唾沫，狠狠地對李錦說：「此人已變心了，只怕是想投滿韃子，你趕快想法子吧，若動手晚了，可要後悔了。」

李錦遲疑著說：「這些日子，侄兒一直在思量這事，只因劉體純等人都向著他，侄兒一時下不了手。」

李自成低頭思量了好半天，終於有了主意，說：「眼下辮子兵離我們尚遠，我們不如打出口號，做出在武昌堅守的樣子，尋機將劉體純派往孝感，只要將二劉分開，他便沒有幾下折騰了。」

李錦連連點頭說：「這是個好主意，其餘的事，就交由小侄辦好了。」

劉宗敏回到自己的營帳，越想越不是滋味。這些年，自己追隨李自成，歷盡千難萬難，別人擺功是肉屁股磨破了幾副馬鞍子，手在刀把上磨出了繭花花，而他劉大將軍吃的苦、受的罪，可不能拿馬鞍子和繭花花來衡量，得用死過多少回來計。李自成自稱大元帥後，便很少親冒矢石了，危險的地方，多是他劉大將軍出頭，這些年，合曹操，除曹操，合左革五營，吞併左革五營，十三家兵馬自相殘殺、組合，起起散散，多少曲折，多少風波；兩軍陣前，刀光劍影，哪一仗不是血流成河？就是自己這一身傷，哪一處不是驚心動魄、死裡逃生的故事？李自成想不到的地方他要想，李自成偶有閃失他得出而補救，哪一回不是貼心貼意？萬萬想不到的是，李自成走順風後，便對他猜忌起來，待退到長安，簡直就把他當外人了。事事只與李錦、高一功、田見秀等人說，既不讓自己有獨當一面的機會，也不採納自己的意見。那麼，自己熱臉皮去蹭人家冷屁股，又有什麼意義？

他越想越惱火。劉體純聽他訴起苦情後，很是同情，但礙於君臣名份，只好勸他，他卻長長地歎了一口氣說：「夥計，看來，我們當初都錯了，姓朱的坐天下近三百年，還是有很多好處讓人想的，就是崇禎，也不是一個壞皇帝，我們這麼打來打去，全是瞎忙乎。眼下他竟說，不能與滿人爭天下，便還可佔山為王，稱霸一方，我問你，你還願意去當那個山大王嗎？」

劉體純一怔，說：「哎喲我的哥，時至今日，你怎麼還說這樣的話？」

劉宗敏順手扯起身邊的酒罈，給劉體純倒了一大碗酒，又給自己也倒了一大碗，向劉體純舉了舉，先喝了一大口，然後說：「老弟，這不是平白無故，而是早有想法了，你看我們的這位，像是出天子的氣概嗎？」

劉體純一驚，尚未開言，他又自問自答說：「按說，我應該早就清楚，他根本就不是真命天子，想當初，我和他被困破廟，一連求了三卦，不是陰便是陽，這不是神靈早有預示嗎？」

劉體純先向左右望了一眼，然後說：「家門哥哥，快莫說了，不管如何，我們君臣名份已定，且跟他十多年，就是有錯，大家都有份。再說，他既不像真命天子，我們未必就有封侯拜相的命。這些年，到處闖蕩，殺人放火，什麼造孽的事沒幹過？要說那個闖塌天，他算什麼闖塌天，只有我們才算得。在世人眼中，我們已是十惡不赦的人了，你還想有什麼好造化？信小弟的，跟著混。」

這以前，劉體純只是個腳夫，在口外拉駱駝，既辛苦又賺得少，後來，他拉的貨被土匪搶了，賠不起，只好跟著那班人當起了刀客，再後來跟著李自成造起了反，當上了三品右果毅將軍，比較起以前當腳夫哥，他還是很滿足的。可劉宗敏卻不同意這說法，他說：「也不然，這些年，我的確殺人不少，也殺膩了。有道是強盜修行做好人，我們就不能也做好人麼？」

劉體純想，若明朝不亡，朱家便仍是正統，那自己便仍是反賊，千古罵名便仍少不了的，怎麼才能強盜修行做好人呢？

劉宗敏咕嘟嘟喝下一大口酒，抹了抹鬍鬚上的酒沫，說：「若站在明朝這邊看，我們逼死了崇禎皇帝和周娘娘，已是罪惡滔天了；不過，像梁山寨一百零八條好漢，劫皇槓、鬧東京，不是也犯下了彌天大罪麼，可我記得他們後來還是受了招安的，再後來就征遼、征方臘，落下了千古美名，我們不也一樣麼？眼下滿韃子入侵，明朝也是用人之際，我們若能接受招安，北伐滿清，不也一樣能流芳千古麼？」

劉體純說：「我的大將軍，要說罪，我們可比梁山寨的人犯得更大，我們不但逼死帝后，還拷掠百官，砍得老財人頭滾滾，那班人還不恨死了我們？」

劉宗敏輕鬆地笑了笑，說：「這個，老弟你就不懂了，要說我們拷掠百官，那是為崇禎皇帝報了仇，那一班貪官污吏，不但我們恨，就是崇禎，對他們也是恨得牙癢癢的，我們是替他出了氣。」

劉體純聽他這麼一化解，不由也想到了招安，但一想起李自成還在，手下還有那麼一班死心塌地跟他的人，那顆心不由又涼了。

當下二人邊飲邊談，不知不覺間，竟把那一罈老酒喝了個底朝天。

6 末路

李自成、劉宗敏各自在打小算盤時，他們何曾想到，就在距武昌不遠的蔡甸鎮，阿濟格正布置數萬大軍，連夜突襲武昌。

阿濟格奉旨西征時，因在口外停留，受到多爾袞傳旨申飭，所以他雖嘔了一肚皮的氣，卻也不敢懈怠，拿下長安後，便躡蹤窮追。

隨著大順軍的文武百官的不斷來降，他對大順軍的情況已是瞭若指掌，知道從鎮安溢走的一支大順軍只是偏師，而直奔襄陽的才是主力，李自成眼下身心疲憊，一頓窮追便可掃穴擒渠。所以，他一邊派出吳三桂趨漢中攔截那支偏師，一邊率主力水陸並進，佔領襄陽後，也沒有久留，披星戴月往前趕。

這時天氣越來越炎熱了，這是阿濟格最不堪的。因連日馬上奔波，沒有很好的休息，他的雙腿及雙腋開始紅腫，長出大塊大塊的紅痞塊，奇癢難熬，搔多了便出血、潰爛，連騎馬也不便。眼看緊走慢趕，李自成就要被活捉了，這是最後一戰了，他不願放棄這個好機會，萬般無奈，只好令人用竹子綁一副擔架，架在兩匹馬背上，他躺在上面，讓馬抬著前進。

幾天時間，他指揮各軍，分三路連破孝感、黃陂、漢川，自己親率主力直指武漢，待追過蔡甸，武漢三鎮已隱然在望了。這時已是黃昏，人疲馬乏，隊伍停下埋鍋造飯，阿濟格腆著大肚子，邁下滑杆，一邊搖扇，一邊走到前面一棵大樹下，把那個嚮導喚來問情況，直到這時，他才知道，此地已屬漢陽縣地界，距府城不過四五十里了。

一聽此地已是漢陽縣了，阿濟格不由記起北邊攻黃陂的鼇拜有文報來，說今天可趕到漢口近郊，這麼說，兩支人馬眼看就要在武漢會合了，不由心中高興。這時，晚飯已熟，行軍之際，也講究不得，一個巴牙喇兵為他端來一大碗肉末湯，另一個兵端來白麵饅頭，他正就湯吃饃，都統勒克德渾貝勒端著一隻大大碗公，抓著一個饃走了過來，說：「王爺，前面就是武漢三鎮了，您可知道？」

阿濟格說：「正在想這事呢，晚間天氣涼爽，我們不如連夜趕赴武昌，若流寇未走，可殺他個措手不及，若已東走，則在武昌休息兩天。」

勒克德渾說：「奴才也正是這麼想的，我們這一路緊趕慢追，流寇已被追得鼇勾子蹚渾水了，眼下漢川才丟，他們一定還來不及走，我們若連夜窮追，說不定可將李自成生擒。」

阿濟格說：「這確實是好主意，但不知尚可喜率領的戰船，是否跟上來了，若得水師配合，可防李自成從水上逃脫。」

勒克德渾說：「他們沿漢江而下，過漢川時，還在步兵的前頭，就說水路轉了個彎，也應相距不遠。我們可一面行軍，一面派人通知水師配合。」

阿濟格一想，這個辦法不錯，於是立刻傳令，將翁古、札喀納、富喇塔等戰將召來，布置連夜突襲。

這裡李自成雖不知危險已近在眼前，但為了安全，他早已將金銀細軟搬到了船上，自己也睡到了御舟上。梅雨時節，天氣悶熱，長江水面，蚊虻特多，簡直是你搶我奪，兩個護衛環繞，輪流為他持扇趕蚊，仍時不時被蚊子叮醒，到天明時，天氣轉涼，才朦朧入睡，就在這時，江面上響起了隆隆炮聲，接著便火光沖天，喊殺聲、海螺聲大起。

多年的戎馬生涯，養成了他良好的習慣，所以，哪怕再疲勞，只要一聽喊殺聲，他立刻便能清醒，此時一聽這熟悉的、恐怖的海螺聲，先以為敵人只是從陸地趕來，不想隨著火光沖天而起，這才發現，不但陸地上有敵情，水上也有——清兵的大隊戰船，「嘟——嘟」地吹著螺號，從上游順流而下，速度快的，竟已衝到了他那御舟的前面，火光中，映著大隊辮子兵，就如神話中的妖兵，跳躍著，一邊用強弓硬弩或鳥槍直射，一邊怪叫著，向靠得近的船隻扔火藥包，大順軍的大隊戰船，差不多都已起火。

李自成見此情形，馬上下令開船。俾將李四喜手腳忒快，幾下便將甩在岸上的鐵錨收起，又跳下水將御舟推離了岸。此時水面無風，敵船皆是輕舠快艇，兩支槳搖著，像飛燕掠過水面；可御舟體大，一時又聚不齊人手，雖有李四喜親自搖櫓，可仍落了後。好在這時已有幾艘戰船終於從火海中衝出來，擋在這些快艇前面接戰，這才免讓御舟正面受敵。

李自成立在御舟上，望著自己的船隊化為一片火海，船上的人，被燒殺得紛紛落水，而岸上的喊殺聲、海螺聲，更是如陣陣海濤，一浪蓋過一浪。心想，完了，水陸兩師全完了，我們只怕是逃不出這一劫了，李錦在哪裡呢？

這時，敵人的輕舟快艇越來越多，他們似乎已發現李自成在這條船上，為了搶頭功，大小二十多條快船成扇形排開，拼命划著，再次衝到了前面，攔江要擊。那射過來的羽箭，落在水中、船篷上，只聽一片「沙、沙」聲，不時有中箭的人慘叫著落水。

李四喜手臂上已中了一箭，鮮血直淌，但也顧不得了，且戰且退，聽水流舟，被糾纏了二十多里，敵軍仍是不退。這時，李四喜見岸上喊殺聲漸息，而水上敵船越來越多，於是下令棄舟登岸。

御舟上，載有李自成的烏龍駒，大家七手八腳將李自成扶上烏龍駒，也不管天南海北，有路便走，清兵見他登岸，也跟著追上岸來。李四喜見此情形，在烏龍駒的屁股上，狠狠地抽了一鞭，然後抽出寶劍，返身迎了上去……

天明時，烏龍駒載著李自成，來到一處地方，身後才二十幾個小兵，卻不見李四喜。他問身邊的小兵，有人說，李四喜返身阻擋追兵時，被敵將亂刀砍死。李自成一聽李四喜為保護自己而死，不覺傷心至極，但眾人都勸他不必傷心，趕緊尋路去與大隊會合，不然，就是遇見鄉勇，恐怕也難以應付。

可此時此地，水天茫茫，蘆葦叢生，只有一條小道可走，他們只好順著小路往前走了許久，這才見所走的路漸漸寬敞，但仍然不見人家。

李自成又擔心，又害怕。身邊這二十幾個人，雖然都是他的親軍護衛，但處此非常時刻，誰也不能信誰；尤其是隻身逃出，雖有銀子，卻沒有吃的，荒山野嶺，如何擺脫困境？

看看日頭當頂，分明是中午時分了，人乏馬饑，挪不動步子，李自成看見前面有一片樹林，便於隱蔽，於是讓大家進林中休息，這班人累得渾身像散了架似的，得了命令，馬上鑽進了林子。

李自成此時雖然也很乏，但卻絲毫沒有睡意，乃下馬坐在林子外，一人想心事。就在這時，只見大路上出現了一彪人馬，零零落落，約萬餘人，為首一人，正是右果毅將軍劉體純。李自成此時一見劉體純，真不啻上天降下的保駕將軍，趕緊跳出林子打招呼。此時，劉體純也看見了他，於是幾步跑過來，君臣相見，不由抱頭痛哭。

這時，眾將士都圍上來了，大家在慶幸死裡逃生之餘，便說起各人的遭遇。李自成急於知道侄子李錦的下落，可這一部分人馬與李錦駐地不在一處，所以說不出所以然，但對他人情況知道得很多，據劉體純的一個親兵說，劉宗敏因喝得爛醉，辮子兵殺來時，他還沉睡未醒，於是，眼睜睜地望著他被辮子兵俘虜——這個撞了一輩子大運的陝西漢子，視戰場如賭博的大將軍，此番是徹底賭輸了，把自己的命也搭上了；至於其他人，如帥標副威武將軍黨守素、帥標左威武將軍辛思忠等數十員驍將，大多戰死的戰死，被俘的被俘，水師是全軍覆滅，陸師除了劉體純帶出來的這點人馬，其餘只怕全完了。

李自成得此消息，五內俱焚，大叫一聲，昏暈過去。

等李自成醒來時，他已躺在帳篷裡，劉體純正守在他身邊。見他醒來，劉體純趕緊令人端來一碗稀粥，讓他喝下。他還是昨天晚上吃的東西，可此時此刻，卻沒有半點味口，不想吃任何東西，一閉上眼睛，便是屍橫遍野的場面，耳中便是哭喊之聲。

第二天，隊伍繼續南行。

如果說，在武昌時，他的腦子中，還有一個順流東下寧國、徽州，去南明統治下的閩浙，奪一處安身之地的幻想的話，眼下卻是一片茫然了，東去的路已被阿濟格堵死了，再說，憑這少得可憐的一點人馬，怎麼能去閩浙爭地盤呢，滿韃子這麼強大，高皇后他們一定也吉少凶多，那麼，自己還留戀什麼？

聽劉體純說，因張獻忠在這一帶殺戮很慘，湖廣人民，對流寇恨之入骨，一聽陝西口音的人，便逃得遠遠的，他派出幾隊探路的、打糧的，都遭到民團的襲擊，大多被殺死，只有少數人逃回來。

李自成坐在他的烏龍駒上，望著前後左右一個個唉聲嘆氣的兵，眼前一片空空，心中百無聊賴。黃昏時，隊伍來到一座小鎮，鎮上的人已逃散一空，他們衝進去，尋到一些吃的，於是下令埋鍋造飯。

劉體純好容易從一處地窖中，尋到一個躲藏著的老人，費了很大的勁才問明，此地名金牛鎮，右邊水港縱橫，左面有大道可去興國州、九江，劉體純請示李自成，是繼續南行去湖廣，還是走東南去九江？他想了想說：「眼下東下九江的路必為滿兵所控制，我們不能去那裡，只能南下去岳州府或常德府。」

劉體純說：「據臣想來，我們也只有這條路好走，可就是不熟道路。」

李自成說：「這樣吧，先在此地歇宿一晚，明日再做決定如何？」

劉體純想了想，也只好如此。

於是，隊伍就在小鎮上宿營。村中有一處大瓦屋，家中陳設尚可，劉體純想讓李自成的行宮設在此處，李自成卻執意住在村南頭一家小店中。劉體純心想，住在村口是個好主意，敵人若從北面襲來，他可迅速往南邊撤走，於是，也就沒有勸諫，他不敢懈怠，除自己緊挨著皇上，又安排了巡夜的兵丁，直到起更時才安心睡下。

不想劉體純太累了，他這一睡下，竟直到天亮才醒過來，此時，早飯已熟，他尋到皇上的寢處，卻只看到一張空床。他以為皇上到哪裡方便去了，便尋到後面的茅房中來，可茅房裡沒有皇上的影子，他又喊來眾人，分散尋找，仍是蹤跡全無。這時，皇上的馬夫報告說，皇上的烏龍駒也不見了，他不由著忙，乃將守更的士兵傳來問話，也說沒有看見皇上出外，他不由令人騎馬四處尋找，可到中午時，尋的人都回來了，仍是毫無下落，至此，劉體純已是絕望了。

皇上失蹤，劉體純猶猶豫豫，不敢率隊離開，在這裡一連等了兩天，沒有等到皇上，卻把李錦等來了。

這時，他才知道，李錦領御營兵馬在岸上遭清兵圍攻，寡不敵眾，他一心惦記著皇上，領著一萬多殘兵，四處衝殺，終於不支敗退下來，因記著皇上乘御舟有可能順流逃到這裡，於是一路探問著來到這裡，無意中與劉體純會合在一起，眼下兩支殘兵合在一起，才兩萬左右，聲勢是大些了，可沒有了皇上，如何是好？

想到皇上是騎著烏龍駒，一人偷偷走開的，李錦和劉體純似乎明白了什麼，這些年，他們一直跟著皇上，皇上是他們心中的旗幟，是他們的依靠，一旦沒有了皇上，這支隊伍何去何從呢？

突然，劉體純記起在武昌時，劉宗敏和他說過的話，立刻就有了主意，不由偷偷和李錦說了，李錦覺得除此之外，也沒有其他的路好走，便依從了他——這支大順軍，後來在李錦、劉體純等人帶領下，終於在長沙府的湘陰縣，接受了南明湖廣總督何騰蛟的招安，合力抗清。

山澗陽雀唱，人間五月天。湖廣一帶，飽受兵燹的人民，乘著大兵過後的空隙，又在種陽春了。陌上桑間，三三五五，散落著他們的影子，牛沒了，就用人背犁；春荒難度，卻從牙縫中，省下了今年的種子。八十歲公公打藜蒿，一日不死要柴燒。人活著，就要吃糧，就要穿衣，他們不做，誰來做呢？儘管他們明白，他們辛勤種下的，誰吃得最多，誰吃得最少，卻不明白，怎樣才能真正擺脫這苦難的命運，怎樣才能找到真正的公平，但他們仍這麼信心百倍地過下去，撐起一片藍天，養活一群蝥賊。

老天爺，你年紀大，
耳又聾來眼又花。
為非作歹的享盡榮華，
持齋行善的活活餓煞。
老天爺，你年紀大。
你不會做天，你塌了罷！

田中的漢子打起了山歌，歌聲滄涼而又悲壯，唱出了他們心中壓抑已久的怨恨，也流露出他們對於「老天爺」的無可奈何。希望啊，希望，希望你這「天」「塌了罷」。

李自成孑然一人，穿行在山間，透過茂密的樹叢，可聽到這怨而不怒的山歌小調，可享受這妙不可言的田園風光，好久沒有看到過這種男耕女種、載歌載舞的場面了，好久沒有嗅到這種純淨的泥土氣息了，濃濃的鄉情，油然而生，立刻想到了陝北，想到了黃土高原的故鄉，我的跳不出苦海、擺不脫厄運的父老鄉親呵，你們也在播種陽春嗎？

翹首西望，藍天白雲，萬里關山，家在何處？他就這麼感歎著，漫無目的地走著，也不知危機正一步步靠近……

紅塵滾滾，歲月無痕，說什麼是非成敗，說什麼榮辱死生，何況他就是不死，人生最重要的、最閃光的一頁已經翻過去了，此時的李闖王，活著比死了更慘，遲死比早死更悲，既然如此，這一副軀殼，究竟丟在何處，又有什麼意義？須知此時的中原大地，一個嶄新的王朝，如一輪噴薄欲出的紅日，正冉冉升起；悲然後歡，離然後合，新的故事，新的人物又在誕生，它更能吸引世人的目光。空間有限，時間無情，還有誰再去關心李闖王的人生軌跡？他的名字，已成為一個歷史符號，只有被壓榨得喘不過氣來的泥夫、土夫們，當撐著鋤頭把望天時，才會偶然歎息道：李闖王呵，李闖王！

十四
攝政王爺

1 床底下掄斧頭

阿濟格關於李自成全軍覆滅的奏報到京不久，多鐸直下揚州的奏報也到京了，多爾袞讀著這些捷報，那一份高興勁，真是難以形容。

這天他正在府中批閱公文，隨著乾清宮修竣，皇極殿、文華殿隨即動工，因一時木料緊缺，有前明文華殿中書舍人張朝聘，獻大木千株，助修宮殿。此人自認有功，竟主動上疏，說起自己的捐獻之功，娓娓道來，沾沾自喜，並自請議敘——要求朝廷授予他官職。

這份奏章由工部代奏，多爾袞讀著，不覺好笑。他明白，這個叫張朝聘的人，一定是看錯黃曆了，花銀子可以買官，捐獻木料也可議敘，這是明朝的規矩，清朝可不能開這個例，此例一開，便會立刻出現「官可錢買，政可賄成」的局面。那大清還不得步明朝後塵？

想到此，他立刻提筆批道：用人唯以才德，豈有因捐助授官之理。此木原從何來，著經管官察明，酌量給價。

寫完後，自己看了看，覺得言之成理，便放在一邊，接著看下面的。下面一篇奏疏是陝西巡撫雷興上的。雷興是阿濟格部將，隨阿濟格出征，清軍佔領長安後，便命他出守漢中，負責對四川張獻忠的警戒。這一篇奏疏，就是專談他所獲得的、有關張獻忠的動靜。

自李自成殄滅，稱雄一時的流寇，而今算張獻忠碩果僅存，也成了多爾袞統一中國大業的最大的絆腳石，下一步的目標，就應是以張獻忠為主。想到此，多爾袞不由興致勃勃地拿起這份奏疏，細讀下去。不想這一讀，先是毛骨聳然，繼之又是大大的不解。

比較起李自成的大順軍，張獻忠的大西軍紀律最差，在湖廣一帶燒殺搶掠，造成十室九空的局面，這些情況，多爾袞已從一些奏報中看到了，但他沒有想到，張獻忠在四川倒行逆施，遠比在湖廣為甚——他自去年從岳州西上後，敗南明各地守軍，連克夔州、萬縣、梁山，然後深入川中腹地，縱兵四處攻掠，在四川的朱姓各王統統被他殺掉，這且不說，擁兵與他對抗的南明官員被殺，這也可理解，可連望風歸附的百姓，也難逃一死，卻令人不解了。至今年，張獻忠殺人花樣翻新，不但連自己任命的官員也可無緣無故被殺，且遍試酷刑，什麼炮烙、寸磔、剝皮楦草，應有盡有。乾兒子孫可望曾經勸諫道：有王無民，何以為國？他聽不進，仍嫌殺得太少，自己坐鎮成都，令部將四出亂殺，將殺死的人的腿砍下，壘成寶塔，寶塔成，還缺一個頂，他的愛妾在一邊開玩笑說，妾這個小腳何如？他立刻拔刀，將她的小腳砍下，壘上去，到後來，他竟然乘醉將自己唯一的親生兒子也摔死了，說自己英雄一世，兒子不能讓他人殺……

多爾袞看到這裡，只覺背脊一陣陣發涼，心想，上天為什麼會生出這樣一個混世魔王來呢，張獻忠是不是發瘋了？轉念一想，有什麼不解的呢，他其所以這樣做，是因為大清的迅速定鼎中原，他看到江山無望了，自己得不到的東西，也不願別人得到，日暮途窮，倒行逆施，這心態，展現在他的同伴李自成身上，便是放火——如此巍峨壯麗的紫禁城，就這麼一把火燒了。

想到此，多爾袞認為，得速定入川大計，再不入川，四川人可就被殺光了。

那麼，派誰入川呢？正想著，手已下意識地拿起又一份奏疏，這是英親王阿濟格來的。

阿濟格在武昌大破大順軍後，接著又在銅陵附近，接受了左良玉之子左夢庚的投降，左夢庚雖在板子磯被黃得功殺敗，但此時仍有兵十餘萬，大小船隻四百餘艘。這於阿濟格無異於意外之財，順手牽羊所得，但他在奏疏中卻大肆鋪排，將自己如何料敵決戰，迫使敵人不得不降的經過大吹了一頓。

多爾袞是何等精明之人，他從這篇閃爍其詞的奏疏中，看出自己哥哥的作假，但不想點破他，正要提筆對他例行嘉獎，不想阿濟格在後面還附了一個夾單，竟向他提出：南邊苦熱，從征將士多不服水土，急盼班師或換防，最後竟說：「零星小賊散處，綏靖之日方長；綿綿瓜代無期，將士久而生怨，望妥選能員，速來接替；臣事已蕆，克日班師。」

多爾袞看完這份口氣十分倨傲的奏疏，不由火起，心想，這個十二哥真是太不成材了，此番西征，大順軍已是殘兵敗將，加上多鐸應對的，是大順軍的主力，他因而沒有打一場惡仗，就如摧枯拉朽一般，多鐸出征在後，反先一步逼近長安，李自成已撤走了，多鐸不進長安城，這等於是把一個天大的功勞，讓與自己的親哥哥，阿濟格是跟在人家屁股後面撿，盡揀便宜。眼下李自成雖然已滅，不是還有張獻忠嗎，移阿濟格一軍入川是順理成章的事，戰事正未有窮期，為國家立功的機會還在等著他，怎麼就想到要班師呢？什麼將士久而生怨，須知他這是拿將士當擋箭牌，實際上是自己想回京師。

他本想提筆，狠狠地將這個十二哥大罵一通，可又於心不忍，畢竟是自己的親哥哥啊，尤其是此事傳開，豈不讓人家看笑話？但轉念一想，此事若是不予理睬，別人一定有話說的，以攝政王一人代天攝政，取代過去的諸王議政，這雖是代善和濟爾哈朗共同提出來的，諸貝勒、貝子一致贊成的，但究其內心，這班人未必願意他一人大權獨攬，他們窺伺於一邊，只要你有錯處，是一定不會放過的，阿濟格出征時，繞道蒙古鄂爾多斯、土默特地方索取馬匹，代善和濟爾哈朗就曾為此大做文章，此番若是放縱了阿濟格，還不鬧個一佛出世？

左思右想，左右為難，他不由想到了豪格。豪格奉旨去了山東，當時，山東土寇蜂起，幾乎全是打著李闖王旗號，兗、沂、鄒、滕所屬州縣，有土寇數十支，其中滿家洞一支擁眾達數萬，但豪格到任後，竟督率各部，將這些土寇一一消滅，並誘斬寇首宮文彩等二十餘人，山東隨即平定下來了。

他想，憑心而論，豪格戴罪立功，確做出了成績，而阿濟格卻是個窩囊廢，自己既然主持大小政務，若不能處以公心，又何以服眾呢？

他想了又想，又把筆提了起來……

幾天後，多鐸下揚州，殺人盈城的消息便透過各種管道傳到北京來了，當然，報導這消息的人在數說多鐸屠城的同時，也說他在史可法殉難處，修起一座史公祠來表彰這位不屈的南蠻子。

這天，因不是朝會之期，多爾袞就在自己府中翻閱塘報，一連看了幾份有關江南的消息，心中不由暗暗吃驚，萬不料自己信任的十五弟也會來這一手——南明小朝廷絕不會輕易歸服，這是自己心中有準備的，但到頭來是如此殺戮收場，他仍感到心驚肉跳，這個十五弟，出征時，自己千叮嚀萬囑咐，江南為歌管繁華之地，詩書禮義之鄉，全國的賦稅漕糧，多半由此；泰山北斗級的文人學者，也大多來自江南，能收復江南士子之心，天下便不難底定了，反之，縱然暫時征服天下，也不能保證海晏河清，可這個十五弟，怎麼把十四哥的話丟到腦後去了呢？小小的一座史公祠，就能掩蓋八十萬士民的鮮血嗎？他想，多鐸做這樣的蠢事，要麼是太順利了；要麼是因受到了抵抗，丟了面子，可就為一個史可法，竟下如此狠手，值得嗎？

但多鐸不是阿濟格，此番出征，他連下河北、河南、陝西及江南數十名城，厥功甚偉，揚州的殺戮，事非得已，可不能因一眚而掩大功。

想到此，他正準備給多鐸寫一封長信，向他發出警告，因為後面的日子還長著呢，不想就在這時，門官來報：工部尚書星內請見。他只好放下手中筆，迎了出來。

還在更衣時，多爾袞便在想星內拜府，所為何事？一下就想到由工部負責的、皇極殿、文華殿的修復，心想：星內父子兩代負責工程營造，父親負責督修盛京的宮殿，工程較為馬虎，此番可不要像父親。

賜座後，多爾袞先問道：「皇極殿定在哪日動工？」

星內又站起來，雙手一拱，說：「臣稟攝政王爺，自乾清宮工程告竣後，臣對這班工匠進行了甄別，汰去了一些不中用的，留下了有能耐的，眼下五行八作的工匠諸已到齊，連油漆、彩繪等材料，也一應齊備，可就是木料奇缺，前已派人往東北老林採辦，無奈路途遙遠，一時緩不濟急。」

多爾袞一聽，記起前兩天的批示，於是說：「你們工部不是已報上來，說有個叫張什麼的人，願報效大木千株嗎，難道還不夠？」

星內正是為張朝聘一事來的。原來這張朝聘願報效大木的事，是透過原工部一個司員聯繫的，張朝聘本是個木材商，但官癮極大，在前明的天啟朝，皇帝喜歡做木匠，派人到處採購木料，他曾向魏忠賢行賄，也是以報捐木料的名義，弄了個內閣中書的官，明朝亡了，清朝興了，前明的官員可官復原職，但他出身捐班，且是虛銜，報到時，吏部不予承認，他不甘心，打聽到皇極殿維修，木料緊缺後，便找到工部，說願報效大木千株。

星內一聽，有人願意報效，且是千株大木，真是求之不得，更讓他高興的是，跟在這個張朝聘身後自願報效的，還大有人在，只要張朝聘做了官，跟著便會有人報效這、報效那，星內想，這是好事，何樂而不為，至於他後面附加的條件，星內也清楚，內閣中書，才一個七品官，且是虛銜，並非實職，覺得自己可以作主，本想馬上答應他，但轉念一想，攝政王功令森嚴，這麼輕易答應究竟妥不妥呢？正在猶豫，不想他的老上司、前任工部尚書阿巴泰在場，阿巴泰聽後笑了笑說，一個空頭銜，又不要位子，算個鳥，與吏部尚書喀喀木去打個招呼，讓喀喀木補他一個名字，補發他一張文憑官誥豈不得了。星內一聽阿巴泰說得硬氣，便一口答應了張朝聘的請求。

不想後來星內去與喀喀木打招呼時，喀喀木卻說，此事還是頭一回，無例可援，應該奏報攝政王才穩妥。於是，這才有工部代奏的那一份奏疏，原以為攝政王一定大筆一揮，此事便了，哪知卻被駁了回來。

星內此行，目的很明確，想請攝政王放一馬，賞這個姓張的一個虛銜，這樣可解決大難題，再說，自己已答應了人家，也不好失信，眼下攝政王提到了姓張的，馬上就話回話說：「臣正為此事前來請攝政王爺示下，這張朝聘原本就是前明的內閣中書，王爺去年有旨，凡前明官員，皆可錄用，他因是虛銜，故未收錄，因此，臣本不該答應他，不想那天七王爺恰好在場，聽說此事後，便進言說，此人雖出身商賈，卻也頗知大義，得知宮中營造缺木料，便首倡義舉，你就是如實報到攝政王爺那裡，按理也該獎勵的，不才一個虛銜嗎——」

星內話未說完，多爾袞的火便一下冒了出來，不由不耐煩地一揮手，打斷他的話頭道：「這麼說，此事是七爺的主張？」

七爺便是阿巴泰，他是努爾哈赤的第七子，多爾袞的七哥，封饒餘敏郡王。天聰年間，大臣甯完我主張仿明制，設六部管理政務，皇太極採納甯完我之議，於天聰五年初設六部，由各王出任六部尚書，當時的多爾袞便是首任吏部尚書，七王爺阿巴泰便是首任工部尚書。但多爾袞任攝政王後，為了事權的統一，便取消了諸王分管部務之事，由他任命六部尚書，直接對自己負責，他後來曾有過諭旨，重申不准諸王插手部務。不想此番為了一個小小的七品虛銜，竟扯出他極不願看到的事，此事不管從哪一方看，都是應該防微杜漸的，何況星內這個尚書，就是阿巴泰推薦的呢？

他越想越氣，臉色一下變得煞白。

星內一看，攝政王爺臉色大變，目光灼灼，似乎能噴出火來，才知自己口不擇言，越描越黑，嚇得一下站了起來，哆哆嗦嗦地說：「攝政王爺息怒，此事其實不干七王爺的事，是臣一人的責任，臣的意思是皇極殿工程是大事，而內閣中書畢竟只是一個虛銜，又非實職，就此一回，下不為例，因此臣大膽自作主張——」

此時，鐵腕冰容的攝政王爺，哪還容他把話講完，竟拂袖而起，指著他的鼻尖大聲說：「大膽星內，竟信口胡噴，用人唯賢，可不是小事，虛銜就不是官嗎，明朝是怎麼亡的你可知道？此例一開，官可錢買，政可賄成，接著不就是皇帝被逼得上吊嗎？」

星內此時嚇得三魂丟了兩魂，七魄去了六魄，竟直挺挺地跪倒，一個勁磕頭告罪道：「是，王爺教訓的是，臣有罪，臣請處分！」

多爾袞一邊在堂中走來走去，一邊將星內破口大罵，星內嚇得連大氣也不敢出，直到多爾袞罵得口乾了，叫他滾蛋他才起身。

星內走了，多爾袞的心仍不能平靜。他想，星內這個工部尚書，肯定是不能讓他再幹下去了，但自己要擺布一個尚書不難，難的是這些人的背後，總有這樣或那樣的關係，叫你床底下掄斧頭，礙上礙下，哪怕你有挾泰山而超北海的勇氣，也無可奈何這上下關係——今天，自己一時憤激，無形中又將一位王爺、一個親哥哥得罪了。

2 從頭做起

多爾袞心中不暢，百無聊賴，也無心再看奏疏了。突然，他記起應去後宮，向兩位太后請安，昨天已收到了克服金陵的捷報，也應該去報個喜訊，於是，朱筆一丟，公事一推，去了後宮。

乾清宮修復了，隨著一起修復的還有坤寧宮、欽安殿及東西六宮，大順軍當初走得匆忙，他們主要是燒前兩大殿及乾清宮，柴草都集中在前面，後宮燒得不厲害，所以，修復的工程量不大，隨著乾清宮竣工，後宮便一道修復了。眼下皇帝年幼，尚未大婚，需人照顧，所以，兩宮太后分別住乾清宮和慈慶宮。

多爾袞去請安，自然先去仁聖太后（孝端）住的慈慶宮。

此時慈慶宮裡笑語喧嘩，十分熱鬧，原來此時孝莊太后攜皇帝來慈慶宮給孝端太后請安了。御座上，孝端、孝莊兩位太后分別盤腿坐在正面的炕上，皇帝正倚在孝端太后懷中，代善、濟爾哈朗二位王爺也來請安，乃分坐在下首，也是盤腿而坐。

才入關的滿人，漢化不深，且不說君臣之尊卑當講，叔嫂之嫌疑當防，就是士宦之家，伯伯叔叔們也不是隨意可見寡嫂的，可他們不管，常常見面在一起閒聊；且在皇宮裡，也丟不開脫下鞋子，盤腿而坐的習慣，這格局，倒極像是一家土財主，團團圍坐敘家常，看不出後來才有的那種嚴謹的君臣之別。

眼下，代善與濟爾哈朗正跟兩個嫂嫂講一些瑣事，既為兩宮太后解悶，也算自己消遣。濟爾哈朗說起他那小孫子已入太學讀書，因先生要他練毛筆字，所以每次回家，手上、臉上到處是墨跡；代善則說起他府中一個叫八娃子的奴才，過去在東北沒有吃過有餡的饅頭，到了北京後，吃到裡面有肉的饅頭覺得很新鮮，更不知饅頭還有甜的。一天他拿到一個熱糖包子，一口咬開，裡面的糖汁一下就流到了他的手肘上，他去舔手肘，那隻仍抓著糖包子的手便伸到了腦後，結果包子裡的糖汁又流到了背上，把他的背也燙傷了，所以，眼下他府中出了個笑話，叫做：八娃子，吃包子，一下燙著屁溝子。

兩宮太后及皇帝聽了這個笑話，笑得合不攏嘴，左右太監及宮女們一個個偷著笑，有的忍不住，竟然也笑出了聲。

眾人都要求代善再說，皇帝更是纏著代善不肯鬆手。就在這時，外面有太監在大聲道：奴才給攝政王爺請安。

眾人不由一齊噤聲。皇帝一聽，趕緊又爬到匠上，躲在孝端太后懷中。

多爾袞進來了，先給兩位太后請安，又向兩個哥哥問好，代善和濟爾哈朗都站了起來，皇帝也站起來，喊了一聲：「叔父攝政王吉祥。」

皇帝這一聲招呼極勉強也極生疏，多爾袞點了點頭，他已留神到，小皇帝開先連看也沒看自己一眼，是在孝端太后輕輕推了他一下後，才極不情願地轉過身，並開口打這聲招呼的。

孝端太后賜座。多爾袞在代善的上首坐下來，卻是腿不抬，鞋不脫，正襟危坐，且立刻冷冷地瞥了皇帝一眼。皇帝正悄悄抬頭來望他，發現十四叔也在望自己，不由露出幾分惶恐，馬上低下了頭——照慣例，皇帝在這個時候是不會出現在這裡的，而應該循規蹈矩地待在書房裡，而多爾袞在前殿辦完公務，常來後面，在請過兩宮太后的安後，便會去書房查看皇帝的功課。可是，這幾天功課緊，皇帝有些厭煩，不想去書房，便假說頭痛，孝莊太后看出是偷懶，堅持讓他仍去書房，孝端太后卻心痛這個兒子，同意他留下來。

多爾袞不知個中委曲，他一連看了皇帝幾眼，到底忍不住，便說：「這個時候了，皇帝怎麼還沒有去書房呢？」

皇帝見問，不由拿眼來睃孝端太后，孝端太后只好幫他打馬虎眼，說：「皇帝今天一大早起來，便嚷頭痛，只怕是感冒了，所以是我作主放他一天假。」

可多爾袞卻半點也不肯給面子，竟喊著皇帝的名字說：「福臨，小孩子家，可不能這麼嬌嫩，要知道，我們愛新覺羅氏本是生長在冰天雪地的，小孩子才幾歲便在雪地裡爬摸滾打，長大後，一個個棒得很，哪像你今天這樣，住在不透風的房子裡，還動不動便嚷頭痛。」

皇帝只好答了一聲「是」。接下來便再說不出話了，那一雙頑皮的眼睛，正四處尋找救兵。代善一見，只好出來解圍，他說：「好了好了，快告訴十四叔，下不為例。」

多爾袞這是又一次聽到「下不為例」了，他本想藉此好好地說代善幾句，但話到嘴邊又嚥下了，臉卻仍板著，十分威嚴，濟爾哈朗不知趣，還想打抱不平，他說：「先只說滿文不好記，誰知漢文更難記，那個馮銓教書也太古板，動不動還板著臉要罰學生，依我看，皇帝一定是受不了那個罪。」

多爾袞不由瞪了濟爾哈朗一眼說：「書要是都好記，點個狀元也就算不得一回事了。開漢學，習四書五經，這可不是小弟一時心血來潮，而是太祖爺定下的規矩，做皇帝的不讀好書，學好本事，將來怎麼君臨天下？就說馮銓罰學生，可也只罰伴讀的，罰不到福臨的頭上。」

這一來，就是孝端太后也有些坐不住了，趕緊認錯說：「十四弟抓得嚴是對的，這事只怪我。」

可濟爾哈朗不買帳，他不理睬多爾袞，卻氣嘟嘟地對孝端太后說：「其實，據微臣所知，太祖爺也罷，先帝爺也罷，雖都說過要學漢文，卻也不是沒有分出主次輕重，先帝爺更是語重心長地曉諭臣下，不可忘了國語，今天一味強調皇上要學漢文，臣恐將來皇上會忘了國語。」

代善也於一邊作證說：「是的是的，先帝爺確說過這樣的話，那是在崇政殿，當時在場的有臣，還有攝政王和鄭親王，他的原話是：棄國語而效他國，其國亦未長久也。」

孝端太后一聽，忙把眼來瞅多爾袞，就是皇帝和孝莊太后，也跟著把那疑疑惑惑的目光，投到這邊來，多爾袞一下怔住了。

不錯，皇太極的確說過這話，但那是在十多年前，當時八旗子弟中，語言文字混雜，就是平日口語，也夾雜著蒙古語及東北其他各族方言，這本是滿族歷史形成的，因為這以前，女真人的先世只有語言，沒有文字，金代雖首創文字，但隨著金國的滅亡，女真文字便失傳了，至明代，女真人講女真話，卻用蒙古文，努爾哈赤起兵之初，命滿人的文學之士額爾德尼和噶蓋首創滿文，乃是以蒙古字頭，協滿洲語音，這就是「老滿文」，老滿文弊病很多，後來，皇太極又命達海在老滿文基礎上大加改進，增為十二字頭，並在字旁加圈點以明音義，是為新滿文，為推廣新滿文，並突出它的國語地位，故有此說。但時至今日，這話顯然已不合時宜了，第一，此時的大清，國土已不限於關外一隅之地，若說「國」，不但指東北、也囊括關內直至大江南北，所以，不應該是講滿語的地方才是本國，而講漢語的地方便是「他國」；另外，草創不過三四十年的滿文，根本就不適應新的形勢，更無法與內容之豐富有如汪洋大海的漢文字相對應，誠所謂時勢不同，境界各異，這老黃曆上的話，又怎麼照搬得呢？眼下濟爾哈朗搬出來了，代善立刻心領神會，桴鼓相應。其實，這哪裡是在關心皇帝的學習，哪是在關心滿人是否漢化，而純是在雞蛋縫裡找骨頭。

想到此，多爾袞不由有氣，忙大聲說：「不錯，先帝確有此說，不過，當時的國，僅限於關外，當時的民，也只有滿人，如果我們仍只把眼睛瞅在關外那一小塊地方，那一小撮人，自然只學滿文就夠了；可是，眼下皇上已走出東北了，即將統治普天之下的億兆臣民了，其規模，十倍、百倍於當初，漢人有五千年歷史，漢語博大精深，這可不是蒙古之字合滿族之音，再加十二字頭的新滿文可比擬的，難道你們想讓皇上在漢人面前成為一個聾子、瞎子，由漢人蒙哄嗎？」

此言一出，莫說濟爾哈朗，就是代善也啞口無言了，孝端太后見狀，趕緊打圓場，她望了兩位王爺一眼，說：「十四弟講得對，今後皇上的學習，由十四弟一人說了算。」

接著，又對皇帝說：「福臨，你可要記住，這學習是一刻也不能鬆懈的，你學不好，先生不能打你，皇額娘可要打你。」

皇帝諾諾連聲，不敢還嘴。一邊的濟爾哈朗停了半晌，嘴囁嚅了半天，悻悻地自我解嘲：「當然，皇上的學習是不能鬆懈，不過，滿漢之防也不能鬆動，這是太祖爺立的規矩，既然讓我也來議政，我便仍要就此事多議議。」

代善也憤憤不平的說：「是的是的，這基業，是我們愛新覺羅家族創下的，也不是誰一個人的功勞，有話都可說得，十四弟，你說是嗎？」

兩個哥哥，夾槍帶棒，說的都不好聽，但因沒有明確的所指，純是個人意氣的發洩，多爾袞懶得再爭。他本是有很多事要向太后稟明的，就是一些不順心的事，也想向兩個嫂嫂傾訴，想得到一些安慰，不想遇上兩個哥哥，生一些沒來由的氣，弄得心緒不寧，好多事想說也懶得說……

多爾袞嘔了一肚皮氣，回府後，心情更加煩悶，不由又想到了剃髮的事。此事一開始就有些孟浪，他只看到吳三桂等人，說剃髮一下便剃了，以為其他人應該也差不多，沒想到剃髮令一頒布，竟然遭到這麼多人以死相拼，要不是自己轉彎快，幾乎就要鬧個一佛出世，二佛涅槃，八旗入關後才取得的一點點成績，就要一筆勾消，並被重新趕回到關外去。

其實，漢人清楚，多爾袞也清楚，剃髮之舉，並非為了頂上這綹青絲，而是不同尋常的「從頭做起」，是兩個民族精神上的較量，是兩種文化的對抗，事關種族存亡的大是大非，是誰征服誰的標誌。

多爾袞想，這以前自己態度堅決，不知怎麼時間一長，竟有些猶豫起來。今天，看人挑擔不費力的二哥代善，竟當著兩位太后又重提此事，這可不是他一人之見，而是代表了愛新覺羅氏家族，若不剃，不要說自己在皇族中難以交代，就是全體滿人，也必認他為愛新覺羅氏的不肖子孫，不要說他們可能群起而攻之，就是自己百年之後，又有何面目去見列祖列宗？

正左右為難，不想第二天，又有奏疏上來，重中全民剃髮，上這個奏疏的，竟然是個漢人。此番豪格平定山東，得勝回朝時，帶回一個活寶，這就是孫之獬。孫之獬本是天啟年間中的進士，後因丁憂回到淄博老家。此番山東之亂，各路民軍蜂起，這個孫之獬乃毀家紓難——成立民團，呼應王師，協助豪格剿賊。因他是本地人，對情形相當了解，所以，幫了豪格的大忙，豪格於是在奏報時，將他大大地誇了一番，於是，有旨令孫之獬赴部引見。

他原是明朝的兵部侍郎，自然官復原職，那天一大早，孫之獬興沖沖地來上朝，他在山東時，為表示自己是大清順民，早把那頭髮像吳三桂那樣做了處理，到了朝房，他照例是在兵部值房等候，可眼下值房分成了兩間，滿臣進滿臣一間，漢臣進漢臣一間，他先是去漢臣那間，那裡熟人多，話語通，不想這一進去，立刻被趕了出來，原因是他已剃髮，既然剃了髮，自然要與剃了髮的去打堆；他於是便去滿人那間，不想又被趕了出來，原因是你雖剃了髮，畢竟還是漢人。弄得他無所適從，就是後來上朝，也發現，這朝堂上的格局也與明朝不一樣，明朝時，是文官一排，武官一排；這裡雖然也分文武，但還分滿漢，滿人站右邊，漢人站左邊，他站在中間，左右都難逢源。下朝之後，不但深感羞愧，且越想越不通，便提筆上了這道奏疏，提出要全民剃髮，全換上滿族服飾，奏疏中，竟然有這樣的句子：

……陛下平定中國，萬事鼎新。而衣冠束髮之制，獨存漢舊。此乃陛下從中國，非中國從陛下也。

多爾袞一眼看到這一行字，真是感慨萬千——他做夢也沒想到，漢人的衣冠之士中，竟然也有這樣的人，說出這樣的話，這是一個滿人想也想不出來的，也是一般的漢人不敢說的。說他忠誠乎，說他奸詐乎；說他一片熱心腸，可愛之至乎，說他毫無心肝，無恥之尤乎？反正怎麼說都可以，總之，自己是再也不能騎牆了，再也不能猶豫了，不然，真不知漢人中，還會出來一個什麼大忠臣，說出什麼更肉麻的話。

於是，他傳集六部九卿會議，當堂宣讀了孫之獬的奏疏，先是「天語褒獎」了孫之獬幾句，升孫之獬為兵部尚書，然後臉一板，當殿宣布自己親筆書寫的剃髮諭旨，並下旨將此諭旨傳示京城內外，文武衙門、官吏師生、一應軍民人等，諭旨略謂：

……自今布告之後，京城內外限旬日，直隸各省地方，自部文到日，亦限旬日，盡令剃髮，遵依者，為我國之民；遲疑者，同逆命之寇，必置重罪。若規避惜髮，巧詞爭辯，絕不輕貸。若有復為此事瀆進章奏，欲將朕已定地方人民仍存明制，不隨本朝者，殺無赦。其衣帽裝束許從容更易，悉從本朝制度，不得違異。

多爾袞念完，炯炯目光，向兩邊一掃，只見滿臣中，人人都喜氣洋洋；那一班仍著明代衣冠的漢臣，臉色卻一下變得煞白。他卻像沒有看見一樣，接著，便下旨，令禮部尚書俄莫克圖牽頭，著手商定官員的服飾及頂戴樣式，待定下後，所有官員，無論滿漢，要一體著裝，不准再有一個朝廷、兩種官員服飾的情況出現。

俄莫克圖諾諾連聲答應，並說：「這事早該辦了。」

清廷於順治二年六月十五日頒布剃髮令，至是年閏六月初一，剃髮令傳到江南。此時，距多鐸攻克金陵不過月餘，表彰史可法的祠堂雖已破土動工，但揚州被殺的冤魂，卻仍在江南上空晃盪，八十萬冤魂牽動的，可不止是八十萬活人的心——整個江南全在哭泣，為八十萬無辜的被殺者哭，為整個民族的前途命運哭，眼下，滿韃子又命令剃髮了，河山淪陷，已是無面見祖宗了；又把頭髮也剃了，人不人，鬼不鬼的，這不是更不能再見祖宗了嗎？再說，滿韃子才進關，便這也由他那也由他，等他們江山坐穩了，是不是漢人也要學滿文，講滿語，甚至父死子也要妻其母呢？

所以，剃髮令一下，江南百姓，無不驚駭，就連膽小怕事的人，似乎也於一夜之間，明白何所謂「亡國滅種」了。可此時地方官卻令地保傳鑼，向人們宣示聖諭：十日之內，留頭不留髮，留髮不留頭。接著，城門邊、十字街口便出現了一隊人馬，前面是一副剃頭擔子，一頭挑著座椅和剃頭工具，一頭挑著洗頭水，而裝水的這頭，便樹了一面旗桿，上面則掛著抗拒剃髮令的人的頭；緊跟其後的，便是一隊手持大令執法的兵，看見誰逮誰，逮住就按在椅上剃髮，堅持不剃者，立刻砍頭。

臣子中，先是原任陝西河西道孔聞鏢上疏，說他們孔家服制，三千年未改，請准蓄髮，以復先世衣冠。

姓孔的是「聖裔」，你多爾袞既然崇孔，大概於孔子後裔總要網開一面，理由也很充分，家祭時，祭祀者總要是本來面目，束髮而冠，不然，受祭的祖宗會不認得後代。

多爾袞明白這是試探，准了姓孔的，顏、曾、孟三家定會跟著來；准了儒家，道家也不會落後，那你還得準備應付張天師的後裔。思前想後，覺得這人情做不得，於是，孔聞鏢被嚴詔切責，謂：

剃髮嚴旨，違者無赦。孔聞鏢疏求蓄髮，已犯不赦之條，姑念聖裔免死，著革職，永不敘用。

這一來，漢人差不多都絕望了，原先稱讚滿人講道理的，眼下閉口不談只搖頭，想出仕的也打消了念頭，有廉恥心的、不堪受辱的，紛紛投河或自縊，也有闔家自焚的、逃入深山的；無處可逃又沒有自殺的，大多躲在家中，關門閉戶，男人不敢上街，大街上寂然無聲，形同罷市，就是家中有病人，也不敢上街請郎中，怕被抓著剃去頭髮。

但這能是長久之計嗎？

髮如韭，剪復生；頭如雞，割復鳴。這不是元末農民起義時的民謠嗎？江南的人民從元韃子一下就想到了滿韃子，從「留頭不留髮」上，馬上就想到了這首民謠，膽量一下就來了，於是，紛紛操起了武器。

先是吳縣生員陸世鑰等揭竿而起，以太湖為據點抗拒清兵；前明職方主事吳易、舉人孫兆奎等起義兵於吳江的長白蕩；接著，南明巡撫田仰等起義兵於崇明；明宗室朱議瀝、中書舍人盧象觀等，擁兵偷襲南京；嘉興等地義軍蜂起，更是一下就聚集了三萬餘人，他們雖多打著光復明室的旗號，但中間大多為平民，這以前老老實實，純是對剃髮令不滿揭竿而起。

多鐸坐鎮南京城，聞報慌了手腳，此時浙江、福建等大片地方尚未平定，到處需大兵鎮攝，他只好放下這頭，先趕緊調兵平定這些肘腑之患。但此時的江南，一夜之間，無處不反，像是約好了似的，就是一些已佔領的州縣也復叛，一些已在接洽迎降的州縣也立刻拒降，多鐸防不勝防，殺不勝殺，而最讓他頭痛的是江陰之叛。

江陰屬常州府，為長江上的第一重要門戶，控扼蘇、松、浙、閩往來南京之要衝，帆船一晝夜可達海口，素有「三江之雄鎮，五湖之腴膏」的美稱，多鐸此時正調兵南下蘇州及浙江，江陰一反，等於把他的咽喉卡住了。

本來，清兵下江南時，江陰的明朝官員都已棄官而走，只需派個官去，江陰便無事了，及聞剃髮令下，人民自發佔領縣城，共推前任典史閻應元為首，發倉廩、制兵器，編練隊伍，準備與前來強迫剃髮的清兵作戰。消息傳出後，四鄉的農民連農事也不顧了，紛紛自帶兵器與糧食前來，加入戰鬥，小小的江陰城，一下聚集了二十萬人，閻應元選練精壯六萬餘人，上城防守，誓死抗擊清兵。

多鐸氣蒙了頭，先是派降將劉良佐去勸降，被閻應元痛罵了一頓。劉良佐說，弘光都被俘虜了，你們還為誰守城呢？閻應元說，我不過一個典史，尚不忘故國；你被封為列侯，手握重兵，卻投降敵人，你真不知羞恥。說著便下令放箭，劉良佐嚇得抱頭鼠竄而逃。

多鐸於是派尼堪帶五萬魚皮韃子兵前往，不想一到江陰，城鄉四面皆敵，尼堪防不勝防，竟被殺得大敗虧輸。

多鐸無法，先後調動二十四萬精兵，派貝勒博洛率降將李成棟前往，但江陰人民卻進行了英勇頑強的抵抗，且想出了許多辦法防禦，迫使清兵不能越雷池半步。最後，多鐸只好將紅衣大炮運來，用大炮猛轟，城內軍民堅守了整整八十天，殺死殺傷清兵達六萬多人，最後，在彈盡糧絕的情形下，才被清兵破城而入。

多鐸氣急敗壞，又一次下令屠城，「滿城殺盡，然後封刀」。

就憑一個小小的典史，九品官也，卻一下能號召數十萬人，雖是烏合，卻能與訓練有素的八旗精銳苦戰八十天，且沒有一個投降，這不能不令那一班身經百戰、殺人如麻的八旗將士刮目相看。

後人有輓聯輓閻應元等守城壯士，道是：

八十日戴髮效忠，表太祖十七朝人物；
六萬人同心死義，存大明三百里江山。

江陰尚未平定，距江陰才二百多里的孤城嘉定，也發生了反剃髮的起義。為首者：黃淳耀、侯峒曾。多鐸派出精兵攻佔嘉定，三次屠城——後世讀者，幾乎無人不知揚州十日，嘉定三屠。其實，為了這「從頭做起」，江南烽火遍地，殺得人頭滾滾，血流成渠，又豈止揚州與嘉定。

3 阿濟格「睡篩子」

阿濟格到底還是班師了，儘管這以前攝政王一再曉諭，但他卻不顧一切，竟以身體不適為由，帶著一班隨征的郡王、貝勒、貝子和投降的左良玉之子左夢庚等凱旋。

按說，阿濟格此番出師，也可說得上戰功赫赫。他們從口外南下，先陝北後關中，轉戰湖廣，生擒大順軍二號人物劉宗敏以下大將數十人，平定河北、陝西、湖廣等數省，他的奏疏上，甚至說李自成已死於亂軍之中。可他回到京城，卻遭受了少見的冷遇。皇太極時代，凡親王出征凱旋，他必親迎至郊外，要不，也必遣有身分的王爺代往，上回阿濟格從真定府凱旋，多爾袞因要去祭孔，所以，派了固山額真譚泰、何洛會代他前往；此番多爾袞卻不但沒有自己出城迎接，也下旨不准其他官員出迎，阿濟格一行走到盧構橋，雖見宛平城門大開，卻只有宛平城的知縣率一班衙役在迎候。他一見這格局，心裡不由咯噔了一下，但仍不動聲色，進城後，征塵未洗便趕緊趕到午門請安。

這時，多爾袞令一個小太監已迎候在午門，他傳攝政王諭旨說：各位辛苦，請各自回府休息，初十日再行陛見之禮。

這時才八月初四，就是說，要待到六天之後才能見到皇上及攝政王。阿濟格明白這是十四弟在有意冷落自己。他窩著一肚子火，一時無處發作，在隨征各王的勸慰下，只好先遵旨回府。

阿濟格回京之日，江西巡撫李翔鳳的奏報也到京了——李翔鳳在這份奏疏中竟說，李自成不但未死，且仍帶領一支兵，活動在贛西北一帶，攻城掠地，很是猖狂。接著，湖廣巡撫何鳴鑾、鄖陽巡撫潘士良也有奏報到京，謂大順軍一支若十餘萬人馬，在高一功、郝搖旗等人率領下，兵分三路，自當陽直迫荊州城，填壕搭梯，百計攻打，疏文中並引擔任荊州城防的副將鄭四維的話說：「賊情萬分孔急，孤城累卵可虞」

多爾袞讀到這些奏疏，表面上不動聲色，內心卻對十二哥十分失望。

初十這天，阿濟格及從征將士陛見。其實，這種陛見只是走過場——因為不獻俘，所俘的劉宗敏等大順軍重要將領已被殺害了，這裡皇帝年幼，尚未親政，由老太監扶上御座，阿濟格率從征將士拜舞，皇帝「天語褒獎」阿濟格和將士們，雖然兩宮太后事先已教好了一套話，皇帝卻沒有用這些陳詞濫調，愛惡作劇的皇帝，也沒有再捉弄十二叔，召見時，出言都很得體，令英親王稱讚不已，但一邊的攝政王卻一言未發，臉上能刮下一層霜。

接著便是賜宴午門內。由禮王代善、鄭王濟爾哈朗等王大臣作陪，宴席開始時，多爾袞也出來向阿濟格敬了三杯酒，但就是敬酒，多爾袞的臉也始終扳著。他的臉色難看，阿濟格的心，便一直懸著，多爾袞敬過從征諸王、貝勒、貝子後，立刻拱一拱手，自顧自地進宮了，眾人待攝政王走後，才覺鬆了一口氣，立刻縱情談笑起來，阿濟格心裡雖有氣，但在兩位哥哥面前，也不好發作，故仍然談笑風生。

代善早把這一切看在眼中。

代善不像濟爾哈朗，濟爾哈朗沒有經濟之才，卻又不肯放棄權力；代善自知才能要遠遜多爾袞，所以，在皇位確定，多爾袞以叔父攝政王名義輔政的格局定下後，他便只想安福尊榮，當一個笑面團團的大清鐵帽子王，當一個鮮花著錦的富貴閒人，但眼下他這個富貴閒人閒不住了。

大清國定鼎中原、統一天下已是指顧間的事了，但與此同時，多爾袞兄弟仨不但名崇位尊，且權力也在無限地膨脹，幼主柔弱，權臣秉政，已成不易之局。這時，皇族內部的傳言，也已如火燎原，這就是多爾袞會真的做皇帝。聽到這些消息，代善不由心急如焚，多爾袞在權力紛爭中逐步坐大，不論從哪個方面說，自己這個長兄都有著不可推卸的責任——須知當初若不是他的證言，這皇位便是豪格的。所以，這些日子，他一直在耽心，萬一多爾袞真有那個念想，自己不但愧對父兄，且要承擔起皇室骨肉相殘的責任。他想，要抑制多爾袞的野心，分化他兄弟仨未嘗不是手段。

於是，本不想管事的代善開始留意了，此次阿濟格南征，一開始就不爭氣，先是繞道鄂爾多斯、土默特索要馬匹，接著又遷延不進，坐失戎機，雖取得一些勝利，這是賴多鐸的成全與忍讓，最後，不移師入川，卻急著班師，這些情況，眾人早有議論，代善不動聲色，穩坐釣魚台，只看多爾袞如何處分，他明白，鐵腕冰容的攝政王，是不會放過這事的。眼下，皇帝賜宴午門內，親王大臣作陪，代善雖也笑容可掬地勸酒，心思卻早跑到了千里之外。

這時，濟爾哈朗正殷勤勸酒。他知阿濟格善飲，一邊用大觥相勸，一邊說：「十二弟，聽說那個李闖王死於亂軍之中，按說，他也是個將才了，你們兩軍相接，前後不過百十餘里，他怎麼就不防你偷襲他呢，這不是黑瞎子敲門——熊到家啦？」

阿濟格說：「我的哥，你知道我們追得多猛啊，小弟我們從西安到襄陽，又從襄陽到武漢，兩個多月馬不停蹄，不讓李自成有喘氣的機會，小弟的雙腿都腫了、皮膚潰爛了，跨不上馬鞍子，可就一個勁窮追，所以，我累他也累，不但看誰腿快，還要看誰熬過誰。」

一邊的二等昂邦章京鼇拜接著說：「英王爺騎不動馬，是躺在滑杆上，用馬馱著行軍的。當我們追到漢川時，發現流寇的後衛煮熟的飯還來不及吃，所以，我們斷定流寇一定還在武漢，於是連夜出發，銜尾緊追。這時，李自成已上了船，只是沒開航，我們水陸並進，衝進城後，發起衝鋒，殺得他們屎滾屁流，還以為我們是神兵天降呢。」

濟爾哈朗佩服地點頭說：「嗨，這真是隔山射虎，全憑硬功（弓）。你想想，流寇雖然已敗，但這李自成也是多年的巨寇，從明朝鬧到現在，十幾年了，此番一戰就戮，這可是為朝廷消滅了一個心腹大患，更何況炎天水熱，蚊叮蟲咬，地形不熟，水土不服，十二弟不畏艱苦，立此奇功，真正值得嵌碑勒石。」

眾人都恭維阿濟格，代善也不落後，他先用大觥敬酒，又搖頭晃腦地為阿濟格擺功，說：「十二弟確實是好樣兒，自領兵征討流寇，一敗寇於關門而神器歸；再敗寇於西安而巢穴掃；三滅寇於武漢而根株淨。這樣的事蹟不嵌碑勒石，也應該宣付國史館，寫進我大清的一統志，好傳之萬代，以示不朽。」

說著說著，代善乘人不備，突然悄悄地拉了濟爾哈朗一把，這時，眾人還在一個勁地恭維阿濟格，代善卻又故作不解地說：「哎，不對呀，此番十二弟凱旋，攝政王為什麼沒有出迎呢？」

濟爾哈朗會意，也跟著裝糊塗說：「是嗎，這不會吧，要麼，他一定是抽不開身，學漢人的詩書禮樂可不是容易事，詩書易禮春秋，之乎者也亦已焉哉，而且，朝廷馬上要開科選士了，這做八股文可不是容易事，殿試時，你看不懂試卷點誰當狀元呢？還不去跟那班文人拜師，熟悉熟悉？」

代善連連點頭，慢吞吞地說：「這就難怪，這就難怪，既然國家大事擋在前頭，兄弟之間，禮數稍有疏忽，也無可無不可。不過，話說回來，親王遠征，皇帝親迎是規矩，這以前先帝、還有父皇都是這樣，聽說，上次十二弟從真定回來，也只派了個何洛會，這怎麼行呢，自己沒空，可傳諭讓我等代勞呀，你不傳諭，誰也不明就裡，又怎麼出迎呢？」

兩個哥哥，言三話四，句句灌進阿濟格的耳中，他臉上不由一陣紅一陣白的，那喝進的燒刀子，化作一股股藍色火焰，就在喉間一鼓一鼓的。

就在這時，一個小蘇拉從宮內走了出來，口稱：「攝政王有旨與英親王。」眾人一聽有旨，代善和濟爾哈朗不由站了起來，其餘由阿濟格牽頭，各蒙恩賜宴的將領一齊離席跪伏，聽小蘇拉宣旨。

這是由多爾袞親自寫的一道上諭，就阿濟格出征一事，傳旨申飭，其中列阿濟格四大罪，一是擅至蒙古索取馬匹；二是脅令巡撫李鑑釋免有罪逮問的朱壽鍪；三是當著眾將士說皇上是黃口孺子；四是不遵諭旨，擅自撤兵。為此，阿濟格由親王降為郡王，罰銀五千兩；固山額真譚泰徇情枉法，革職抄家；同案鼇拜革職，罰銀一百兩。

眾人跪聽上諭，一個個戰戰兢兢，本來都是團團笑臉，一下幾乎全換成了哭臉。阿濟格跪著聽著，終於忍不住了，忽地爬起來，氣憤地罵了一句粗話：「奶奶的，早知尿坑，爺何不睡篩子去？」

說著，也不管宣旨的太監還待在那裡，就自己動手倒酒喝，大杯酒全倒進嘴裡，心有不甘，手一用力，那汝窯天青釉的荷葉杯竟成了兩瓣。

下過處分阿濟格的諭旨，多爾袞無心再處理其他公務，乃袖著手在武英殿中踱方步。就在這時，大內護軍統領前來報告：英郡王阿濟格因飲酒過量，醉倒午門，護衛上前攙扶被他拒絕，且下令張著杏黃傘，攔門而坐，並口出不遜之言。

多爾袞一聽，臉一下就氣白了。

既然能下令張蓋坐於午門，顯然就不是「醉倒」而是存心，按說，他應知錯，出師之初，繞道蒙古，索要馬匹，致緩師期，這是已傳諭申飭過的；不等諭旨，擅自班師，這事必干軍令，他也應心中有數，到回京時無人郊迎，他便應自我反省、自我惕怵了，可他不主動上表請議罪，反得意洋洋來喝慰勞從征將士的慶功酒，這慶功酒是為你而設的嗎？身為弟弟，若在這個親哥哥面前徇情枉法，又如何示信天下？

可阿濟格為什麼要這樣做呢？想起近來流行在皇室內部的謠言，想起代善、濟爾哈朗遇見他時，那哼哼哈哈、陰陽怪氣的笑臉，他明白，這一定是代善在使絆子，這個慈眉善目、遇事隨和的二哥呵！

心中有氣，那如電的目光不由朝那個護軍統領一掃，怒聲道：「英王醉酒失儀，乃左右之過也，你快去與孤查清楚，看今天是誰跟他，將那不會侍奉主子的奴才砍了。」

護軍統領尚在猶豫，多爾袞一頓腳，厲聲道：「還不速去，你是不想要自己的腦袋啦？」

護軍統領一聽，嚇得趕緊抱頭鼠竄。

不一會，護軍統領果然提著一顆血淋淋的人頭前來繳旨，多爾袞厲聲問道：「英王可退下啦？」

不想這個統領的臉，一下變得煞白，嘴唇像打擺子一樣地抖著，就是吐不出一句囫圇話。多爾袞見狀，心知這一招還不夠狠，不由連聲罵道：「不中用的東西，下人有過，乃官長統率無方，傳孤諭旨：將英王府領班侍衛斬首，若還無效，斬王府長史。」

其實阿濟格本有十分酒量，今天還才喝到八成，俗話說，酒從歡樂飲。只因代善、濟爾哈朗勸的酒，本是看準時機，合著怨氣灌下的，所以，「酒不醉人人自醉」，想起眼前的事，「飯不熟，氣不勻」，於是，來在午門，一屁股坐倒，看你多爾袞奈何我。

代善和濟爾哈朗見機，一個個打道回府了，但此時午門仍有不少陪宴的官員和隨從，眼下這稀奇事，真是千載難逢，於是，一齊縮在兩邊的朝房看熱鬧。

這可嚇壞了左右親隨，他們先是去扶阿濟格，被阿濟格甩脫、喝退，後來，阿濟格坐下了，他們便用力去扯，可他畢竟是個王爺，也不敢下狠手。這裡阿濟格成心要學灌夫罵座的故事，不但唾沫橫飛，破口大罵，且像使了定身法似的，就是端坐不動。

眼看著護軍統領將親隨小六子拎出砍了頭，阿濟格仍一動也不動，這時，統領又走過來了，一下在阿濟格面前跪倒，說：「英王爺爺，您再不起來，連王府領班和長史也不保首領了。」

話才出口，英王府的領班侍衛圖賴早嚇得嗚嗚地哭起來，冒著烈日，跪在青磚地上，一個勁跟英王磕響頭，求英王饒命。

阿濟格一見這情形，火氣越加大了，他猛地爬起來，就要進宮去與多爾袞拼命。這時英王府的長史已聞信趕來了，一見這情形，立刻喝令眾人動手，也不顧阿濟格的大罵和揪扭，七手八腳，先將他擋住，然後下死勁捺在轎中，鎖上轎門，抬回英王府……

4 民胞物與

阿濟格此舉，使多爾袞大掃面子，他越想越氣，終於病倒了。

病榻上的多爾袞，接到的是讓他更加寢食難安的消息——在陸續接讀多鐸報來的、關於逐次平定江南各地的奏疏後，繼揚州十日，又有江陰之屠及嘉定三屠，想起殺戮之慘，聞所未聞，雖說平定天下，在所難免，但一想起江南的腥風血雨，總覺下懷難安。這天晚上，他做起了噩夢，夢見荒山野嶺，慘慘陰風，阿憐竟一身血污，在嚎啕痛哭，他不由上前拉她，欣慰地說：「阿憐，大清終於平定江南了，十五弟已到了你的家鄉，那可真是好地方，豈止是三秋桂子，十里荷花呢，簡直是處處錦繡呢。」

不想阿憐突然轉過身，連連冷笑說：「揚州十日，嘉定三屠，江南早已屍橫遍野，白骨蔽天了，還三秋桂子，十里荷香呢！」

他忙解釋說：「愛妃，你聽孤說，多鐸下江南殺戮太慘，孤已嚴詔切責，事情會慢慢好起來的，再說，自古歷來，哪有平定天下不流血的呢？」

阿憐卻惡狠狠地說：「哼，說得好聽，平定天下。不就是姓李的、姓朱的、還有你們姓愛新覺羅的在爭做皇帝嗎？你們爭做皇帝不打緊，為什麼動不動就要拿無辜老百姓開刀呢？」

多爾袞強詞奪理說：「要說殺戮之慘，也不能全怪多鐸，先要怪崇禎無道，引得流寇四起；後要怪流寇不仁，肆意禍亂中原；而我們進關後，弔民伐罪，替天行道，翦滅各路流寇，做了不少的好事，且書同文，車同軌，雄師百萬下江南，真正做起了秦始皇的事業。」

阿憐歎息著說：「崇禎也好，流寇也好，怎麼說也怪不到平頭百姓身上，百姓有什麼錯啊？可以說，他們與你們愛新覺羅氏無冤無仇，一住東北，一在江南，風馬牛不相及，這江山姓朱也罷，姓李也罷，就是姓愛新覺羅也罷，誰做皇帝，他們都少不了要完糧納稅，可你為什麼要強迫他們剃頭呢？要知道，在他們心中，剃頭便是髡鉗，那是上古時期，對待不孝父母的犯人才用的刑罰，你既然要統一天下，為什麼不能愛護百姓？為什麼要把他們當犯人看待？為什麼要強迫他們服從你們的習俗？要知道，在他們心中，頭髮剃了，死後便見不到祖宗，你只要你的祖宗，便不要他們也認自己的祖宗嗎？」

多爾袞自覺理虧，乃囁嚅著說：「這剃髮之令孤本已收回了的，是你們漢人自己請求要剃的。」

阿憐冷笑著說：「那是什麼漢人啊，那是漢人中的敗類，是漢奸，漢奸的話你也信？」

多爾袞說：「你怎麼只看到這些呢，入關後，我聽從了許多漢臣的主張，省刑薄賦，憐孤恤寡，救難賑災，且頒布了一系列有利於中原百姓修養生息的法令，像永不加賦的詔書，你們的崇禎皇帝能做到嗎？你們的大順皇帝能做到嗎？至於剃髮、殺人，這是不得已而為之，所謂以殺止殺，以刑止刑，這是你們聖人書上說的大仁。」

阿憐說：「還大仁呢，你配說這話嗎？古之聖賢，胸中並無此畛彼域之分，卻時刻存有民胞物與之想。你能做到民胞物與嗎？」

多爾袞不解地說：「何所謂民胞物與？」

阿憐又連連冷笑著說：「哼，你不是在潛心鑽研漢學嗎，怎麼連民胞物與也不明白呢，怪不得你讀了多鐸殺了那麼多人的奏報，竟然也無動於衷。你啊，還是好好地反省吧。」

多爾袞還想拖她，要她聽他解釋，可阿憐卻手一拂，飄然而去。

醒來之後，多爾袞便發現自己病了。先是皮燒骨冷，乍寒乍熱，不思飲食；接著，便四肢無力，頭昏目眩。幾個御醫號脈會診，反覆磋商，一連開了十多副藥，又千叮嚀，萬囑咐，謂王爺日理萬機，心力交瘁，陰氣耗損，陽氣虧輸，分明是過度操勞所致，雖可用藥餌調養，但總要少思寡欲，靜心養氣才能好得快。

可日理萬機的多爾袞，每日除了待批的公文堆積如山，還要籌兵籌餉，料敵決策，加之要應付這一班皇室貴族，就是三頭六臂也嫌不夠，跟他說「靜心養氣」還不是強人所難？

這時，眾大臣紛紛前來探視，他們幾乎眾口一詞，勸攝政王爺遵醫囑，安心調養，多爾袞只是笑笑，卻不作答。

為養病，他閉門不出，靜靜地躺在匠上，奏章報來，就讓一個年輕的筆帖式念與他聽，並聽他口授代批。才養了兩天，第三天，發現送來的奏章較前為少，多爾袞不知何故，派人查問，才知奏疏到大學士范文程手上後，便轉交議政王濟爾哈朗批閱了。多爾袞一聽，不由肝火上升，立刻傳旨，責問范文程此舉何意，並讓其明白回奏。

直到看了攝政王措詞嚴厲的諭旨，范文程才知自己闖了大禍，趕緊來府中謝罪。多爾袞雖仍頭昏目眩，卻扶病在銀安殿升座，令范文程報名而進，當殿說明。

范文程行過大禮，攝政王並沒有令他起來說話，他只好跪著，說：「臣有罪，望攝政王爺寬恕。」

多爾袞面上仍帶不懌之色，說：「范文程，孤代天子攝政，出於諸王貝勒及眾大臣公推，兩宮太后首肯，你為何擅將章奏，不報本王，卻轉報議政王批閱？」

范文程磕頭如搗蒜，說：「臣稟攝政王爺，臣這是出自一片愛王之心，因有醫囑，王不宜操勞，加之臣轉報議政王的都是一些小事——」

多爾袞一聽范文程開口便提他有病，心中那火苗又一下竄了出來。其實，他也明白，范文程是為他好，看他病了，想讓他靜心養氣，但臣下奏章不經他攝政王之手，便由他人處理了，這不是說他多爾袞不攝政了，由濟爾哈朗攝政了？這可是關係到政柄轉移的大事，范文程一個漢臣，真是膽大包天了。想到此，不由赫然震怒，乃不等范文程說完，就拍著御案說：「胡說，孤就是有病，也應由諸王大臣會議，另推賢能替代，並奏明兩宮太后准允，豈能由你這麼偷天換日？」

范文程一聽攝政王爺口中，連偷天換日也出來了，這不是死罪嗎。他一驚，為自救，一句話竟脫口而出：「王爺，大清中原問鼎，眼下成敗未知，微臣實在不忍看著王爺有孔明的八字之歎呀。」

范文程此話，近似乎一個啞謎，但熟讀《三國》的多爾袞一聽，立刻就明白了。所謂孔明的八字之歎，不就是「鞠躬盡瘁，死而後已」嗎？眼下自己是天大的擔子一肩挑，諸王大臣袖手旁觀，事情辦好了，是皇上洪福，兩宮太后聖明；辦砸了，全是我攝政王一人的責任；紅臉黑臉一人唱，大事難事一人擋，旁人眼睜睜一邊看著，成天只想塔上拆磚，卻不曾有人挑磚砌塔；指手畫腳，看人挑擔不費力，黃鶴樓上看翻船；自己就是三頭六臂，終有累倒的一天，就連司馬懿也歎息諸葛亮「食少事煩，其能久乎」，范文程分一些不要緊的事讓他人管管，又有什麼錯？

想到此，他不由歎了一口氣，向范文程抬了抬手，說：「你起來說話吧。」

范文程謝過王爺恩典，站了起來，多爾袞又賜坐，然後說：「孤也知你是好意，不過，你好好想想，此事有關政柄轉移，你能作得這樣大的主嗎？」

范文程只好又連連謝罪。多爾袞望著誠惶誠恐的范文程，想起進關前，他為他卜的上九潛龍勿用的卦，不由長長地歎了一口氣，轉移話題說：「江南這樣下去怎麼得了，孤想把豫王調回來，范先生，你說呢？」

江南怎麼不得了呢，這話好籠統。但范文程卻從多爾袞那游移不定的目光中，窺測到什麼。其實，誰不明白，大清入關後，若一味地推行省刑薄賦、與民休息的政策，天下是不難平定的，這以前，江南不是望風歸附的局面嗎，為什麼一夜之間，反旗四豎，血流漂杵呢，就因這剃髮令啊！揚湯止沸，不如釜底抽薪，可這話就借一個膽子與范文程，他也不敢說。因為那天諭旨頒布時，口氣之嚴厲，令所有漢臣心膽俱顫，就是有心諫阻者，也一個個知難而退，他范文程可不能做那出頭檁子。再說，他還不知此番攝政王會給他一個什麼處分呢，眼下見攝政王問起，總要有個說法，於是，猶疑半晌，才吞吞吐吐地進言說：「江南眼下糜爛已極，就如一個人，病得深沉，若驟然投以猛藥，只能適得其反。再說，豫王爺此番從秦中到蘇皖，轉戰了大半個中國，勞苦功高，也應該班師休息了。接下來應是如何善後，這善其後者，善其後者——」

范文程一邊說，多爾袞一邊點頭，可不料他說到善後者，竟吞吞吐吐起來。多爾袞其實已把他那下半截猜出來了，便說：「你的意思孤明白，這辦善後既要有雷厲風行的手段，又要有和風細雨的功夫，還要熟悉江南的風土人情，那裡是文人薈萃的地方，若派個文士出身的人去，是再好不過了。」

范文程連連點頭說：「王爺聖明，想必心中早有腹案。」

病榻上的多爾袞，整天就在想這事。他也清楚，江南的反叛與剃髮有關，領頭的多為文士，他們不知兵，也缺乏好的組織，大兵一到，幾乎不成對手，如果仍用過去的辦法，橫切蘿蔔豎切蔥，勢必會大傷元氣，大傷中原士子之心，為將來的收拾人心帶來更大的障礙，所以，他決定改變策略，且立刻想到了洪承疇，於是說：「孤想派洪亨九經略江南，你說行不？」

一聽攝政王自己提到了洪承疇，范文程不由鬆了一口氣。他其實早就想到了洪承疇，只有他具備這方面的條件，他是江南人，出身文士，這以前，與那班反叛者有著千絲萬縷的聯繫，憑他的聲望一定能招撫不少人，就是那班人拒撫，他也可利用自己對敵情的熟悉，挖樹盤根，從根本治起，這局面是不難收拾的。但這事非同小可，同是漢人，他怕攝政王生疑，眼下既然他自己提出，當然只有佩服的份了。

當下君臣又扯了一些別的事。

多爾袞又想起了夢中阿憐所言。其實，民胞物與之說，是那天讀一個漢臣的奏章時記下的，不想當時未弄通，便帶到夢中來了，眼下，他似是無意地隨口問道：「范先生，孤問你，這民胞物與一詞究竟要如何理解呢？」

范文程沒有讀那本奏章，不知攝政王為何突然問起這話，心想，這個王爺真是太好學了，眼下大概已涉獵到宋儒理學了，於是耐心地解釋道：「民胞物與一說，是宋朝大學問家張載提出來的。意思就是教我們要有仁人胸懷，懂得如何去愛眼前萬物。因為一切生靈，都是天地所生，乾稱父，坤稱母，而『民吾同胞，物吾與也』。所以，我們要愛一切人，就跟愛自己的同胞手足一樣毫無區別，且視天下無一物非我。」

多爾袞聽得十分仔細，聽畢連連點頭，並馬上問起張載的生平，范文程於是又把張載生平簡單地介紹了一遍：字子厚，鳳翔橫渠人，人稱橫渠先生，一度講學關中，其學派人稱「關學」，為理學四大名派之一。接著，范文程又把張載與二程及朱熹的學說做了一番簡介和比較。

只要一說起漢學，一臉殺氣的多爾袞，立刻興趣盎然，聽得十分認真，臉上那予智予雄的傲氣全不見了，竟謙恭得像一個小學生。

5 三朝天子一朝臣

北京城漸漸有了生機。隨著皇宮的逐步修復，大明門改稱了大清門，皇極殿改稱了太和殿，它雄踞紫禁城中，又恢復了往日的威嚴，大柵欄、珠市口一帶也熱鬧了，前明的降官降將們彈冠相慶之餘，已把那一份羞慚深深地埋進了心底。

然而，倢忘卻攻不下良知的堅壘——自從全民剃髮之旨宣布後，金之俊也剃髮了，就是頭上戴的、身上穿的，也全從了滿俗，自然也是頂戴花翎。他攬鏡自照，幾乎認不出自己。早在這以前，漢官中便私下有議論，說孔雀翎子馬蹄袖，正應著俗話說的「衣冠禽獸」四字。眼下自己居然也「衣冠禽獸」了，不由長長地歎了一口無可奈何之氣。

可令他不堪的事卻永遠沒完，那天，他去禮親王府赴宴——慶賀代善六十二歲壽辰。宴後看戲，有個滿人竟然點了一齣《馬前潑水》的摺子戲，當演到朱買臣衣錦還鄉，賈氏前來相認而覆水難收時，那個演朱買臣的戲子竟然臨場發揮，指著在座的一班漢官怒罵道：「姓朱的何曾虧負了你？」

這真是語驚八座，振聾發聵。可在座的漢臣，卻表情不一，有的聽了就聽了，像是在說旁人；有的也停杯忍箸，把頭背過去；叨陪末座的金之俊，立時就羞紅了臉。是啊，姓朱的幾時虧負了我們呢？可我們卻忘得好徹底呀，連一個優伶的記性也不如。

這些日子，金之俊痛定思痛，迴腸百轉——身為降臣，事不得已，無面見江南父老，更愧對故國衣冠，含羞忍垢，這一份悲苦之情，向何處可說得？眼看多鐸兵鋒已漸漸偏及江南，故鄉人民為反剃髮而掀起風起雲湧的大起義，於是，招來殺戮，招來滅頂之災，金之俊每一讀塘報，不覺淚眼模糊，心中矛盾極了。

憑心而論，多爾袞縱橫捭闔，不愧命世之主，他的一舉一動，無不展現出一個開國之君的大手筆。毫無疑問，自己心懷濟世之志，在崇禎手上，得不到施展，能遇上一個比崇禎要英明百倍的君主，正是雲從龍、風從虎、一展宏圖的大好時機，可不負平生所學。但雖有此想，心中卻總總不安——不知為什麼，他每逢召見，每有建樹，便有一種背叛之感；每蒙恩遇，每受褒獎，總覺愧對地下的崇禎皇帝、愧對地下的祖先。

他明白，這種羞慚，是要相伴終生的，那麼，能為故國一盡棉薄不也是一種補救嗎？眼下江南糜爛了，這其實也是多爾袞不願看到的。可以說，他是最能理解多爾袞為什麼要下這剃髮之令的人，多爾袞入居紫禁城的第一天，見了他的第一句話就引用孟夫子那句名言：夷人得志，行乎中國就清楚地表示這點——他一直在為自己的身世找理由。這個虛心向善的王爺，漸窺儒家堂奧，恥自己的家世，生怕遭人輕看，集自尊自傲與自輕自賤於一身，跳不出心造的牢籠，自己折磨自己，須知在他血管中，仍然流淌著桀驁不馴的女真民族的血啊！

事已至此，金之俊明白，自己縱有通天的本領，也是無法阻止這剃髮之令了，他只想找一個折中的辦法，盡量讓這態勢緩和下來，求得彼此相安。但多爾袞令出如山，不容人勸諫，而且，金之俊已察覺出，多爾袞有意將剃髮令為誘餌，伺機嚴懲想進諫的人，以此立威，以此做為對漢臣的懲誡。金之俊看出此中的凶險，只能慢慢尋找機會。

攝政王爺病了，金之俊認為機會終於來了。當滿朝文武一齊擁去探病時，他沒有去湊這個熱鬧，直到眾臣該去的都去得差不多了，他才從容不迫地去攝政王府遞牌子請見。

多爾袞正詫異金之俊的失禮，他覺得，自己與金之俊，除了君臣關係，應該還要進一層，為什麼別人都來了，金之俊卻沒來呢？眼下一見金之俊，很是高興，一邊讓坐，一邊說：「想是近來部務繁忙，金先生難得有閒暇。」

金之俊知道這是責自己沒來探視，於是抱歉地拱手說：「王爺玉體違和，臣早應該前來親侍湯藥，不想臣近日不良於行，只好在家調養，直到今日才勉為其難，王爺請諒。」

多爾袞不由詫異，說：「先生一向矍鑠，何來此說？」

金之俊於是歎了一口氣，說起個中原因。原來不久前，他坐車去香山訪友，遇上一段長長的下坡路，車夫懈怠，信馬由韁，不料坡未下完，又遇上一個急轉彎，這下讓車夫措手不及，待去吆喝馬時，已是遲了，結果人仰馬翻，把腿也壓傷了。

多爾袞笑了笑說：「這只怪你的車把式沒經驗，用我們滿人的話講，叫力巴頭趕車——翻了。力巴頭就是外行之謂，別看下坡順溜，可千萬大意不得，遇上急彎，更不能猛地一轉，要慢慢地轉，遇上力巴頭，就不明白這些。」

金之俊連連點頭說：「誠如王爺所言，車遇急彎易傾；舟遇急水易覆。看來，臣的家奴真是個力巴頭，哪能懂得這深奧的道理。」

精明的多爾袞一聽，不由望了金之俊一眼，不知怎麼這一望，立刻就察覺出金之俊話中大有餘音，乃微笑著說：「金先生，你好像話中有話，卻沒有說出來，你說，誰是力巴頭？」

金之俊說：「臣就事論事，王爺能不明白？」

多爾袞噎住了，不由歎了一口氣，自己轉換話題說：「記得金先生好像是江南人？」

金之俊連連點頭說：「臣籍蘇州吳江。」

多爾袞說：「孤雖沒有去過江南，但孤明白，那是好地方，山清水秀，地靈人傑，吳江想必也是如此。」

金之俊於是把蘇州的地理環境及歷史人物介紹了一遍，又說：「這些日子，臣一直在盼望南邊消息，實指望王師能早日底定江南，臣得慰故鄉桑梓之念。」

一說到平定江南，多爾袞不由皺眉，說：「難啊，多鐸近日奏報到京，說江南眼下遍地烽火，天天都有警報，連南京城郊也不十分太平。」

金之俊忙說：「小的反覆總是有的，但這無礙大局。」

多爾袞說：「雖無礙大局，總要人去應付，多鐸都有些不勝其煩。」

金之俊說：「唐朝的房玄齡說得好，天下如大器，一安難傾，一傾難正。想當初朱明失德，流寇擾亂中原十有餘年，這『大器』已是被傾覆得底朝天了，所以，王爺還得從容收拾，性急是不能成事的。方才不是說急彎易傾，急水易覆嗎？治理天下與駕船行車是一個道理。」

多爾袞不由微笑點頭，說：「金先生，你還是言有未盡呀。」

金之俊諾諾連聲說：「不敢不敢，臣豈能出言無忌。」

多爾袞不由長長地歎了一口氣，率性劈直說道：「金先生，孤明白你要說什麼。為政之道，須用水磨功夫，事緩則圓，萬不能一蹴而就，孤豈不明白這道理？就說此番剃髮之旨，並非孤一意孤行，也不是沒有想到後果，個中委曲，羝羊觸藩，誠非得已，孤就是想收篷，也無計可施啊。」

金之俊見攝政王一點就明，言語中並透露出幾分無奈，忙說：「臣明白王的苦心，事已至此，勢成騎虎，臣有一計，或許能使王急水收篷，彎上煞車。」

多爾袞面色立刻又凝重起來，不由記起去年的事，說：「先生又想勸孤收回成命嗎，去年剃髮之令，已因你而緩，這回可真正是瓜熟蒂落，水到渠成了，想你還有何話可說呢？」

金之俊說：「此番臣不是勸王收回成命，王也不可朝令夕改。」

多爾袞舒了一口氣，說：「那你又何必轉著彎子說那麼多呢？」

金之俊說：「不是臣說話轉彎子，實在是不忍局面如此僵持，想請我王給江南的衣冠仕族，一個可下的台階。」

多爾袞說：「你既然有備而來，想必是有一番說的，若能說出一個孤認可的主意，豈不是美事。」

金之俊心中有底，於是說：「臣聽說和碩豫親王初下江南時，曾有手令，道是剃武不剃文，剃兵不剃民，這辦法就留有餘地。」

多爾袞手一揚，不耐煩地說：「多鐸那是權宜之計，為區別順逆故也，眼看天下已定，軍民一體，江南豈能例外？眼下諭旨已頒發，不肯剃頭的逆民已遭到懲辦，那就更不能輕易更改了。」

金之俊說：「就絲毫不能鬆動？」

多爾袞斬釘截鐵地說：「不能。」

金之俊不由離座，並連連磕頭說：「王爺王爺，一紙政令，關乎天下億萬生靈，焉能不知變通，不知妥協？」

多爾袞很不滿意金之俊這態度、這口氣，乃咄咄連聲地說：「何所謂妥協？你講你講，你快講！」

金之俊見攝政王生氣，雖也膽戰心驚，但話已出口，豈能收回，只好硬著頭皮說：「王爺，妥協不就是緩一步退一腳嗎，值此天下洶洶，萬民前仆後繼，不畏刑誅之際，王何必在乎退這一步呢？退了這一步，您便可站穩腳跟，便可再進兩步，甚至於一直走下去，須知嶢嶢者易缺，皦皦者易污，這退一步就是妥協，它既有利於天下臣民，也有利於大清江山，王何不省也？」

多爾袞扳著臉說：「哼，說來說去，你這妥協還不是仍讓孤收回成命嗎？須知古人有言，法立，有犯而必施；令出，唯行而不返。孤秉政以來，令出法隨，絕不能一改再改！」

金之俊已看出攝政王心虛，歎息說：「還是魏徵說得好，善為水者，引之使平；善化人者，撫之使靜。」

多爾袞心已軟，嘴還硬，說：「孤想聽引之使平，撫之使靜的法子，可孤不愛聽空話。」

金之俊至此，不能再轉圈子了，乃說：「王爺政令難改，士民誓死難從，臣有十從十不從之法，或可為緩衝。」

多爾袞說：「說下去。」

金之俊確是有備而來，一聽攝政王要他說下去，乃一口氣說了這「十從十不從」的內容，即：男從女不從；生從死不從；陽從陰不從；官從隸不從；老從少不從；儒從而釋道不從；娼從而優伶不從；仕宦從而婚姻不從；國號從而官號不從；役稅從而語言文字不從——總結起來，就是十從十不從。接著又一條條解釋，諸如男人雖然從滿俗，女人在家卻大可不必人人穿旗裝；生前雖然從滿俗，死後卻仍可著漢人衣冠入柩；大人老人雖然剃髮蓄辮，童子卻仍可梳髻總角；文人雖然從滿俗，和尚道士卻仍著袈裟道袍；官員雖然孔雀花翎馬蹄袖，民間婚嫁則可烏紗翼冠；妓女雖然著旗裝，戲子在台上仍著明代衣冠；如此種種，勉強算得網開一面，略有迴旋餘地。

多爾袞聽後，左思右想，覺得也只能如此，不由點頭，說：「嗯，中庸之道，不偏不倚，乃中和可常行也，先生此說，可謂深得中庸之道。」

說著，便令金之俊起來。此時的金之俊，那一雙腿已跪麻了，告辭出來，背上也已冷汗涔涔，心想，事情總算有了轉寰餘地，只要有這十從十不從，江南士子面前便不再是絕路，那些寧死也不肯剃髮的人，不也可遁入空門嗎，大清國也不至殺得人頭滾滾了，應該說，自己這主意算是兩全其美。

不想上轎後，打道回府，走到前門棋盤街，因拐角處人多，轎子走得慢，竟聽得街上有好些人，在距他轎子不遠的地方拍著手板，嘻嘻哈哈地唱歌，仔細一聽，分明是諷刺他的，道是：

看看看，大官人。從明從賊又從清，三朝天子一朝臣。

轎中的他，句句都聽得明白，不由又羞又憤，掀開轎簾一看，原來是幾個才十一二歲的小鼈犢子，這兒歌，分明是大人所教，自己若認真，一巴掌可拍死幾個。

尾聲

順治皇帝

清順治三年春，多爾袞令肅親王豪格為靖遠大將軍，領兵征張獻忠。是年十一月，在降將的帶領下，清兵抵西充，與張獻忠驟遇於鳳凰坡，豪格部將雅牙一箭將張獻忠射死，大西軍餘部南奔雲貴。

豪格還朝，多爾袞以「亂念不忘」、「三次戒飭猶不引咎」的罪名將他再次下獄，後雖「免死」，但豪格鬱鬱不樂，不久即死於獄。

順治五年，多爾袞以濟爾哈朗有謀逆大罪，革去他的親王爵，降為郡王，並罰銀五千兩，後又因人揭發，說濟爾哈朗私饋鷹馬，被降為鎮國公；新力、鼇拜等也降革有差。

八月，多爾袞下詔，開滿漢通婚之禁，詔曰：方今天下一家，滿漢官民皆朕臣子，欲其各相親睦，莫若使之締結婚姻。自後滿漢官民有欲聯姻好者，聽之。

順治七年底，才三十九歲的多爾袞，終於病逝於口外的喀喇城。訃聞，順治帝詔臣民易服舉喪，柩車至京，順治帝率文武百官縞服出迎於東直門外，哭奠盡哀，後從臣下議，以帝禮葬，又追尊多爾袞為懋德修道廣業定功安民立政誠敬義皇帝，廟號成宗。

多爾袞無子，以多鐸子多爾博為嗣，襲爵。

下葬後才過了一天，順治即命大學士剛林等，將多爾袞的所有印信收貯。

多爾袞的後事辦完還不到一個月，因多爾袞親信檢舉，朝議以多爾袞「陰謀篡逆」，抄其家，順治帝後又追論多爾袞罪狀，乃罷一切追封，撤廟享，停其恩赦，嗣子也獲罪。凡多爾袞重用的大臣大多獲罪，凡多爾袞降罪的臣子通通平反，豪格被平反昭雪，追贈親王爵。

此時，多鐸已先多爾袞一年死於天花，但阿濟格卻倒了大楣，他在多爾袞生前雖屢次與之抗衡，眼下卻不但本人被幽禁，被抄家，四個兒子也受到處分，被罰與功臣家為奴，最後，阿濟格仍被賜死。

閃鑠一時的明星們，一個個地隕落了，只有才十三歲的順治帝卻顯得越加璀燦，他是帶著一個運氣口袋進關的，眼下這些好運氣正突破袋口，不斷地釋放出來，使他一步步走向成功，讓那些「明星」們在地下嫉妒不已。

他這「順治」年號是入關的前一年就定下的，為什麼要叫這年號呢？是早就明白他將統一中國，所以「順天應民」？亦或是「順手牽羊」呢，若說運氣，後一個可能更像。

這個幸運之星！

甲申春，初稿於京西北回龍觀

明朝最後的那些事兒：1644, 帝星升沉 / 果遲著.
-- 一版.-- 臺北市：大地, 2015.02
面：　公分. --（History：75-76）

ISBN 978-986-402-001-0（上冊：平裝）
ISBN 978-986-402-002-7（下冊：平裝）

1. 明史　2. 通俗史話

626　　103027766

明朝最後的那些事兒：1644，帝星升沉（下）

HISTORY 076

作　　者：果遲
發 行 人：吳錫清
主　　編：陳玟玟
出 版 者：大地出版社
社　　址：114台北市內湖區瑞光路358巷38弄36號4樓之2
劃撥帳號：50031946（戶名　大地出版社有限公司）
電　　話：02-26277749
傳　　眞：02-26270895
E - mail：vastplai@ms45.hinet.net
網　　址：www.vastplain.com.tw
美術設計：普林特斯資訊股份有限公司
印 刷 者：普林特斯資訊股份有限公司
一版一刷：2015年2月

大地

定　　價：300元

Printed in Taiwan